领导力不等于影响力，领导力=（影响力+权力）×领导方法
领导力也不等于权力，领导力=（权力+影响力）×领导方法

卓越领导力
优秀企业管理者的成功之道

智荣 ◎ 著

企业管理出版社
ENTERPRISE MANAGEMENT PUBLISHING HOUSE

图书在版编目（CIP）数据

卓越领导力：优秀企业管理者的成功之道 / 智荣著. -- 北京：企业管理出版社，2019.12
ISBN 978-7-5164-1854-3

Ⅰ.①卓… Ⅱ.①智… Ⅲ.①企业领导学 – 通俗读物 Ⅳ.① F272.91-49

中国版本图书馆 CIP 数据核字 (2018) 第 293941 号

书　　名：	卓越领导力：优秀企业管理者的成功之道
作　　者：	智　荣
责任编辑：	宋可力
书　　号：	ISBN 978-7-5164-1854-3
出版发行：	企业管理出版社
地　　址：	北京市海淀区紫竹院南路17号　邮编：100048
网　　址：	http://www.emph.cn
电　　话：	编辑部（010）68416775　发行部（010）68701816
电子信箱：	qygl002@sina.com
印　　刷：	北京天恒嘉业印刷有限公司
经　　销：	新华书店
规　　格：	710mm×1000mm　1/16　27.5印张　348千字
版　　次：	2019年12月第1版　2019年12月第1次印刷
定　　价：	88.00元

版权所有　翻印必究·印装有误　负责调换

目 录

序 言　探寻中国企业家领导学

前 言　卓越领导力的生成

第一篇　建 团

第一章　识人

　　企业领导与伯乐 …………………………………… 005
　　识人难，有方法 …………………………………… 008
　　识人误区 …………………………………………… 011
　　认同度 ……………………………………………… 017
　　优秀者的态度 ……………………………………… 021
　　PK 论英雄 …………………………………………… 028

第二章　用人

　　用人所长 VS 容人之短 …………………………… 033
　　小材大用 VS 大材小用 …………………………… 035
　　人岗匹配 …………………………………………… 037

互补组合 ·· 039
德 VS 才 ·· 041
优秀 VS 适合 ·· 044
任人唯亲 VS 任人避亲 ································ 047
用人不疑与疑人不用 ··································· 053
企业掌门人的包容力 ··································· 056

第三章 育人

著名企业的"育人经" ·································· 065
培训员工的四大理由 ··································· 070
培养为主,"空降"为辅 ································ 074
员工跳槽难题 ·· 078
为下属建立自信 ··· 081
"合理"犯错 ·· 085
职业规划 ·· 090
培训体系 ·· 093
学习型组织 ··· 097

第二篇 控 制

第一章 制度：企业之法

教化 VS 制度 ·· 103
员工被谁带坏了 ··· 106
企业掌门人须"六亲不认" ···························· 108
制度化 & 人性化 ·· 110

不严谨的制度 ………………………………………… 112

第二章　执法

　　恩威并施 …………………………………………… 119
　　杀一儆百 …………………………………………… 122
　　"戴紧箍" …………………………………………… 125
　　权力制衡 …………………………………………… 127
　　保持距离 …………………………………………… 129
　　封杀小集团 ………………………………………… 131

第三章　企业文化：引领精神

　　百年大计 …………………………………………… 135
　　企业家文化 ………………………………………… 138
　　核心理念 …………………………………………… 141
　　企业信仰 …………………………………………… 143
　　同化·排异·无形制度 …………………………… 145
　　信则有，愿则成 …………………………………… 148
　　虔诚的"教主" …………………………………… 150
　　文化传播系统 ……………………………………… 155

第三篇　激　励

第一章　成就员工

　　职场激励新问题 …………………………………… 163
　　助人者自助 ………………………………………… 166
　　职场人士的三大需求 ……………………………… 168

成就员工，托起企业家 …… 174
财散，人聚 …… 176
"金手铐" …… 179
必要成本 …… 182
超越金钱，成为领袖 …… 184
功劳归下属 …… 186

第二章　承担责任

担当与领导力 …… 191
给团队未来 …… 194
一个都不能少 …… 196
问题在下，责任在上 …… 199
责、权错位必自乱 …… 202

第三章　授权·放权

企业家的心结 …… 207
不放权，生弊端 …… 211
减少管理 …… 216
位置越高，权力越小 …… 219
中央集权VS地方分权 …… 221
假授权 …… 224
反授权 …… 228

第四章　情感管理

忠诚度难题 …… 233
感情投资 …… 236

重视 ………………………………………… 239
信任 ………………………………………… 243
关爱 ………………………………………… 249

第五章　奖罚辩证法

因人而异 ……………………………………… 255
循序渐进VS一步到位 ………………………… 257
常奖慎罚 ……………………………………… 259
出人意料VS事先规定 ………………………… 261
奖罚要及时 …………………………………… 263
请将不如激将 ………………………………… 265
给现金不如造经历 …………………………… 267
物质奖励VS精神奖励 ………………………… 269

第六章　经营梦想

造梦大师 ……………………………………… 275
梦之队 ………………………………………… 278
真假梦想 ……………………………………… 281
理想对接现实 ………………………………… 283

第七章　道义制高点

只为赚钱，难赚大钱 ………………………… 287
领导：创造意义 ……………………………… 289
有高度的事业 ………………………………… 292
企业使命 ……………………………………… 294
刘备的启示 …………………………………… 296

得道多助 …… 300
互联网巨头成功之谜 …… 302

第四篇　领　路

第一章　战略·目标

为别人之不为 …… 309
见别人之未见 …… 311
战略：企业家造 …… 313
战略是否可有可无 …… 316
胆大包天＆量力而行 …… 319
清晰的目的地 …… 322
目标与时俱进 …… 324
目标的分解 …… 326

第二章　决策

强势VS独裁 …… 331
老经验VS新情况 …… 334
领导：集智者 …… 337
决策层 …… 339
独　断 …… 342
免费大脑 …… 344
无反对不决策 …… 348
危机意识 …… 352
对机会说"NO" …… 357

现场·基层 …………………………………………… 361
　　决策的执行 ………………………………………… 366

第三章　干着指挥

　　以身作则 …………………………………………… 371
　　有效沟通 …………………………………………… 373
　　解决难题 …………………………………………… 376
　　提供方法 …………………………………………… 378
　　转危为机 …………………………………………… 380
　　带领团队打胜仗 …………………………………… 382

附　录

　　修身 ………………………………………………… 387
　　自我管理 …………………………………………… 389
　　信守承诺 …………………………………………… 391
　　自信、乐观 ………………………………………… 394
　　勇于纠错 …………………………………………… 396
　　激情满怀 …………………………………………… 399
　　钢铁意志 …………………………………………… 402

参考文献

后　记　领导力的核心还是"人"

序 言

探寻中国企业家领导学

国内商界有一个很有趣的现象，那些著名的企业家，无论是资深宿将，还是后起新锐，极少是管理学科班出身，他们几乎都来自管理学之外的其他专业。

20世纪90年代以来，MBA课程学习在国内蓬勃兴起。如今，我国可发放MBA证书的高等院校已达到236所。二三十年来，我国培养了数十万名MBA毕业生；同时，还有大量的"海归"MBA。如此之多的管理学人才，为什么难以涌现出大量的著名企业家？

有人说，商学院从来不培养企业家，而是培养职业经理人。这是一个令人失望的说法，说明我们学院派管理学存在重大缺陷。现实似乎更令人沮丧。现在，商学院"培养职业经理人"的说法在国内也遭到严重的质疑。曾几何时，不少大企业热衷于招聘MBA毕业生（小企业招不来也负担不起），"海归"MBA更是职场里的绝对宠儿，但仅仅十来年光景，这张商界VIP的入场券就宣告作废。企业家们对MBA大肆吐槽。马云自己透露曾录用了很多MBA，包括毕业于哈佛、斯坦福和国内知名大学的，但不久后95%都被证明是不能胜任工作的。

这是为什么？

马云曾指出MBA课程无用的两点理由：一是MBA课程大多讲成功

案例，而成功很难复制；二是 MBA 课程内容固定化、程式化。

马云提到的理由有一定道理，但欠准确。其实，导致 MBA 课程在中国"没用"的更重要的原因是：第一，水土不服；第二，管理不是纯科学，而是实践学科，无法像理论科学那样传授和学习；第三，商学院的教学与现实脱节。

水土不服

"崇洋"是我国 MBA 教育的一大特色。多年来，管理学作为一门学科在很大程度上是"美国制造"。中国的 MBA 教育的课程体系、使用的教材、所用的案例基本上都是美国 MBA 教育的舶来品，哈佛式的案例教育是目前我国大部分学校使用的教育模式。但是，MBA 教材中的方法很难运用于国内的具体问题。在不同的文化中，人们解决企业管理难题的方式也各不相同。

在中国企业界，自 20 世纪 90 年代后期以来曾一度流行过"洋咨询""洋管理"，但结果差强人意。一些追求时髦的大企业曾经不惜花费巨资聘请国际管理咨询巨头为自己的企业"把脉"、定战略、出方案。结果呢，厚厚一本咨询报告大多形同废纸。在中国企业中，华为师从 IBM 学管理相对有成效，但华为的学习有两大特点：一是深入到 IBM 企业中，向实际管理者学，而不是啃书本；二是绝不照搬，更不全盘西化，而是结合华为实际情况，选择性吸收。

"洋咨询"不灵，"洋管理"也不给力。宁波"家世界"连锁超市曾从法国聘请了 6 位"洋专家"，其中一位被聘为副总经理，但很快发现他们不中用。原因在于，国外超市的分工比较细，每个管理人员负责某一项工作，对于某一具体的流程驾轻就熟；但受聘于"家世界"超市的"空降兵"没有全面的综合知识，无法驾驭全面的管理。更糟糕的是他们生搬硬套国外的模式。

有趣的是，西方最负盛名的企业家和管理学大师，似乎具有超然物外的态度，能够客观地看待西方管理学的局限，并不约而同地认为它不适合中国。美国通用电气的杰克·韦尔奇说："我认为中国不应当受到西方管理理念的困扰，那些都是胡说八道。"现代管理学泰斗彼得·德鲁克则认为："像中国这样的发展中大国很多东西可以引进，包括资金、机器、技术，唯有一样东西——管理者，不能引进。"

管理不是纯科学

没有牛顿定律 $F=ma$，就没有卫星上天；没有爱因斯坦的质能定律 $E=mc^2$，就没有原子弹爆炸。但是，没有马克斯·韦伯的理想行政组织体系，没有彼得·德鲁克的目标管理，全世界的先贤们早在几千年前就能够领袖群伦、创建伟业。

物理学与管理学的区别在于：前者为理论科学，后者为实践学科。管理不是传统意义上的科学，它的人为因素过于强烈，达不到建立严密科学体系的标准。

以德鲁克为代表的现代经验主义管理学派认为，管理归根到底是一种实践，其本质不在于"知"，而在于"行"；其验证不在于逻辑，而在于成果；其唯一权威就是成就。德鲁克说："到目前为止，管理方面所有的重要创新都来自实践，而不是理论研究。"《追求卓越》的作者汤姆·彼得斯在研究方法上反对教条的理性思维和计划至上的传统，深信实实在在发生在企业当中的管理实践的价值百倍于经过复杂推理和计划而产生的"管理理论"。但是，书刊上的管理学却常常把理想当作现实，玩着想当然的推理游戏。

在学术界有一种颇有代表性的观点，认定管理是科学，只是至今还不太发达，所以，管理学还没能成为一门像物理那样的科学，意思是管理学在将来能成为一门纯粹的科学。这是典型的19世纪的机械论思维方式，以为什么学科最终都能数学化、精确化、公式化。

从实践性的角度看，各种管理方法并没有优劣之分。重要的是应基于被管理者的情况和社会环境因素，决定采用哪一种管理方法，以提高效率。这也是研究企业管理的学者们皓首穷经也找不到一种最佳管理方法的原因。

20世纪60年代以来兴起的情景领导理论，认为不存在一种普遍适用的领导方式，领导方式的有效性完全取决于是否与环境适应。换句话说，领导者是某种既定环境的产物。情景领导理论的创始人保罗·赫塞主张：针对不同的对象和环境，应当采用不同的领导方法。例如，对有能力、有态度、有自信的下属，要采取授权式领导；对有能力、没态度或没信心的下属，要采取参与式领导；对没能力、有态度而且自信的人，要采取指导式领导；对没能力、没态度或没自信的人，要采取告知式领导。

在知识经济时代，如果像管理体力劳动者那样去管理脑力劳动者，结果不言而喻。德鲁克说："知识型员工是不能被管理的，只能被激励。"在微软中国公司，我们可以看到，他们对销售部门和研究院的管理风格和要求是不一样的。对前者采取公司统一的管理方式；对后者的管理就相当宽松，给了他们很多工作自主权，工作时间也比较灵活，以激发他们工作的积极性和创造性。

学院派与现实脱节

为什么读了MBA却并不精通管理？原因在于，企业经理人所需要的最实际、最关键的那些管理方法，商学院往往是不教的。商学院教的内容，侧重于"商"，而不是管理，尤其不是怎么领导人、怎么提升领导力。加拿大管理学专家亨利·明茨伯格在《管理者而非MBA》一书中指出："传统的MBA项目提供企业职能的专业培训，而非管理实践的整体教育。"中国商学院整体起步较晚，经济学家近水楼台先得月，成为商学院的主导力量。在中国，经济学家当商学院院长被认为理所当然的事情，经济学"绑架"了管理学。实际上，两者虽有交集，但差别极大。

其实，商学院的"不作为"还是表面现象，根源在于"不能为"。学院派重学术、轻实用的倾向，对实践性很强的管理学而言是要命的事情。教授们本本主义，照本宣科。对于讲授的内容，他们自己并没有亲身实践过，只能靠正常的逻辑推理和合理想象。所以，商学院培养出来的MBA一旦进入企业实践中，必然削足适履或张冠李戴。

中国商学院的问题，在国外商学院也不同程度地存在。当今最负盛名的领导力专家沃伦·本尼斯就认为美国的商学院学术性太强，远离实际。

实际上，商学院反映的是整个管理学界的问题。不难发现，全世界搞管理学和领导学研究的学者，很少有管理实战经验。被誉为"现代管理学之父"的天才人物德鲁克，明确表示自己对商业实战没有兴趣，他给自己定位为一个"旁观者"。被誉为"领导力之父"的沃伦·本尼斯，有过11年当教务长和校长的不太成功的经历，但没有从事过其他管理。本尼斯坦言，亲身实践管理的这11年，让他"对领导力的深厚本质、其成功和失败，以及领导者个人的心路历程有了更深入的理解"，为他认识管理打下了良好的基础，使他成为一个"疯狂的经验主义者"。假如本尼斯没有这段经历，他还会成为"领导力之父"吗？应该不会。那么，那些终身都在从事管理学研究工作、只说不练的人，其学术成果的实用价值又有多大呢？如果让那些著名的管理学"大师"们"下海"实操一番，他们能打造出一家伟大的企业吗？这无疑是小概率事件。尽管很多管理学家们长期做企业顾问，甚至是多家世界500强企业的顾问，但这与当企业CEO还是两回事。本尼斯说："我注定不会像篮球场上的迈克尔·乔丹或魔术师约翰逊那样，成为管理实战中的英雄。或许，我更多的是菲尔·杰克逊或者帕特·莱利——曾经在竞技场中挥汗如雨，但最终是以研究者和教练的身份做出了重大贡献。"不过，不能否认"大师"们闪闪发光的思想和真知灼见。不盲目崇拜，去粗取精，才是对待他们理论观点的正确态度。

与理论性、学术性学科不同，管理学是一个实践性、职业性学科，如果不去实践它，是不可能理解它的。研究和实践之间，书本上的逻辑和现实的逻辑之间，观察到的真理和体会到的真理之间，都存在着巨大的差别。所以，从"象牙塔"走进企业之后，"忘掉"以前的条条框框，才能准确把握现实。对此，不少科班出身的企业管理者都有深刻的体会。

领导——艺术

大部分研究者都区分"领导"与"管理"，"领导者"与"管理者"。其实，两者并没有严格的界限。德鲁克就不做区分，认为管理者就是领导者。不过，在通常的观念里，"领导"偏重宏观、未来、创造、例外、异常、不确定的事情，而且侧重点在于人；"管理"偏重具体、当前、规范、日常、正常、确定的事情，而且侧重点在于事。也就是说，"管理"偏重于"硬性"的内容，"领导"偏重于"软性"的内容。IBM创始人托马斯·沃森提出了一个"沃森定律"——就企业相关经营业绩来说，企业的经营思想、企业精神和企业目标远远比技术资源、企业结构、发明创造及随机决策重要得多。沃森其实在强调"领导"的作用。

软性的东西不能量化和程序化，没有模式和指标。因此，领导在很大程度上是艺术。但是，MBA 教材上只能学到"硬性"的内容，这只是管理的一部分。德鲁克说"管理可以学习，但很难教导"，原因就在这里。企业管理之道，在很大程度上要靠领悟和把握。

联想控股掌舵者柳传志强调，企业管理的很多内容并不是非对即错、非黑即白那么简单，在实际操作中不可能照搬所谓的经典理论，进行"科学地"处理。柳传志强调，"艺术"的手感才是真正决定最终成功的关键，比如他的某些"妥协"就做得恰到好处。华为任正非在《华为十大管理要点》中提出了"灰色管理"概念，号召管理人员要学会灰色管理，与柳传志如出一辙。

以下两例，能帮助我们体会一下管理的"艺术"手法。

三国时期，有一次，孙权和手下被一群山贼包围，非常危险。这时，东吴的猛将周泰带领士兵拼死保驾，终于杀开一条血路。突围出去时，周泰身受重伤，从马上摔下来昏死过去。回宫后不久，孙权将文武大臣统统招来，给周泰开了一场庆功宴。宴会上，孙权高举酒杯说："这一次多亏周泰将军，我们才转危为安。他身上的伤疤就是他战功的标志，让我们按他身上的伤疤数为他敬酒吧。"孙权让周泰解开衣服，露出全身伤疤，并让大家数数共有多少。每数一处，孙权就与众人一起敬周泰一杯。喝完酒，周泰已经被感动得泣不成声。孙权收买人心的手段看似简单，实则高明。

1914 年初，福特汽车公司宣布将本公司内收入最低的清洁工人的最低工资标准提升至每天 5 美元。这个工资标准远高于当时的平均值，当时福特公司一部 T 型车的售价才 440 美元。如此一来，公司似乎利润微薄。亨利·福特的做法在当时几乎遭到了所有同行的反对，他们都认为福特犯糊涂了。但是，事实证明福特棋高一着。实施新工资标准后，

卓越领导力：优秀企业管理者的成功之道

员工的缺勤率大幅下降，人员流失率也大幅下降；生产率大幅提高了；到福特公司应聘者络绎不绝，越来越多的优秀人才加盟进来；福特工厂内推行的流水线作业得以顺利进行，生产成本迅速下降。于是，福特汽车在短时间内走入千家万户，占领汽车市场半壁江山！到1927年，福特一共生产了1500万辆T型车，这是一个保持了长达半个世纪的世界纪录。有人曾经问福特为什么给清洁工人那么高的工资，福特说："通过收集地板上的小工具和小零件，清洁工人每天可以为我们节省5美元。"由此看到，福特给员工高薪不是赔了，而是赚大了。

在案例没有出现之前，有哪本管理学教科书会告诉你孙权和福特的方法呢？这都是他们自己的临场发挥，充分体现出情景领导的艺术性。

领导艺术的重要体现就是把握做事的"度"——一种高超的平衡能力。

沃尔玛创始人山姆·沃尔顿说："我们一直尝试在自治和控制之间实现最佳的平衡。"例如激励与控制，激励需要放开，才能激发热情；控制却需要约束，才能保持秩序。激励或控制做过了，都会适得其反。又如分权与集权，过于集权，会抑制下属的积极性，并且会导致决策上的大失误；过于分权，又容易被架空，导致企业大乱。

一方面，领导者要比别人富有想象力和创造力，必须突破正统的看法，挑战企业的现状。但是，另一方面，企业为了正常运转，又要求领导者的行为要稳健、安全。一般来说，卓有成效的领导者需要同时生活在两个世界中：一个是想象、幻想的世界，另一个是计划、规划、实际行动有序的世界。因此，本尼斯认为卓越的领导者必须是"全脑人"，左脑偏重逻辑，右脑偏重想象。

企业领导者既要行动，又要反思；既要发散思维，又要整合思维；既要明察秋毫，又要眼观大局；既要短期成果，又要长期效益。领导者能有效平衡这些矛盾，才能干得出色。正因为这个原因，大企业家们大多重视并具备辩证思维。有人曾问张瑞敏什么知识最重要，他的回答是哲学。

实用领导学

任正非、史玉柱等企业家都喜欢从毛泽东思想中寻找企业管理的灵感。马云说他从金庸的武侠小说和练太极拳中受到深刻的启示，并将其融入阿里巴巴的企业文化中。

管理企业，企业家要遵照毛泽东的"古为今用，洋为中用"的思想，既从中国传统文化、管理思想和西方管理学大师那里汲取理论营养，又从古今中外杰出领导者那里借鉴实战之法，包括成功经验和失败教训。

领导力是带领团队实现目标的能力，其本质是结果和绩效。因此，本书着眼于解决企业管理中的实际问题，而不是深奥的理论探讨；力求避免抽象概念分析，杜绝让人生厌的大道理。通过对企业管理实际问题和生动案例的剖析揭示领导力的真谛。追求实用是本书最大的特色。

智 荣

2018 年 12 月

前 言

卓越领导力的生成

关于领导力,人们似乎有一个误区:杰出的企业领导者有一种固定的模式或风格。于是,很多人东施效颦般地模仿张瑞敏,模仿柳传志,模仿马云……但是,成功的企业家的领导风格都不相同。

企业领导者的风格与性格特点相关,并没有一定的模式,与领导力大小没有必然的关系。每种性格都有成功的可能性。领导风格并不重要,其根本在于理念和方法。领导者的风格各异,但领导力的本质不变。

做事还是谋人

20世纪初发展起来的科学管理将企业管理的要素划分为人、财、物、信息,人只是生产要素之一。1919年,约翰·康芒斯在《工业友善》中提出"人力资源"这一概念,人被简单地当成劳动力,成为可以在市场上买卖的商品。殊不知,其他要素都是由人去管理和操作的。正如IBM总裁托马斯·沃森所说:"不论如何,毕竟是人在完成一切。"后来的行为科学带来了划时代变化,从以技术为中心或生产经营过程为中心的管理转变为以人为中心的管理,越来越重视人的作用。德鲁克在其著作《管理的实践》重新明确界定了"人力资源"。人逐

卓越领导力：优秀企业管理者的成功之道

渐被视为企业唯一的真正资源，而不是企业的成本、资本或一般资源。在很多企业家眼里，人就是一切。微软创始人比尔·盖茨认为，即使离开现在的公司后也能创办第二个微软，而前提是让他带走100个人。美国钢铁大王安德鲁·卡耐基曾说："你可以把我的厂房，我的资金全部拿走，但只要留下我的员工，4年之后我照样能成为钢铁大王。"

翻开《马云内部讲话：相信明天》，你会看到他的讲话绝大部分是关于人的问题。2007年，阿里巴巴B2B公司上市后，马云说："这几年我花在'人'身上的时间最多，业务我基本上就不太管了。"柳传志有句名言："办企业就是办人。"在很大程度上，管理的科学性就在于用人的科学性，管理的艺术性就在于用人的艺术性。

企业领导者的首要角色是人事决策者。人事决策优先于其他所有决策。比尔·盖茨说："在我的事业中，我最重要的经营决策是挑选好人才。拥有一个你完全信任的人，一个可以担当重任的人，一个能够为你分担忧愁的人。"领导者最杰出的才能，就是做出非常精明、有洞察力的人事决定。《基业长青》的作者詹姆斯·C.柯林斯说过，在企业领导者最重要的10个决定中，至少有7个是关于人的决定。

李彦宏说他1/3的精力都花在寻找优秀的人才上，另外的1/3则花在培养人才上，余下的1/3才属于运营与各种应酬；三星领军人物李秉喆说他生命中80%的时间都用来网罗和培养有潜力的人才了。韦尔奇感叹："每一天，每一年，我总觉得花在人身上的时间不够。"在一场跨国企业高峰论坛上，韦尔奇与其他人就管理问题有过一段对话，如下所述。

他人问："请您用一句话说出自己最大的兴趣。"韦尔奇答："发现、使用、爱护和培养人才。"

前言　卓越领导力的生成

他人问："请您用一句话概括自己最主要的日常工作。"韦尔奇答："将 50% 以上的时间花在选人用人上。"

他人问："请您用一句话说出自己为公司做出的最有价值的一件事"。韦尔奇答："在退休之前选定好接班人伊梅尔特。"

他人问："请您用一句话说明高层管理者最重要的职责。"韦尔奇答："把世界各地最优秀的人才招揽到自己麾下。"

他人问："请您用一句话总结通用电气成功的根本原因。"韦尔奇答："是用人的成功。"

他人问："请您用一句话概括自己的领导艺术。"韦尔奇答："让合适的人做合适的工作。"

由此看到，韦尔奇回答的内容全是关于人的。

在我们的习惯思维中，总认为企业领导者会先为公司设定一个新的远景，确定战略目标，甚至做好规划，然后再去找一群合适的人一起干。但是，在《从优秀到卓越》中，柯林斯通过对众多卓越公司的研究发现，很多时候恰恰相反。实际上，只有先找到了合适的人，才能更好地决定该做什么样的事，做到什么程度，怎么去做成。对于这些问题，仅凭领导者一人，即使是天才，也是不能完全解决的。如果找对了人，即使领导者不够精明，无法完全看到将来的变化，但其他人却可以弥补领导者的不足，共同准确地把握未来。这就是说，"谁"的问题要高于"什么"的问题，这就是古人说的"欲谋胜败，先谋人和"。

李·艾柯卡进入濒临崩溃的克莱斯勒之后，首先做的工作就是人事调整，并一直将其作为主要工作之一。他上任后花了整整 4 个月，找来了杰拉德·格林沃尔德出任克莱斯勒的财务官，很快就拯救了公司的财物混乱状况；接着，他又找来善于与银行打交道的罗伯特·米勒以及其他业务骨干。他在 3 年内解雇了原来 35 位副总裁中的 33 位，平均 1 个月就有 1 个副总裁离职。

吉列公司 CEO 科尔曼·莫克勒在出任 CEO 的头两年，变动或调动了顶层 50 名高管中的 38 名。他说："把正确的人放到正确的位置上花的每一分钟，在后来都有数个星期的价值。"

有效领导力的核心就是对人的关注。忽视这种关注，领导力便没有了目标。小格局的企业领导者做事，大格局的企业领导者谋人。

领导：拥有追随者

1999 年初，马云召集"十八罗汉"开会，告诉他们说，自己将回杭州创业，每个人自己决定去留。马云给他们 3 天时间思考。结果所有人当场表态：随他一起回杭州创业。当年 3 月份，马云团队蜗居在湖畔花园马云的家里创立了阿里巴巴，每月每人发 500 元生活费，而且有时还要向大家借钱发工资。在这种情况下，"十八罗汉"依然一个没走，马云的铁杆"粉丝"们无条件地不离不弃。

企业领导者的本来意义和核心问题，就是通过别人做成事情。优秀的企业领导者并非那个举旗冲锋的人，而是组织队伍、鼓舞士气并让他们把胜利的红旗插上顶峰的人。

德鲁克说："领导者的唯一定义是其后面有追随者。"你有多少追随者，你就能做多大的企业领导。狭义的领导力，就是吸引和拥有追随者的能力。

领导力：洞悉人性

面对千差万别的人，企业领导者管理企业的真正难度，不在于技术层面的任何事情，而在于如何准确把握人的本性，通达人心。稻盛

前言 卓越领导力的生成

和夫称他的经营哲学是"心灵经营",即"以心为本"的经营。他说:"心灵经营是一种独特而又奇效的管理方式,它能让你有意想不到的收获。"

管理企业取得成功的秘诀中,排第一位的,并非掌握营销手段或高超的"财技",而是如何赢得人心。孟子说:"得人心者得天下。"优秀的企业领导者就是人性学大师,是最会经营人心的人。因此,符合人性而不是符合某种教条或理论是本书所有立论的前提和基础。对人性的关注和把握贯彻本书的始终。

德鲁克在《管理的实践》中说,他发现当时的大学课程中只有两门对于培养企业管理者有帮助:短篇小说写作与诗歌赏析。此说一定让很多人难以理解甚至吃惊。他的根据在于:诗歌帮助学生练习用感性的、富有想象力的方式去影响别人,而短篇小说写作则帮助学生洞察人性。

实际上,不少领导力研究专家都注重从历史和文学中发掘领导力的内涵。本尼斯建议企业领导者到大学学习文学、哲学和历史,没有提到管理学。哈佛商学院副院长小约瑟夫·巴达拉科出版过专著《品格问题:通过文学作品说明领导力的核心》。詹姆斯·马奇把领导力概括为两个方面:疏通水道和书写诗歌。按马奇的说法,前者即人们平常说的管理,后者意在"为行动找到意义,为人生找到吸引力"。马奇认为,就谈论人生的基本难题而言,伟大的文学作品比其他的领导力文献要好得多。因此,马奇从1980年起连续15年在斯坦福大学商学院主讲一门以小说、戏剧、诗歌等文学作品阐述领导力的课程——《组织领导力》,从莎士比亚的著名悲剧《奥赛罗》、萧伯纳的历史剧《圣女贞德》、托尔斯泰的巨著《战争与和平》、塞万提斯的小说《堂吉诃德》来阐释领导力。马奇曾在《哈佛商业评论》推出的"管理大师的大师"排行榜上名列第二，仅次于德鲁克，说明他从文学切入人性揭示领导力的方法深受大家的认可。

美国著名领导学专家史蒂芬·柯维认为，最行之有效的领导方法是以自然法则为重心的领导。其核心内容是：人性中的自然法则如同物理学中的重力法则一样，是真实不变的，这些原则构成文明社会不可缺少的部分，是家庭和机构延绵不绝的根源。文明的社会并未发明原则，它们是植根于人类关系和人类组织的宇宙法则，是人性、知觉和意识的一部分。

尽管世界各国存在文化差异，世界历史在不断变迁，但人性中的核心内容是相同的，而且不会改变，就像所有的人都要吃饭、睡觉一样。

权力 & 影响力

马云的同事评价他说："很佩服马云，他说的话会让你振奋，没有希望的东西在他看来也充满生机，他能带给他身边的人生活的激情。"这就是影响力。

反对拿破仑的斯达尔夫人也不得不承认："拿破仑对民众的影响力非常可怕，只要有人站在他身边，就会感到热血沸腾。"

具有影响力的人会散发出强大的气场，影响周围的人，并最大限度地将自己的意志灌输到别人心里。

影响力是一种形象，给人以无言的教育；是一种力量，给人以鼓舞和鞭策；是无言的号召，给人以示范和引导；是无声的命令，让人自动信服和服从。真正有影响力的人，能够运用自己的信念感召别人，鼓励大家点燃生命激情的火光，照亮踏上梦想征程的道路，与其一起不断超越自我，实现生命中的每个目标。具有影响力的企业领导者，能够吸引发自内心的追随者。

作为企业领导者,影响力很重要。于是,学术界出现一种非常流行的观点,认为领导力等于影响力。这就过分夸大了影响力作用。

影响力来自人的能力、素养、学识、品质、情感等因素,因其出众而形成威信,影响或改变追随者的价值体系、态度、行为和习惯。威信建立在下属对企业领导者的信赖与尊敬的基础上,必须通过追随者的自愿、主动认同才能发挥作用,没有任何强制性。所以,影响力一定有其发挥作用的范围和程度。一个人尽管德高望重,总会有人不认同,影响力对这些人不起作用。

在领导力中,权力才是第一位的。著名哲学家伯特兰·罗素说过:"社会科学中最基本的概念就是权力,其地位就好像'力'在自然科学中的地位一样。"对于企业领导者而言,权力是发起并维持行动所必需的基本力量,在很大程度上,它就是将意愿转变为现实的能力。

企业领导者没有权力,手上就没有博弈的工具,拿什么保证他人服从命令?没有权力,领导便无从谈起。失去权力的企业领导者,就如同失去翅膀的老鹰,永远也飞不起来。权力一定来自职位(有的学者提出"非职位权力"概念,实际上就是影响力),但有职位不一定有权力。

比较一下权力和影响力的功能属性,会让我们更清楚地认识两者的作用。

权力的强制性依靠高压,常常只能"制人以体";影响力的发挥能够赢得对方的认同,常常能够"降人以心"。

权力只能使人被动地改变行动,不能改变其思想;影响力却可以主动地改变人的思想和行动。

权力使人惧怕,但不是尊敬,更不能让人拥戴。下属当面对你敬畏,背后对你异常钦佩,这是权威的作用。下属当面对你点头哈腰,背后却说你很糟糕，这是权力的作用。

对于企业领导者而言，有权力就会有下属，但可能是些趋炎附势的马屁精；有影响力才会聚集自愿的追随者、有忠诚度的追随者。

因此，作为企业领导者，要拥有权力，但不要以为权力无所不能，切忌迷信权力和滥用权力。

当今企业都在强调执行力，这给很多领导者造成认识上的误区，认为所谓的领导力就是强势领导。这种认识是片面的。比如，在企业里，人们会服从上司的命令，但绝不会去认真执行自己不信服的上司的命令。

古典管理理论代表人物之一，法国的亨利·法约尔把权力分成制度权力和个人权力。前者就是我们通常说的权力，是由职位和地位产生的；后者与个人的智慧、学识、经验、道德品质有关，它形成影响力。德国社会学家马克斯·韦伯曾将领导权威分为3种：传统型、法理型、个人魅力型。前两种倚重权力，第三种倚重影响力。

我们从法约尔和韦伯的理论不难得出：领导力离不开权力，也离不开影响力。

马云说一个好的企业领导者应该具有过人的智慧、胸怀、眼光，一个靠权力大小或股权多少来树立权威的人不是好领导。高明的企业领导者善用智慧和权威领导下属，他有能力使他的下属信服而不是简单地控制他们；他手里的权力，主要作为一种威慑力而存在，而不是频繁使用的武器。这就是领导艺术。因此，韦尔奇偏好"领导人"的提法而不喜欢"管理者"，甚至厌恶这个称呼。韦尔奇说："我不喜欢'管理'所带有的特征——控制、抑制人们，让他们身处在黑暗之中，将他们的时间浪费在烦琐的杂务与报告中。"

领导力公式

领导力既不等于影响力，也不等于权力，而是包含两者。权力是强制力，影响力是非强制力。在实际工作中，我们不难发现，一个企业管理者的领导力的大小，还与他的领导方法密切相关。因此，领导力公式应当是：

领导力 =（权力 + 影响力）× 领导方法

很多人可能会疑惑，领导力公式中权力和影响力相加之后，为什么还要乘以领导方法？原因在于，企业管理者的权力和影响力不能直接转化为领导力。要实现这种转化，必须通过正确的方法。

企业管理者不要以为有了职位权力就可以自动产生领导力。职位权力来自组织授予，但此时还只是名义权力，很可能"有名无实"。职位权力是可以被架空的。只有实际权力才产生领导力。怎样使职位权力不"打折"，成为实际权力？那就要懂得使用相应的控制措施！

企业管理者有了实际权力就等于有了领导力吗？不见得。企业中"瞎指挥"的管理者比比皆是。所以，要将实际权力转化为领导力，也需要懂得领导方法。同样，要将影响力转化为现实领导力，还是需要善用领导方法。否则，其影响力只是一种没有力量的潜力。

领导力公式表明：一个企业管理者尽管有权力和影响力，如果方法是零甚至是个负数，就会完全失去领导力。

智 荣

2018 年 12 月

第一篇
建 团

历史上的楚霸王项羽"力拔山兮气盖世",勇猛无敌,几乎打遍天下无敌手,垓下之败之前大小七十余战没有败绩,是名副其实的战神。只可惜,项羽是一枝独秀,手下少有能够独当一面的能人,他的部队离开了他就打败仗。项羽虽然曾经兵多将广,但他一直在"吃老本",几乎没有培养出新的人才来。在与刘邦的4年争斗中,兵将越打越少。最后一战败于垓下,逃到乌江边时已成孤家寡人了。

像项羽这种情况,柯林斯称之为"1个天才与1000个助手"现象。意思是企业管理者能力超群,很喜欢突出自己,但手下全是一群庸人,以此衬托企业管理者的"伟大"。在这种模式下,公司实际上是企业管理者个人表演的舞台。

曾国藩本是一介书生,并不善于打仗,但他有一个突出的本事:善于识人、用人、育人,善于治军。据统计,湘军中得以成名的多达182人,其中,做到总督的14人、巡抚13人、实授提督20人、总兵20人,这是一个人才济济的精英团体。曾国藩曾教导他弟弟曾国荃说:"办大事者,以多选替手为第一义。"可谓道出了他成功的秘密。

个人很能干,叫英雄。通过强大的团队创建宏图大业,叫领袖。

想干大事业,就不要迷恋当英雄,而是努力把下属培养成英雄,领袖则通过强大的团队展现自己的伟大。因此,打造团队是企业一把手的主要任务之一。史蒂夫·乔布斯说:"保持我所在的团队始终处于一流水平,是我主要的工作和贡献。"

第一章
识人

曾国藩说:"宁可不识字,不可不识人。"识人是建立团队的第一关。如果这一关过不了,其他的事情就免谈了。作为企业管理者,不一定要事必躬亲,但一定要懂得怎么去发现下属的潜能,以便将他(她)放在最合适的位置,为公司做出最大的贡献。韦尔奇认为:促使通用电气成功最重要的原因就是能够找到最好的人!

导 读

企业领导与伯乐

识人难,有方法

识人误区

认同度

优秀者的态度

PK 论英雄

企业领导与伯乐

1989年，某公司董事长任命某君为公司执行总裁，看中的是该君毕业于国际名牌大学计算机专业，博士学位，又曾在IBM公司担任主管长达20年之久，在美国IT界声望显赫。该公司董事长非常器重某君，声称他是公司全球扩张的秘密武器，并把经营决策权毫无保留地交给他。结果，却令人大失所望。

原来，执行总裁上任后，向公司灌输了他从IBM带来的"中央集权"的企业文化。他频繁地召开马拉松式的会议，而且对下属的建议基本不听，要求下属必须无条件服从。之后，他进行了一系列收购，却基本上以失败告终。他从外部招聘了若干高级管理人员，但无法融入公司。最后，董事长只好辞退了某君。

企业家看错人，后果很严重，甚至是灾难性的。

很多时候，企业管理者求贤若渴，但面对众多的应聘者却又无所适从，常常是挑了虾米，放走蛟龙。古今中外多少英雄豪杰，曾被人视为"蓬蒿人"，怀才不遇。"千里马常有而伯乐不常有"成为普遍现象。宋太祖赵匡胤年轻时投奔地方官员王彦超，却不被收留。迪士尼乐园的创始人沃尔特·迪士尼年轻时去洛杉矶试图在电影公司谋得一份工作，却没有哪家公司愿意雇佣他。马云说他早期去肯德基求职，面试24人录取23人，唯一没被录取的是他。

古希腊德尔菲神庙里有一句著名的箴言——认识你自己，反映了自古以来人们的"自知"之难。调查表明，有70%以上的人并不知道自己擅长做什么，无法脱颖而出，终身碌碌无为。因此，企业领导者要能找到下属的优点，找到他们自己都不知道的优点，把他们身上最好的东西发掘出来。这就是好的企业领导者的厉害之处。海尔集团创始人张瑞敏说："作为一个领导，你可以不知道下属的短处，却不能不知道下属的长处。"实际上，你担任企业领导的同时，就被赋予了一项职责——让你的下属充分发挥潜力。

当企业领导，就一定要做伯乐。这涉及两个方面，一是甘愿做伯乐，二是要具备伯乐的眼光。领导者对一个伟大团队所做的最大贡献，就是帮助成员发现自身的卓越之处。

清朝的胡雪岩的成功，很重要的一个原因就是他有一双识人慧眼。他用陈世龙就是一个典型的例子。陈世龙原本是个孤儿，成天混迹于赌场。在一般人眼中，陈世龙成不了大事，但胡雪岩发现他具有很多优点：口齿伶俐，头脑灵活；与人结交从不露怯，敢闯敢拼，打得开场面；为人

第一篇 建 团

讲义气，不出卖朋友；说话算数，讲信用。鉴于此，胡雪岩开始调教陈世龙。后来，陈世龙成了胡雪岩的得力干将。

1943年，以美国为首的盟军能够成功实施"诺曼底登陆"计划，开创反法西斯战争新局面，与其说是盟军统帅艾森豪威尔的成功，不如说是"伯乐"罗斯福总统的成功。当时，大家一致认为五星上将马歇尔是最佳人选，但罗斯福最终却选择了艾森豪威尔。那时，艾森豪威尔还只是马歇尔手下的一位陆军作战计划处处长，而他的上面有36位比他职位高的将领。罗斯福看中的是艾森豪威尔头脑冷静、目光远大，军事战略思想明确而坚定，并能排除各种复杂的干扰，果断决策。

识人难，有方法

识人、知人是古今中外公认的最大难题之一，因而有了宋朝诗人陆九渊的名言"事之至难，莫如知人"。

识人难的根本原因，在于人这种高级动物的复杂性。首先是表里不一。诚如诸葛亮所说："知人之性，莫难察焉，美恶既殊，情貌不一。"其次，人的情貌言行等与行为结果之间不是一一对应的关系，很难根据一两次行为结果反推一个人的品性。再次，人也是在不断变化的，今天的想法不等于明天的想法，今天的表现不等于明天的表现。

难道说识人之术无迹可寻吗？非也。虽然此间奥妙甚多，但如果能够调动丰富的阅历经验以及各种学识，仍能破解。艾柯卡等大企业家都

第一篇 建 团

不讳言他们具有超人的识人眼力。他们与人一见面，对于此人从事什么职业及什么性格、什么习惯、为人怎样等，很快就能猜出个八九不离十。

识人真面目，除了"听其言"，还可"观其行"，甚至在自己有意安排下观察对方的行为。

胡雪岩准备聘用刘庆生做阜康钱庄的掌柜时，就"设局"巧妙地考察了对方。

当时，刘庆生还只是大源钱庄一个站柜台的伙计，身份卑微，家里也比较贫穷，每月收入也就2两银子。胡雪岩一下子送给刘庆生200两银子，想看看他的举动。要知道，这笔钱相当于刘庆生8年的薪水！结果，刘庆生拿这200两银子首先包了一座小院子，作为起坐联络的起点。胡雪岩由此一下子就看出刘庆生做事放得开手脚，是干大事的料。假如刘庆生舍不得花这笔钱，那他大概只是做一个好伙计的材料了。后来，刘庆生不负所望，成为胡雪岩的得力干将。

古人们很早就开始总结识人经验，提出过很多精辟的见解。《庄子》提出了"八验"，《吕氏春秋》记载了"八观"（后来，魏征对其进行简化，概括为"六观"），东汉史学家荀悦的《申鉴》从正反面讨论了人的9种个性，诸葛亮在《将苑·知人性》中提出过简明实用的识人七法。

曾国藩对识人之术最有研究，堪称中国历史上最著名的识人专家之一。

曾国藩早期在京城做官时，就写过《应诏陈言疏》，提出通过考察核实发现和识别优秀人才的方法，并制订了一套选拔标准，以减少个人主观性的不良影响。

后来，在建立和领导湘军的过程中，曾国藩有感而发，专作《冰鉴》一书，共分七篇，提出了一套系统而完整的识人之法。《冰鉴》是曾氏一生的智慧结晶，因而极具参考价值。

卓越领导力：优秀企业管理者的成功之道

曾国藩说他相人时，"邪正看眼鼻，真假看嘴唇，功名看气概，富贵看精神，主意看指爪，风波看脚筋，若要看条理，全在语言中"，就很有道理。

识人之术，今人也总结得很多，尤其是针对职场人士。如果你长期与人打交道，必然能养成看人的直觉和经验；再参考前人的总结，也能练成识人高手。

识人误区

识人难，于是就难免出现很多错误的识人误区，而且很难克服或纠正。因为这种现象来自人性的弱点，时常在潜意识中影响甚至主宰你的判断，导致你看错人。

一、误区一：凭个人好恶

韦尔奇曾透露，他30岁的时候到通用电气日本分公司工作，在招聘营销人员时，他喜欢聘用那些外表英俊、谈吐流畅的人，结果发现有些人外强中干；韦尔奇也曾以英语口语水平来作为录取的标准，后来发现将语言能力当作"招聘过滤器"也是很狭隘的方法。这其实是一个普遍现象。人的主观性是与生俱来的，每个人都有自己的偏爱，喜欢某种类型的人，讨厌某种类型的人。性格越突出的人，这种偏好越明显。

心理学上有个"晕轮效应"，是指当你对一个人的某种特征形成好的或坏的印象后，就会倾向于据此推论该人其他方面的特征。通俗地讲，当你看着某人在某方面"顺眼"，往往就认为此人在其他方面也会不错。这就是以偏概全。但是，很多可用之人往往是你看起来不太顺眼的，因为他们正直，有性格。即使雄才大略的唐太宗，也多次想杀掉魏征这个时常冒犯自己的"乡巴佬"。历史上，现实中，有几个人具有李世民的度量和理智？

凭个人好恶，就好像戴着有色眼镜一样，看人具有片面性。企业领导者要做到喜欢一个人而知道他的缺点、讨厌一个人而了解他的长处，不是一件容易的事情。这不仅是眼光问题，还因为人是感情动物。

二、误区二：凭表面现象

三国时有两个著名的以貌取人的故事。与诸葛亮齐名，被誉为"凤雏"的庞统，投奔东吴时，因为相貌不佳没能赢得孙权的好感，双方没有谈拢。于是，庞统再投奔刘备，因为相貌问题再次不被重用只被委派为一个县令。后来，庞统在诸葛亮的强烈举荐下才被刘备重用，为夺取西川立下汗马功劳。西川的刘璋派张松出使曹魏，因为相貌丑陋，被曹操逐出门外。张松垂头丧气地走在回川的路上，却意外地得到刘备的热情款待，于是献上西川地图，并帮助刘备出谋划策夺得西川。可见，过于以貌取人是会犯错误的。刘备能够夺取西川，恰恰得益于两个相貌丑陋之人。

人人都知道"人不可貌相"之古语，可人人都免不了以貌取人，只是程度不同而已。今天，"颜值"的价值越来越大了，再次说明人的感性层面要主宰很多事情。

表面的言行也很容易迷惑人。东汉开国之君、一代雄主刘秀也曾被来自敌营的庞萌迷惑。在刘秀面前，庞萌表现得很恭敬、谨慎、谦虚、顺从，刘秀便认为庞萌对自己忠心耿耿，公开称赞他是"忠贞死节"的"社稷之臣"，"可托六尺之孤，寄百里之命者"。其实，庞萌是个很有野心的人，他明向刘秀表忠，暗里却伺机而动。当军权一到手，庞萌便勾结敌人将奉命跟他一起去攻击敌军的盖延兵团消灭了。其实，庞萌除了做秀之外并没有重大贡献证明他的忠心，刘秀对他的信任缺乏根据。

对于人们表里不一的情况，古人做了很好的总结——"辨人才最为难，盖事有似是而非者：刚直开朗似刻薄，柔媚罢软似忠厚，廉介有宋似偏隘，言纳识明似无能，辨博无实者似有材，迟钝无学者似渊深，攻忤谤讪者似端直，掩恶扬善者似阿比。一一较之，似是而非，似非而是，人才优劣真伪，每混淆莫之能辨也。"一言以蔽之，表象常常是假象。

三国刘邵在《人物志》中指出：人的言行和内心往往不一致。所以，选才不但要"观人"，更要"验事"。"观人"是看一个人的言行，"验事"，就是看其过去都做了些什么，结果是什么。

三、凭一时表现

很多人懂得选人要"验事"，但又常常犯另一种错误——习惯于以一时的表现来判断一个人。虽然某个人的表现是真实的，但却没有看到其将来的发展变化。人有潜力，也有软肋，要看你能否看得准。

黑格尔、达尔文、爱迪生、爱因斯坦等学术巨匠，在学校时的成绩都不太好，似乎没什么出息。黑格尔在读书时，被人视为"平庸少年"，有人画漫画奚落他，把他画成拄着两个拐棍的老头儿。达尔文在剑桥神学院读书时，很多人认为他的智力远在普通人之下。只有植物学教授汉罗斯看出了达尔文善于观察和独立思考的特殊才能，并力保他随贝格尔舰进行环球科学考察，终于造就了"进化论之父"。

用一个人一时的表现简单地推测其的未来，经常要犯错误。"现在行，将来不行"的人，容易被错判；还有相反的情况，"现在不行，将来行"的人，更容易被错判。

四、偏重资历

资历主要包括出身、生活经历、学习经历、工作经历等，企业的人力资源部门常常过于看重这些东西。名牌大学时髦专业加世界500强工作经历，是最为靓丽的两张名片，成为很多人求职、跳槽的敲门砖。其实，资历不等于实力。马云曾感叹："那些表面看起来光鲜的人，不见得就能胜任高位！"

在法国历史上，拿破仑能够建立法兰西第一帝国，得益于他能突破阶级界限，不拘一格任用人才，最大限度地笼络人才，形成了自己的精英集团。拿破仑幸运的地方，恰恰在于他出生于社会底层。拿破仑只是法国科西嘉地区贫困没落贵族的儿子，天生没有阶级特权或阶级界限的负担。他用人时不会介意这个人到底是旧式贵族或革命派，还是社会底层人士。如果拿破仑在用人时讲究"门当户对"，很难想象他会有多大作为。同样，实力也不等于资历。历史上，苏秦未拜相之前，回到家里时父母妻子都不愿理他；韩信被刘邦封为大将军之前没人看得起他，还受过胯下之辱；魏国宰相公叔痤病危时，曾将家臣商鞅推荐给魏惠王继任国相，但魏惠王却将此建议当成人死前的胡言乱语……这种情况，古人概括为"相马失之瘦，相士失之贫"。

五、寻求完人

鉴于人的复杂性,考察人要听其言、观其行,查看胸襟、观其修养,等等。从多方面入手综合判断,这无疑是对的,但有的人却因此求全责备,寻求完人,陷入完美主义误区。因此,很多企业管理者感叹"人才难寻"。如果要求员工既要工作态度好,乐于加班加点,并不计较报酬,还要工作能力强,那就只有到外星上去招人了。曾国藩心目中的理想人才是"能做事,不爱钱,不怕死",但他承认从未找到过这样的完人。他感叹"满意之选不可得",于是"姑节取其次,以待徐徐教育可也"。

完人是不正常的,那是神仙;相反,有缺点的才是正常人。如果你真的发现了没有缺点的人,那一定是对方隐藏太深,也说明你缺乏洞察力。这样的人能不能用,要打一个大大的问号。双方要长期稳定地合作,一定是建立在优点和缺点都充分了解的基础上,如此才能建立足够的信任感。

优秀的企业家欣赏一个人很少是因为完美,而是因为有突出的优点,这个突出的优点成为这个人与众不同的特点。优点突出的人,往往缺点也很明显。

一根粗木,有点空心或虫蛀,难道把它整个扔掉?乔布斯曾说:"这个世界既没有完美的人,也没有全才,但他们总有一部分是最优秀的,而我所用的就是他们最优秀的那一部分!"优点得到欣赏,缺点得到原谅。我们要选的是那些优点可用、缺点可控的人。也就是一定要允许非原则性缺点存在。什么是非原则性的?就是不违背你的基本的价值观或做事原则。

关注一个人,要用七分精力去欣赏他们的长处,用三分的精力去注意他们的缺点。一个领导者和一个经理人的区别在于:优秀的领导者善于看到别人的长处，而经理人往往看到别人的短处。

　　找不到完人不免让人很失望，于是，业界就流行起了"没有完美的个人，只有完美的团队。"很多企业管理者热衷于请"大师"们为自己打造"完美的团队"。殊不知，这是更大的误区。在曾国藩的湘军中，最有战斗力的军队有两支，一是曾国荃的"吉字营"，一是鲍超的"霆字营"。这两支队伍都是不完美的。前者抢劫财物，后者军纪较差，可称之为毛病突出的队伍，但他们却是曾国藩的绝对主力。我们要打造的是有战斗力的团队，而不是完美的团队。华为被公认为是有战斗力的团队，可从来没有听到任正非说过要使其变得完美。

认同度

　　什么样的人才可能成为你的伴侣？一定是认同你的人。人其实很感性，喜欢对方时，缺点都成了优点，愿意为对方无偿付出。同样的道理，只有认同公司的员工，才能真正为公司卖力，而不是来混日子或作为临时跳板。

　　对于一个企业的领导者来说，能够跟你走得最远、最久的下属，不一定是薪水最高的，也不一定是职务最高的，而是最认同你的人。

　　企业管理者选人，最重要的是考察什么？不是他（她）的能力或态度怎么样，更不是他（她）有什么背景，而是他（她）对公司的认同度，这是聘用他（她）的前提、硬条件。有认同度了，再去考察他（她）的其他方面。否则，就没有必要了。

对公司的认同度主要包括两大方面：认同公司的最高领导，认同公司的理念。最高领导不喜欢的员工，未必不能用；但不认同最高领导的员工，一定不要用，即使他（她）很出色，因为他（她）不是你的"菜"。

王石、雷军、李彦宏等在为公司招聘高管的时候，常常要亲自面谈若干次。谈什么？很重要的内容，就是感受相互的认同度。

有人可能会说，在很多大公司，基层员工甚至不少中层员工连最高领导都见不到，怎么认同？其实，没见到不等于不知晓、不熟悉。对于大公司，如果外界和下层员工对最高领导很陌生，说明最高领导不善于打造影响力。阿里巴巴、华为都有成千上万的员工，哪个员工不熟悉他们的最高领导呢？

如果下层员工不熟悉或不认同最高领导，很可能给公司带来恶果。这些员工很容易与他们的直接上司形成小集团。这一点，那些喜欢"保持低调"的最高领导要格外留意。

员工是公司的财富吗？不准确。只有能够融入团队文化、具有共同信念的员工才是公司的财富。阿里巴巴前人力资源总监邓康明曾说："我们吸引新员工加入依然是共同创业的愿景。每个人都有不同的价值观，作为一个有使命感的企业，怎么让员工从心里来认同企业文化或企业的价值观和使命感，为一个共同的目标去创业、去奋斗，而不仅仅把工作当成一种职业或养家糊口的地方，这非常重要。"因此，阿里巴巴只选对公司的价值观有认同感的人。他们认为很多公司招聘员工的时候只谈工作、薪资和能力，几乎不谈公司的使命和文化，从一开始就使公司少了凝聚的精神。如果不看价值观，天使和魔鬼没什么区别。

韦尔奇出任通用电气董事长时，立即在全公司发行了一本80页的小册子,名为《正直:我们责任的精神与体现》。每一个新员工都必须仔细阅读这本小册子,并在册子所附的卡片上签上名字,承诺自己完全接受册子的内容和要求。对于那些有道德问题的人,通用电气一律不用;如果在企业内部发现道德败坏的行为,只要违规一次,立即开除。韦尔奇说:"不要试图改变不符合公司文化要求的人,直接解雇他们。"通用电气内部有一个变革成功的公式"$E=Q \times A$"。E是变革的效果,Q是决策质量,A是团队成员对决策的接受程度和认同程度。这个公式表明:变革型领导者必须采取强硬而果断的措施清除不认同公司文化的人。

很多公司在招聘员工的时候,都采取了一种错误的做法,那就是竭尽全力地考察对方,完全忽略了对方对自己的态度。

常常看到公司面试官以居高临下的姿态,像警察审讯犯人一样,盯着应聘者的简历刨根问底,恨不得将人家的祖坟都刨出来。最后,根据他(她)的回答情况,判断是不是公司喜欢的类型,决定是否录取。在整个面试过程中,无论是人力资源主管还是业务主管,都没有详细介绍自己的公司和掌门人,以此判断一下对方是否对公司感兴趣。结果,招聘往往成了单向选择行为。新员工招来了,大多没有干劲,不久就陆续离职,公司领导还觉得莫名其妙。统计表明,职场中80%的跳槽属于主动辞职,这无疑与错误的招聘办法密切相关。

正确的招聘方法应该是:第一步,介绍掌门人,展示公司,让员工先反向面试,以此挑选出喜欢公司的人,放弃其他人;第二步,在这些人中选择公司喜欢的人。这样,公司与员工之间才能达到"两情相悦"。但是,大多数公司都没有进行第一步。

对于重要人员的招聘,掌门人必须亲自上阵,因为大部分人事经理是无法胜任这一工作的。让没有经营过企业的人力资源科班生去主持招聘,尽管很流行,其实很荒唐。按图索骥的结果,很可能找回来一只癞蛤蟆。不少公司招聘高管时,居然也让他(她)从最低职级的人事专员开始往上"打通关",真是笑话。

优秀者的态度

福布斯传媒的创办人 B．C 福布斯说:"我们视工作为乐事还是苦差事,完全取决于自己的态度而非工作本身。"态度不好的人,即使有能力,也很难为公司做出贡献,因为他(她)出工不出力,甚至不出工。因此,有"态度决定一切"之说。

公司考察员工时,以下几方面素质是至关重要的。不具备这些素质,在招聘和任用时就要打个大大的问号。

一、企图心

企图心即雄心壮志,远大理想,是一个人干事情最大的动力。成功学大师戴尔·卡耐基说:"企图心是将愿望转化为坚定信念与明确目标的熔炉,它将集中你所有的力量和资源,带领你到达成功的彼岸。"

志向高远之人,表现为富有血性,冲劲十足;总希望出人头地,不甘人下,常常以业界、圈内的精英为标杆,干什么都要争取做好,带有浓厚的英雄主义情节。这样的人往往不畏艰难困苦,想方设法完成工作任务,以求获得丰厚的报酬和职位的提升。他们根本不需要管理者时时去激励,而是自我施压、自我激励。

马云说创业前期千万不要找明星团队,不要找已经成功过的人一起创业。为什么?因为他们已经有钱了,进取心衰退了,很难再与你患难与共。创业前期要找那种没有成功过又渴望成功的人,他们才会斗志昂扬。任正非就喜欢引入"胸怀大志,一贫如洗"的人进入公司。

有些人天生只愿做个平常人,过"老婆孩子热炕头"的生活。从价值多元的角度讲,他们也没有错,但当领导的要清楚,这样的人只能做基层员工,绝不可提拔为公司高管。不过,人在一定程度上是可以改变的。可以通过激励措施提升人的企图心,为员工树立志向也是领导的重要工作。怎样做呢?在本书后面关于员工培养的内容中将会涉及这个问题。

二、协作意识

有一个广为流传的故事,说明了天堂与地狱的差别。

据说,地狱和天堂里都有一只相同的锅,锅里煮着鲜美的食物。但是,大家要吃上食物却很辛苦,因为规定只能使用长达一米的长筷子吃食物。

住在地狱的人争先恐后,都把筷子伸进锅里疯抢食物。但是,筷子太长,食物无法送到嘴里,搞得食物四处飞溅,但谁也吃不到。于是,每个人都饿得面黄肌瘦，痛苦不堪。

在天堂里，情况却大不相同。他们两个人一组相互喂食，用自己的长筷子夹住食物后，他们不是自己吃，而是送到对方嘴里。于是，所有的人都能从容吃饱，因而个个容光焕发。

马云说："什么是团队呢？团队就是不要让另外一个人失败，不要让团队中任何一个人失败。"任正非要求团队成员"胜则举杯相庆，败则拼死相救"。"团队精神"的精髓，就是彼此协作，出现1+1＞2的结果，使团队的价值最大化（而不是个人价值最大化）。中国古语讲"天时不如地利，地利不如人和"，将"人和"作为最重要的成功要素。在一个企业里，效率随规模降低，这是规律。因此，公司越大，相互协作显得越重要、越迫切。

三、规则意识

我们经常听说某某小孩"调皮捣蛋"。其实，"调皮捣蛋"包含着两层意思。"调皮"是指不懂规则时的天真活泼，而"捣蛋"则是知道规则却仍在违背，即缺乏规则意识。两层意思性质很不相同。

什么是规则意识呢？假如你做了这些事情：承诺过的事情不兑现，借钱没有按时还，排队时插队，上班迟到请人代打卡……你有没有感到理亏？有没有感到内疚和自责？如果答案是肯定的，那你就具有规则意识。遵守道德、制度、法律，就是有规则意识。

凡是涉及两个人以上的事情，都要有规则，下棋要有规则，拳击比赛要有规则，做买卖要有规则。规则带有无条件遵从的意味，没有商量的余地。军队有战斗力，正是因为严格遵守规则——令行禁止。一个公司要正常运转，需要建立规章制度，每一个员工都必须自觉遵守。

四、不找借口

巴顿将军在《我所知道的战争》中写到：他要提拔人时常常把所有的候选人排到一起，给他们提一个想要他们解决的问题。巴顿告诉他们："伙计们，我要在仓库后面挖一条战壕，8英尺长、3英尺宽、6英寸深。"说完后，他就离开了。然后，巴顿将军通过窗户暗中观察那些人。他发现那些人把挖土的工具都放到仓库后面的地上，休息几分钟后开始议论巴顿为什么要他们挖这么浅的战壕。他们中有的人说6英寸深还不够当火炮掩体，有的军官抱怨——认为他们不该从事挖战壕这种普通体力劳动……最后，终于有个人下命令：让我们把战壕挖好后离开这里吧，管他想用战壕干什么呢。结果，巴顿提拔了这个人，原因是"我必须挑选不找任何借口地完成任务的人"。

"没有任何借口"是西点军校奉行的主要行为准则之一。在西点军校，当长官问"为什么不把鞋擦亮？"如果学员回答："我没时间擦。"那么，很可能遭到一顿训斥，因为长官要的是结果，而不是没有达成结果的理由。从西点军校走出来的学员，"不找借口"的理念已经深深地印在他们的头脑里，成为思维习惯。

在华为，要求管理者和普通员工在犯错误时都不找借口进行掩饰，而是要直面错误，并且主动记住自己曾经犯下的错误，在下一次工作时进行查看，以此来警醒自己。"自我批判"是华为员工的一个习惯。

五、脚踏实地

有一次，华为一名新员工上班没多久就发现华为存在很多"问题"，认为华为在许多地方都需要整改，于是兴冲冲地给任正非写了一封一万多字的长信，里面全是关于公司经营战略方面存在的问题以及他的建议。任正非看信后回复:"此人有精神病,建议送医院治疗;如果没病,建议辞退。"

华为不提倡一般员工对公司战略提建议,而是提倡其做好本职工作,在本职工作中做相关的、实用的创新。华为实行"小改进,大奖励;大建议,只鼓励"原则,避免员工只说空话,不干实事。在华为,做不好本职工作的,无论说得天花乱坠,都不得重用。任正非说:"我们要造就一批业勤于精、行成于思、有真正动手能力和管理能力的领导者。成功偏爱踏踏实实的工作者。"

其实,哪个公司都不需要一大堆"战略家""策划高手"。马云曾谈过他开除那些名校 MBA 的原因。他说:这些 MBA 来了就跟你讲战略,每次你都听得热血沸腾,但这些东西要么行不通,要么他们自己不去落实。这些人缺乏基本的专业精神和敬业精神。**他们来到阿里巴巴好像就是来管人的,来了之后就把公司之前的理念推翻掉。**

这个世界上做事喜欢"务虚"的人的确不少。他们高谈阔论,似有"雄韬伟略",但往往眼高手低,不屑于从小事做起,是言语上的巨人、行动上的侏儒。他们喜欢做表面文章,搞面子工程,看起来花里胡哨,但中看不中用。现实中,这些人具有很强的欺骗性,阅历不够的企业领导常常被其迷惑,甚至将其奉为上宾。实际上,不善于解决实际问题的人,绝不可能搞出什么超前的战略、策划出什么可行的方案。他们只会让公司损失时间和金钱,最后留下一地鸡毛。

判断一个人,主要不是听他怎么说的,而是看他怎么做的,并用结果说话。真正有用的人才,能够把事情落到实处,愿意做好每件小事,遇到困难时能够想办法克服,千方百计达成目标。史玉柱说:"所谓人才,就是你交给他一件事情,他做成了;你再交给他一件事情,他又做成了。"

六、忍受委屈

在中国大型民营企业里,很容易发现这种现象:领导的核心高管,很多其实并不是才能最出众的,甚至有可能比不上一些"外围"的经理。但是,他们有一个其他人不具备的品质:被领导反复敲打,甚至被骂得狗血喷头,也能做到不分辨、不反驳,继续任劳任怨地干活。只有这样的人,领导才放心,才敢委以重任。对于这种情况,很多经理感到不服气。其实,这种忍辱负重的心理承受能力,绝大部分人不具备。

在一个公司里,如果领导经常批评、责骂某人,此人很可能即将得到提拔重用,领导骂他是因为"恨铁不成钢";而那些轻易受到领导表扬的人,很可能是领导不想"栽培",甚至放弃的人,所以对他要求不高。这也算一种中国式管理方法吧。

华为提出"烧不死的鸟才是凤凰"的口号,多年来一直激励着员工,后来成了华为员工对待委屈和挫折的态度,也成了挑选干部的准则之一。华为原来的市场部代总裁毛生江,本来是风云人物,也是任正非非常看重的人,有意培养他。可在市场部集体大辞职之后,毛生江再竞聘时被降职为终端事业部总经理,薪酬也大幅缩减。对此,毛生江曾一度消沉,但他很快调整过来了,并在短短一年内让山东办事处取得了良好的业绩。于是,任正非很快将毛生江任命为公司执行副总裁。毛生江既有能力,又能忍受委屈,当然堪当大任。

七、责任心

大量实证研究表明:一个人的责任感与他的工作绩效之间存在着密切的正相关性。德鲁克曾说:"责任保证绩效。"

第一篇 建 团

领导给下属下达任务时问："你能办好吗？"经常会听到下属说，"我尽力"或"尽力而为"。回答好像很不错，但领导心里很可能要打鼓了。

"尽力而为"绝不是"全力以赴"的同义语。"尽力而为"的潜台词是"我的能力只有这么多，所以我就只能做这么多。"与"尽力"一字之差的"尽心"，却是另一种境界。"尽心"是一种非常积极的态度，表明拿出了足够的诚意和努力投入工作，一直在想办法寻求突破，千方百计去达成设定的目标。

对于多数人而言，如果他们现有的能力值是1，在工作中最多愿意发挥到1。"尽力"的人可能只发挥了0.8，而"尽心"的人却可能发挥出1.2甚至1.5。两个能力差不多的人，用心程度不一样，成绩就大不一样。不难预见：有的员工即使能力差一点、技术差一点、困难多一点，但他能够全身心投入工作，也能迎头赶上，取得不菲的业绩。

华为将员工划分成3类：第一类人是普通劳动者，第二类人是一般奋斗者，第三类人是有成效的奋斗者。普通劳动者就是为了赚钱养家，通常只是做好自己该做的事情，做上级吩咐必须做的事情。一般奋斗者的积极性比第一类人高一些，工作中也能尽力。第三类人的主动性和积极性最高，能够全身心地投入工作，这类员工可称之为做事"尽心"之人。在华为，想成为高级干部就得尽心，全心全意；如果只能做到尽力，就只能做中基层干部。

PK 论英雄

  判断一个人，看行为无疑是比听言语更可靠的办法。不过，问题来了：很多人善于表现，就像演员一样，掉眼泪未必是真动情，也许是鳄鱼的眼泪。另一方面，人的看法有主观性。对同一个人、同一件事，不同的人的理解、评价是不一样的。

  比言行更有说服力的是结果。用硬指标来说话，一目了然。不过，唯结果论也有问题。道理很简单，比如甲、乙都是千万富翁，甲是开公司加班加点赚来的钱，而乙是收受贿赂得来的钱，这两个人能一样吗？因此，在看结果的时候，不能忽略过程和手段。

  识别人才最好的办法，是在同样规则下让他们PK。规则实际上限定了过程和手段不能出格，保证了公平。这就是"赛马"法。

"赛马"法既消除了"驽马"的虚假表演，也消除了裁判和观众的主观判断。"是骡子是马拉出来遛遛"，不证自明。这是最科学最合理的方法。张瑞敏说："人人是人才，赛马不相马，给每一个愿意干事的人才以发挥才干的舞台。给你比赛的场地，帮你明确比赛的目标，比赛的规则公开化，谁能跑在前面，就看你自己的了。"他认为，企业领导者的主要任务不是去发现人才，而是去建立一个可以赛出人才的机制，并维持这个机制健康持久地运行。

韦尔奇自创的"活力曲线"就是"赛马"法的生动案例。他认为，一个组织中必有 20% 的人是最好的，70% 的人是中间状态的，10% 的人是最差的。这是一个动态的曲线。作为一个企业领导者，必须随时掌握那 20% 和 10% 里面的人的姓名和职位，以便做出准确的奖惩。不过，凡事有利就有弊。用"赛马"法选人，一是要付出成本，包括时间成本、财物成本和机会成本；二是可能偏重能力，忽略德行。所以，应将"赛马"法与其他识人方法结合起来使用。

第二章

用人

楚汉相争时，项羽手下的干将纷纷投奔刘邦，包括陈平、韩信、英布等人，这些人后来都成了项羽的克星。忠心耿耿的大谋士范增却被项羽无端怀疑，愤然离去，而吃里爬外的项伯却一直留在了项羽身边。假如这些人中的任何一个有相反的举动，楚汉之争的历史可能都要改写一番。

企业的实际工作里，任用合适的人，远比开发一种新产品更重要。

导 读

用人所长 VS 容人之短

小材大用 VS 大材小用

人岗匹配

互补组合

德 VS 才

优秀 VS 适合

任人唯亲 VS 任人避亲

用人不疑与疑人不用

企业掌门人的包容力

用人所长 VS 容人之短

　　春秋战国时期，赵国有户人家里老鼠成灾，于是从中山国弄回来一只厉害的猫。这只猫很会抓老鼠，却有个毛病，爱咬鸡。于是，家里有人想把猫弄走。但是，当家的赵老爷子经过权衡之后，还是决定留下这只猫。因为最让他们头痛的事情是老鼠咬坏衣物、糟蹋粮食、穿透墙壁，消灭老鼠是头等大事。至于家里养不养鸡，却不是什么大事。如果重新找一只不咬鸡的猫来，抓老鼠可能就不那么在行了。老鼠不灭，关键问题仍未解决。

　　上面这个故事给我们什么启示呢？在用人上，如果他（她）恰好具有我们急需的长处，那么，是不是应该不要太计较其短处呢？

卓越领导力：优秀企业管理者的成功之道

德鲁克曾说："有效的管理者在择人任事和升迁时，都以'一个人能做什么'为基础。"用人首先要看他完成特定任务的能力。智者取其谋，愚者取其力，勇者取其威，这就叫用人所长。

领导者都知道用人所长，但大多却并不懂得如何对待下属的短处。他们在不遗余力地改正下属的缺点，不但自己"言传身教"、亲力亲为，还要求其他员工督促。结果呢？大家累得筋疲力尽，但往往收效甚微。这是一个大误区。胡雪岩的用人之道是"取人之长，容人之短；不求完人，但求能人"。注意：他说的是"容人之短"，而不是"补人之短"。

作为企业领导者，如果总是试图消除员工的缺点，就很难发挥员工的优势，打造出类拔萃的业务精英；如果总是一厢情愿地想让别人变成自己希望的样子，用一个模子去塑造所有的员工，使他们达到自己的要求，必然失去众多追随者。

实际上，一个人的优缺点不是绝对的。甲眼中的缺点，在乙看来可能是优点，带有仁者见仁、智者见智的主观性。因此，企业领导者要区别对待每一位成员，通过精心的设计与培训让每一位成员的特长都能发挥出来，成为团队中不可缺少的一员。

一个人的优缺点在不同场合也是可以转化的，某些"缺点"也许恰恰是他的优点。在工厂里，安排遇事喜欢钻牛角尖的员工去做质检，安排头脑呆板的员工去做考勤，安排脾气犟、争强好胜的员工去当攻坚突击队长，安排办事婆婆妈妈的员工去抓劳保，就把"缺点"转化成了有用的优点。"垃圾是放错地方的财富"就是这个意思。

人力资源专家指出，能够发现并运用一个人的优点，你只能得60分；如果你想得80分，就必须容忍一个人的缺点，发现并合理利用这个人的缺点和不足。

小材大用 VS 大材小用

柳传志培养下属的办法之一就是让其去办理几乎不可能完成的事情。联想历史上有一个著名的"追奖"风波。当年，联想汉卡被评为国家科技进步二等奖。但是，柳传志认为：按照汉卡当时的先进性，应该评为一等奖。要改变这个结果，需要科技部50位评委中的10位专家提出复议，然后获得2/3以上的专家通过才行。郭为受命后专门成立了一个工作小组，经过努力，最终拿回了一等奖。"将5%的希望变成100%的现实"，从此成为联想最为重要的企业文化内容之一。

柳传志培养郭为时，采取了典型的压担子的办法，收到了很好的效果。郭为后来成为柳传志的左膀右臂，联想分拆后，成为神州数码的掌门人。

卓越领导力：优秀企业管理者的成功之道

　　为稳妥起见，上级一般给下级安排力所能及的工作。但是，一个总挑轻担子的人，无法想象其将来还能挑千斤重担。要培养员工，就要挖掘其潜能。因此，领导应给员工安排超出现有能力的任务。将总监提拔为副总裁，这是在职务上压担子；将销售目标增加50%，这是在工作任务上压担子，等等。基于这种考虑，海尔集团采取了"小马拉大车"的用人方法。他们认为，用一匹小马去拉大车，虽然开始时可能有点吃力，但一旦把车拉起来了，小马就变成了一匹大马。

　　高明的领导，不仅仅是小施压力，而是经常给下属下达近乎荒唐的重任，但下属最终居然能够奇迹般地完成它，这种情况在华为、万达、恒大、阿里巴巴等公司屡见不鲜。史玉柱的"四个火枪手"之一、现任巨人网络总裁的刘伟曾说："有许多看来几乎是办不成的事，他逼着你非办成不可，我们就这样被逼出来了。"刘伟承认自己的进步是被史玉柱逼出来的。

　　美国麻省理工学院进行过这样一项有趣的实验：实验人员在南瓜刚刚生长的时候，就用铁圈将其箍住，以便测量南瓜能够承受多大的压力。然而，在实验的第一个月，小南瓜就承受了超过500磅的压力；到了第二个月的时候，它承受的压力已经超过了2000磅。最后，当研究人员将压力增加到5000磅的时候，南瓜皮才开始破裂。如果没有这种压力测试，我们永远无法想象一个南瓜居然具有如此巨大的承压能力。

　　明智的领导能做到小材大用，蹩脚的领导则常常大材小用。

　　一个人在大材小用情况下，一是感到工作没有挑战性，无趣；二是潜力得不到激发，不能成长；三是影响收入，心神不定；四是没有成就感，没有尊严。领导让员工工作轻轻松松，看起来是好事，但时间一长，员工就会走人，几乎没有人能够长时间忍受不受重用、能力得不到充分发挥的状态。项羽让韩信做个执戟郎中，终日看守中军帐大门，逼着韩信跑到刘邦那里去当将军。

人岗匹配

三国时，马谡熟读兵书，在平定南方的过程中，与诸葛亮一起定下攻心计，在七擒孟获的过程中屡出奇谋。诸葛亮开始北伐之前，马谡还想出离间计诱使曹睿罢免了劲敌司马懿。由此可见，马谡胸有韬略、才华横溢。能够深得诸葛亮的赏识，也说明他不是一般人。于是，诸葛亮首次北伐时将马谡提拔为安远将军，在马谡的任用上走出了错误的第一步。街亭一战，马谡缺乏自知之明，自告奋勇担此重任。诸葛亮再次出错，居然同意了马谡的请求，并用激将法让马谡立下生死军令状，想以此激发马谡的斗志。结果，诸葛亮的计划全部落空，马谡脑袋搬家。其实，马谡善出计谋，当参军绰绰有余；但统军实战，则无法胜任。

用现代语言来说，诸葛亮的失误在于用人没有做到"人岗匹配"——让谋士去干大将的事。骏马能历险，耕田不如牛；坚车能载金，渡河不如舟。如果让骏马去耕田、用汽车渡河，结果不言而喻。

德鲁克说："没有不称职的员工，只有不称职的管理。"因为某人的不称职，只在于不称于此职，而不是说他也不能胜任别的职位。

在一个公司中，作为下级，员工在任务分配方面处于被动地位，领导安排什么就干什么，少有选择的权力，这就容易使员工做的不是自己喜欢或擅长的工作。鉴于这种情况，东芝公司致力于推行"适才所用"的用人路线，在企业里实行内部招聘，让员工自己申报最能发挥自己专长的职位，公司以最大的努力满足员工的要求，使员工各安其位。

柳传志将人才分为3个层次：第一种人是能够自己独立做好一件事；第二种人是能够带领一群人做好一摊事；第三种人是能够独立制订战略。这3个层次，大致对应基层人员、中层干部和高管。不同层次的员工，要求不一样，适用标准也不一样。

基层员工看态度。只要态度好，踏实肯干，遵守制度，服从领导，就基本可以录用。有些员工即使能力有所欠缺，也容易通过锻炼、培养达到要求。

中层干部既看态度，又看能力。他们往往是一个团体的中坚力量，起着上传下达的重要作用，大多属于管理者，既要具备一定的业务能力，又要具备一定的组织能力。

高管既看态度，又看能力，还看经验、悟性。高管要能够独当一面，承担重大任务和责任，处理复杂局面，解决新问题。他们的所作所为往往关系全局，不允许出现大的失误。

古人云，用人要"贤者居上，能者居中，庸者居下，智者居侧"。这是比较准确的概括。

互补组合

古人云："夫兵，诡道也。专任勇者，则好战生患；专任弱者，则惧新难保。"意思是只用勇敢的人，这些人往往好战，容易生出祸端；如果只用弱者，这些人往往胆小怕事，胜利难保。也就是说，用人不能只用一种，必须考虑如何搭配具有不同性格、能力、特长、专业、年龄、资源的人员，做到优势互补。这是保持团队高效和稳定的关键。从这个角度说，人员组合也是生产力。

马云很推崇唐僧团队，认为这是一个理想的组合。唐僧意志坚定，孙悟空本领高强，猪八戒受得了委屈，沙和尚任劳任怨，白龙马忠心耿耿。因此，他们能够一起经历九九八十一难，最终取回真经。

法国著名企业家皮尔·卡丹曾说："用人上一加一不等于二，搞不好等于零。"在一个团队中，如果没有优化组合和很好的分工协作，成员之间的绩效会相互抵消，会大大降低整体战斗力。

其实，很多企业的一号人物身边都有一个互补的二号人物。比尔·盖茨与鲍尔默，乔布斯与斯考利，张瑞敏与杨绵绵，任正非与孙亚芳，史玉柱与刘伟……他们在一起合作非常默契，干出了非凡的事业。

马云曾说："你有一个聪明人时很带劲，你有50个聪明人实际上是最痛苦的，因为谁都不服谁。我在公司里的作用就是水泥，把许多优秀的人才黏合起来，使他们的力气往一个地方使。"马云说的情况其实比较普遍。互补、协调的团队并不多见。很少见到哪个人力资源总监在为公司的某个部门招聘人员时考虑到"互补"问题。所以，当领导的就得费心费力地去协调手下的一群人。

如果一个部门中有两个以上个性格相似、实力很强的人，他们在工作中就很容易产生对立。此时，领导只能为他们搭建各自表演的舞台，而不是硬捏在一起。当年，柳传志就是因为这个原因而将联想分拆成各自独立的联想集团和神州数码，让杨元庆和郭为分别负责。在此之前，柳传志曾试图让郭为做杨元庆的副手，一起掌管联想，但失败了。这就是所谓的"分槽喂马"原理。

德 VS 才

楚汉相争期间,陈平从项羽那里逃出来去找正在汉营效力的故人魏无知,托他向刘邦引荐自己。刘邦曾听说过陈平贪财盗嫂的传言,就不想收留他。于是,魏无知对刘邦说:"你需要的是英雄,不是圣贤。我若介绍伯夷、叔齐给你,于你何补?"刘邦经此点拨,恍然大悟,于是拜陈平为都尉。后来,陈平为大汉王朝立下汗马功劳,官至丞相、曲逆侯,成为汉高祖、汉惠帝、汉文帝三朝元老。

这里引出了一个千古争论的话题:用人究竟是以德为先还是以才为先?有人说"先做人,后做事",也有人说"先做事,后做人"。

"没有不可用的人才,只有不会用人的领导"这种说法,从人岗匹配的角度说有一定道理，但如果从德才兼备的角度看则是有问题的。有德有才者当然要用，但无德无才者肯定不能用。从比例上说，真正德才兼备的理想人选是不多的，大多数人介于德才兼备和无德无才之间，德才都一般。最让人纠结的是有德无才和有才无德两种情况。

一、有德无才

管理界有种说法：知识不如能力，能力不如素质，素质不如觉悟。意思是企业考虑用人时的各种因素中，应把德放在最重要的位置。知识与技能是可以教会的，但一个人的德行，到了一定年龄就已经定型，很难改变。能力不足的人很多，只要坚持不懈地努力，责任心强，他们也很有希望成为优秀员工。因此，有德无才之人，一般情况下是培养使用。很多公司对成绩落后的员工并不是马上辞退，而是进行培训、转岗。

二、有才无德

美国前总统罗斯福年轻时与手下一个最能干的牛仔在某牧区外骑马，正好看见了一头没有打烙印的牛。他们套住了这头牛，准备给牛打烙印。罗斯福知道这头牛属于格里格·兰，因为这是他的牧区。但是，他发现牛仔在打自己的烙印，于是大叫"停下"，然后平静地对牛仔说："放下烙铁，到牧场去领你剩下的工资吧。"那个牛仔还没有明白过来，问："我做错什么了呢？"罗斯福回答："一个愿意为我偷东西的人，某一天也会从我这里偷东西。我不敢再用你。"这件事后来被传开了。在罗斯福竞选总统时，做事讲原则的品质成为他竞选成功的重要筹码。

古今中外，凡有经验的领导，对于有才无德之人，态度非常坚决：封杀。"德若水之源，才若水之波；德若木之根，才若木之枝。德而无才，则近于愚人；才而无德，则近于小人。二者不可兼时，与其无德而近于小人，毋宁无才而近于愚人。"这是古人的用人观，宁要愚人，不要小人。

如果说有德有才之人是"良品"，有德无才之人是"次品"，无德无才之人是"废品"，那么，才高而德薄之人，则是"毒品"。有才无德之人身上，高超的才能是恶的武器，是恶智慧，其潜在危害巨大，远超"废品"。

具有232年悠久历史、被称为"女王的银行"的英国巴林银行，居然葬送在一个技术十分高明但搞不正当交易的期货交易员手里，终于在1995年宣布倒闭，以1英镑的象征性价格拍卖给荷兰皇家银行。

无德之人很容易对组织造成极端恶劣的影响，因为他们常常拒绝或破坏公司赖以立身的核心理念。韦尔奇曾指出：很多公司因为接受了那些能达到绩效指标但素质很差的经理，导致一个公司价值观的最终崩溃。

三、慎吃"河豚"

有这样一种流行的说法：大凡取天下者，唯才是举；大凡守天下者，以德为先。这种观点对不对？有一定道理。但高明的领导者，即使在"唯才是举"的时候，对德行也是要考察的，尤其要做到心中有数和有备无患。

曹操在三国纷争时期想一统天下，用人偏爱才而疏于德。他周围的确人才济济，但曹操直到死都没有调整他的用人标准。曹操的子孙驾驭不了司马氏，终被篡位。

在一个公司里，如果让有才无德之人成了高管，一旦其与领导闹翻，很可能搞垮公司。

因才而用人，忽视对德行的考察，或者降低对德的要求，好比吃河豚，千万要小心。

优秀 VS 适合

书本上的逻辑认为用人就要用最优秀的人才。但是，有经验的企业领导者不一定这么做。

马云说他曾犯过的最大错误，就是当初低估了他的"十八罗汉"。阿里巴巴在1999年10月获得了第一笔风险投资，数额是500万美元。马云拿到这笔钱后干的第一件事就是大力从海外引进人才，并且是有能力担任"团级"以上职务的人才，因为马云认为他的"十八罗汉"将来最多只能做个中层领导。那段时间，阿里巴巴的高管团队中除了马云之外，其余11个人均来自海外，但这些人后来基本都离开了。有意思的是，当初马云不看好的"十八罗汉"后来成了阿里巴巴的中流砥柱。马云说，他承认这些职业经理人的管理水平很高，但与阿里巴巴却不合适、不合拍，就像将飞机引擎安装在拖拉机上，最终还是飞不起来。从此，马云强调适用，认为适用的才是最好的。后来，马云喜欢用"中等偏上"的人，认为这样的人既有一定的智商，又有做事的实干精神。

现在很多大型企业都不喜欢用名校毕业生。他们认为：名校学生在校时踌躇满志，自我感觉良好，在工作中学习能力和适应能力都下降了，不容易融入社会、接受锻炼，反而比不上普通院校毕业生更有作为。日本最著名的两个企业家松下幸之助和稻盛和夫也都持这种观点，他们一般不直接招聘名校毕业生。

被尊为"团队角色理论之父"的英国学者贝尔宾曾提出"阿波罗症候群"现象。意思是说，如果团队中都是能人，个个本领不凡，每个人都会认为自己的意见很有道理，也勇于坚持自己的意见，自以为是的人太多，反而使团队的力量不能用到一处，每个人的力量都得不到最大的发挥。没有英雄干不成大事，英雄太多也可能干不成大事。

创立微软初期，比尔·盖茨要招聘一名女秘书。经过严格挑选后，他出人意料地选择了一位已经42岁、有了4个孩子的中年妇女，名叫露金。露金曾从事过文秘工作、档案管理和会计员等工作，并长时间在家里操持家务。露金的这些特点在别人看来不值一提，但比尔·盖茨却认为这些恰恰是她的优势所在。因为当时微软正处于创业阶段，事情太多，比尔·盖茨无暇处理内务方面的杂事，而露金的经历刚好适合微软当时的需要。果然，露金入职后很得力，成了微软公司的后勤总管，负责记账、采购、交接订单、打印文件、发放工资等。比尔·盖茨敢于打破常规，使用一个并非很优秀但很适合的人。结果，证明比尔·盖茨是对的。

优秀的领导者，让平凡的人做出不平凡的事。松下幸之助提出过著名的"70% 原则"，主张用 70 分的人。企业家建立团队，只要能把达到 70% 要求的人召集到一起，就是一件值得庆幸的事。

任人唯亲 VS 任人避亲

一、普遍的任人唯亲

谁都知道招聘贤才，没有哪个企业家愿意养一群"饭桶"，但为什么民营企业里普遍存在任人唯亲这种现象呢？

处于创业中前期的民营企业，任人唯亲的做法有一定的合理性。

事业起步阶段缺乏资金，缺乏人手，除了家里人，没人愿意跟你一起去冒险，创业者常常会选择依靠家族成员。另一方面，企业的要害部门必须用知根知底的可靠之人。于是，家人、亲戚、朋友、同学、熟人、老乡构成了高管的主体。当企业规模不大时，这种基于血缘或地缘关系的成员之间信任度高，更容易拧成一股绳，降低管理成本，提升整体效率。

二、任人唯亲的弊端

既然任人唯亲是普遍现象，为何又遭到众人诟病呢？原来，这种做法很容易埋下管理的隐患。当公司做大后，其弊端就会越来越明显，甚至严重阻碍公司的发展。

（一）破坏制度

那些与企业创始人有血缘或亲缘关系的员工，会不自觉地在公司表现出优越感，搞特殊化，有意无意地破坏公司制度，给其他员工树立负面榜样。因此，对于这类人，管理不好就成为害群之马，可企业创始人却很难处理。

企业领导任用亲人朋友时，最好问问自己：假设必须对他们的表现、绩效做严格的评估，根据制度决定奖惩，与其他人一样，是否做得到？如果答案是否定的，那你定的制度就可能要沦为摆设了。

（二）破坏凝聚力

如果企业领导身边都是沾亲带故者，其他员工必然会感到自己缺乏上升空间；同时，也会认为公司只是企业领导一家子的，从而感到自己是"局外人"。员工有这样的看法，就不会有归属感、忠诚度，哪来工作动力呢？公司更谈不上吸引和留住人才了。

（三）亲人不等于亲信

企业领导喜欢任人唯亲的根本原因在于：他们相信亲人等于亲信，但无数事实证明这个信条一点也不牢靠。

公司初创，亲朋故友可能相对可靠一些，但很难说他们以后也同样可靠或更加可靠。因为他们与公司掌门人有一层特殊关系，他们的期望值往往也比其他员工更高，这很危险。一旦出现失望的情形，心生怨恨，由爱转恨恨更深。这时，他们比其他员工更可怕。因此，有经验的人大多主张不要与亲友一起共事，以免既伤感情，又耽误事。拿破仑取得法国最高统治权后，重用自己的兄弟姐妹，给他们都戴上了王冠，但后来让他烦恼不已，感慨："我立一个兄弟为王，他便以为自己是上帝恩赐为王。"言下之意，他的兄弟并没有感激之情，更遑论左膀右臂。

在企业界，夫妻店遍地开花，但鲜有做大的，这难道不是任人唯亲的弊端的最好注解吗？

三、任人避亲

在中国一流大企业里，绝大多数实行"任人避亲"，坚决、彻底，而且始于创建公司之初，而不是公司做大以后。

联想、万达、恒大、万科等公司都不允许亲属、子女进入本公司。柳传志的儿子毕业于北京邮电大学计算机专业，但柳传志没让他进联想工作。许家印在恒大集团宣布：要是有自己的家乡人想进入恒大，即便是应聘清洁工，都必须由他亲自面试，面试合格了才能予以录用。王石说："万科从组建至今，在万科内部没有我的大学同学，没有部队战友，也没有儿时玩伴。"

四、西方家族企业长寿之谜

很多人可能会说，既然任人唯亲弊端甚多，那为什么西方国家存在不少成功的家族企业，甚至百年老店？

在世界500强里面，如美国的沃尔玛、福特，德国的大众、宝马，法国的标致等，都属著名的长寿家族企业。对于这些成功的家族企业，我们不能只看"家族"这个外表，因为家族企业不等于家族式管理。在这些著名的家族企业中，所有权与经营权常常是分离的，不再是家族说了算。他们下放决策权，普遍实行职业经理人制度，家族与外部管理人员之间建立起了委托代理关系。在他们那里，家族成员要担任企业一把手也需要经过选举，并不能历史地继承。

西方著名的长寿家族企业——杜邦公司创立于1802年，至今已有两百多年的历史，是老牌世界500强企业。它的长寿和发展壮大与杜邦家族不断改革创新有密切关系。在杜邦公司发展早期，公司所有事务都由创始人亨利·杜邦一人说了算，没有建立决策制度。这种管理模式持续了39年。但亨利卸任后，继承人经验能力不足，公司就开始走下坡路。到了20世纪60年代，杜邦公司遭遇了经营危机。科普兰·杜邦临危受命，他决定打破杜邦公司一贯的家族管理模式。1967年底，科普兰·杜邦任命非家族成员马克担任公司总经理。不久，科普兰·杜邦又将财务委员的重任也让给家族外的贤才，他自己仅保留了董事长一职，形成了杜邦公司"三驾马车"的管理体制。杜邦家族不再事必躬亲，而是让执行委员用制度去管理公司。从此，杜邦公司又进入良性发展轨道。1971年，科普兰·杜邦又将董事长职务交给了家族外的人，彻底"去家族化"。

五、"富不过三代"魔咒

南美洲有"做生意的老子，花花公子的儿子，要饭的孙子"的说法，说明大多数家族企业很难传至第三代。中国自古有"富不过三代"的魔咒。专家研究发现，世界上只有30%的家族企业传到第二代，能传到第三代的只有10%左右，能传到第四代的只有3%。

20世纪80年代，美国的王安电脑如日中天，曾比肩于IBM。但是，王安没能做好中国传统文化与西方制度的融合，并坚持让自己的两个无能儿子接班掌权，导致公司很快破产。据不完全统计，中国家族企业平均寿命只有24年，相当于一代人的掌管时间。也就是说，对于大多数家族企业，创始人一去即衰。其中的根源在于，家族企业的掌门人往往认为职业经理人不可靠，在家族企业的掌门人眼中，"他不是我的代理人，而是我要监视的另一个敌人"。因此，中国的家族企业难以摆脱家族式管理，他们喜欢将管理决策权紧紧攥在自己手里，只能任人唯亲。

六、元老＆功臣

在中国的很多民营企业中，由于情感上难以割舍，并习惯于以官职回报，凡是创业元老都逐渐当上了董事，当上了总经理。但是，随着公司的发展，有些创业元老越来越不能胜任工作。这时候，公司掌门人该如何处理？这是一个感情与理性纠结的难题。

不处理吧，由于他们思维跟不上，能力跟不上，企业推行改革常常困难重重，甚至半路夭折。更糟糕的是，由于工作上的分歧，元老们的态度也在悄然发生变化。当初的"铁杆"逐渐变得不再与一把手齐心协力，有时甚至故意拆台。这时，元老们已成为公司发展的障碍。

如果采取简单粗暴的办法辞退人，很容易造成大震荡，甚至给企业带来灾难。要知道，元老们在公司可能根深蒂固，常常掌握着公司的资源或队伍，各自都有一帮人马，甚至有自己的"小山头"。当年的爱多VCD在无比辉煌之际，另一创业元老突然向胡志标发难，使公司迅速瓦解。

与元老问题类似的是功臣问题。功臣有老本吃，很容易趾高气扬、不服从指挥，还常常向企业掌门人提出过高的要求。继续任用他们会让人很头疼，如果解雇他们，也是棘手的事情。

当年，伊藤洋华堂董事长伊藤雅俊解雇了战功赫赫的总经理岸信一雄，在日本商界就引起了不小的震动。舆论界以轻蔑尖刻的口气批评伊藤，指责他过河拆桥，将曾经三顾茅庐请来的人又撵走，是因为岸信一雄的东西被全部榨光了，没有利用价值了。此举搞得伊藤颜面无光！

元老、功臣问题几乎是每个做大了的企业都会碰到的难题，企业掌门人必须勇敢面对，及时处理。回避是掩耳盗铃，拖延是养痈成患。处理这种问题，既要讲感情，做到有情有义；更要理性对待，不能违背原则。具体可分两步走。第一步，通过反复沟通交流，先帮助他们提高认识、端正态度，努力跟上公司的发展步伐。如果问题解决了，当然是好事。否则，进入第二步，那就是坚决调岗、降级，甚至辞退，就像对待其他人一样，不能特殊化。

如果辞退了元老或功臣，为了报答他们过去的贡献，企业掌门人可以给予他们适当的物质补偿和荣誉头衔。这样，既让他们无话可说，又在全体在职员工心目中树立了良好的形象：董事长既讲原则，又讲情义。

用人不疑与疑人不用

　　汉高祖刘邦是无可争议的用人高手。按通常的说法，刘邦应该是"用人不疑"了吧？但我们发现实际情况并非如此。史学家王立群教授认为，刘邦根据手下人掌握的实权的大小、威胁的轻重来分别对待他们。

　　手握重兵的军事奇才韩信对刘邦的威胁最大，刘邦从来就没有真正信任过他，对他始终是大疑不消。每一次，只要韩信训练好了军队或打了大胜仗之后，刘邦就抽走韩信的精锐部队，采用釜底抽薪的办法削弱韩信的势力。在韩信打下魏国、赵国和消灭项羽之后，刘邦都是这么干的。为了达到目的，刘邦甚至不顾身份，悄悄潜入韩信军营偷走兵符。后来，刘邦又以莫须有的罪名将韩信从楚王贬为淮阴侯，并长期软禁于京城，根本不给他造反的机会。最后，干脆一杀了之。

卓越领导力：优秀企业管理者的成功之道

萧何是刘邦的同乡，在刘邦还是小混混的时候就多次有恩于刘邦，后来又帮助刘邦顺利杀掉县令，起兵造反。对于这样一个恩人，因为萧何很能干，刘邦还是常存怀疑。楚汉战争期间，刘邦常派人回去"看望"在关中搞后勤保障的萧何，逼得萧何"自愿"将儿子送到前线作人质才算罢休。汉朝开国后，萧何位居丞相，封地广大，声望甚高。刘邦逼萧何强行低价买地，自毁名声，还将他投入监牢关了几个月，使其不敢有任何非分之想。

对于大谋士张良，因为他没有一兵一卒，也没有势力范围，开国后还自愿处于半隐退状态，刘邦倒是始终不曾怀疑他，而且一生都十分尊敬他。刘邦开口必骂人，唯独对张良始终以"子房"相称。

在西方国家，他们认为人都是有缺陷的，每个人都有正义和邪恶、善良和丑陋、宽容和嫉妒两个层面。因而，从管理学的角度说，每个人都是可疑的，因而"用人必疑"。

除了道德风险，用人要疑的另一个原因就是下属的能力风险。有的领导想当"甩手掌柜"，对下属说："我相信你的能力，你只管去做，我只等结果了。"下属也信誓旦旦地说："放心吧，你就等我的好消息吧！"结果呢，等来的往往是坏消息。作为领导，下达任务时对下属的能力要有个评估，并关注下属的工作进程，在必要时给予指导帮助。

用人要疑，但不是胡乱猜疑，更不是人盯人，而是制度性地怀疑。王石说："万科不把信任寄托在某个人的品德上，而是假定人会犯错误，我们靠制度来约束人，来减少错误。"建立制度的动因，就是不信任任何人，包括企业掌门人自己。

与"用人不疑"一样，"疑人不用"也是荒谬的。

诸葛亮初见魏延，就看透了他是个典型的机会主义者："食其禄而杀其主，是不忠也；居其土而献其地，是不义也。"直到死的时候，诸葛亮也没有信任过魏延，因此留下锦囊妙计将其除掉。但诸葛亮活着的时候为什么还要用魏延呢？一是因为魏延乃一流大将，有用；二是因为诸葛亮本事大，镇得住。可见，诸葛亮是"疑人也用"，是有限度地用。

企业掌门人的包容力

成大事者，必须具备宽广的容人胸怀，容得下骄、傲、狂、慢、狭……释得开仇、怨、爱、恶、欲……才能聚集各种人才。当企业掌门人，就是每天面对让人难受的人和事，不断提高包容力，最后遇到什么人都习惯了。

一、容人之长

有一天，奥美广告公司创始人大卫·奥格威在董事会上向每个参会者发了一个玩具娃娃，并请他们打开。大家打开之后发现里面还有一个小一号的娃娃，再打开又有一个更小的……最后是一个最小的娃娃，上

第一篇 建 团

面写着奥格威的名字，同时还写着：如果你永远都只任用比你水平低的人，我们公司将沦为侏儒公司；相反，如果你录用的人比你的水平还高，我们将成长为巨人公司。

企业领导者往往不自觉地相信"领导高明论"，认为自己自然在各方面都比下属强。如果领导某方面不如下属，便觉得有失颜面。因此，他们不允许下属冒尖，更不能容忍下属挑战自己。有些人表面上求贤若渴，实际上叶公好龙。如果来一个比自己强的人，根本容不下，很快就会找机会让其走人。据研究者统计，70%以上员工离职的原因都与其上司无能有关。

企业管理者在招聘下属的时候，很多人通常会选择相当于自己能力80%的人，既可使用，又不会对自己形成挑战。这就是所谓的"八折理论"。1958年，英国著名历史学家诺斯古德·帕金森在《帕金森定律》一书中详细阐述了这种现象：长此以往，一个组织就不断膨胀为一个庸人成堆的机构。如果企业掌门人也这样做，你的公司就危险了。

钢铁大王卡耐基本人对钢铁的制造、生产的工艺流程知道得并不多，但他手下的三百多名精兵强将在这些方面都比他强。善用比自己能力强的人，是卡耐基成为美国钢铁大王的重要原因。卡耐基的墓志铭早已成为商界佳话，上面这样写着："这里长眠着一位先知，他勇于用比自己强的人才！"

说到这里，涉及一个问题：企业一把手应该与下属比什么？企业一把手究竟应该在什么地方比下属强？

马云创建了世界上最大的互联网公司之一，但他根本没学过计算机，也没学过电子商务。最初，马云仅仅会浏览网页、收发邮件。马云认为：企业掌门人永远不要与下属比技能，而是需要在胸怀、眼光、抗压力等方面比下属强。任正非承认自己"越来越不懂技术，越来越不懂财务，半懂不懂管理"，因而"放弃做专家，而是做组织者"。

企业一把手的职责是领导团队达成目标，不是自己去当英雄。因此，你应该是团队最具领导力的人，而不是某项业务能力最强的人。某个企业家曾说："我喜欢用在某一方面比自己强的人。"如果你的下属所有方面都不如你，说明你很可能用错人了。

容纳某些方面比自己高明的人，是对领导者胸怀的极大考验，非内心极为强大者是根本做不到的。但是，只有做到容纳强者，自己才能成为更强者。企业领袖的大胸怀、大格局体现在敢揽天下英才，敢用天下将才。

任正非有一段话，透露了他是怎样成为商界领袖的。他说："我的知识底蕴不够，人也并不够聪明，但我容得了优秀的员工与我一起工作，与他们在一起，我也被熏陶得优秀了。他们出类拔萃，挟着我前进，我又没有什么退路，不得不被'绑'着、'架'着往前走，不小心就让他们抬到了峨眉山顶。"

企业掌门人应当潜心修炼自己的领导力。只有领导力不如下属，才是真正的威胁，也许还是灾难。

二、容人个性

人总是容易接纳与自己性情相似的人，但人才都有鲜明个性，其某些方面必不为上司喜欢。从大局考虑，上司也不得不展开宽广的胸怀拥抱对方。

作为领导，如果只能与投脾气合胃口的人共事，成就很有限。因为现实中可能找不到那么多"情投意合"之人；同时，如果大家都"情投意合"了，团队成员之间也无法形成互补。

企业掌门人切忌将看得顺眼的一律视为优秀人才，冷落、拒绝看不顺眼之人。没准正是后者将来会为公司做出杰出贡献。岳飞的刚直令宋高宗难堪，于是宋高宗自毁长城；秦桧处处取悦于宋高宗，却让他为南宋的亡国埋下了祸根。

IBM 的老沃森曾说他乐于去找那种尖锐、挑剔、严厉、几乎令人讨厌的人，认为他们才看得见并会告诉你事情的真相。他认为，如果你身边都是这样的人，你有足够的耐心倾听他们的忠告，那你的成就是不可限量的。老沃森说："我从来都不会犹豫提升一个我不喜欢的人当官。体贴入微的助理或你喜欢带着一起去钓鱼的人对你来说可能是个大陷阱。"

企业领导者对团队成员的个性不能有太多的喜欢和不喜欢。当企业掌门人时间久了，最后都变得没有个性，原因就在这里。

三、容反对者

历史上的唐太宗因重用谏官、善于纳谏而流芳万世，说明能包容反对者的领导者是多么稀罕。不过，即使圣明如唐太宗，也曾数次气得要杀掉魏征这个"乡巴佬"，这又说明容纳反对者是多么不容易。难在哪里？这涉及面子问题，因为反对自己就意味着否定自己。领导越大，面子越大，越难以容纳反对者。只有那些有作为的领导者，才有这种胸怀和气度。在此，我们比较一下刘邦和袁绍的相反做法。

刘邦御驾亲征去攻打匈奴，下级军官娄敬提出反对意见，认为匈奴有诈。刘邦不听，嫌他动摇军心，一怒之下将娄敬囚禁起来了。刘邦轻敌冒进，被围白登山七天七夜，差点送命，最后靠陈平的计谋才侥幸脱险。刘邦逃回后的第一件事就是下令释放娄敬，并向他赔礼道歉，还采纳了娄敬的和亲建议，最后封他为建信侯。

官渡大战之前，田丰曾劝袁绍不要急于决战，而是伺机而动。如果贸然出战，则必败无疑。袁绍刚愎自用，不听劝告，将田丰囚禁在大牢里，并说破了曹军回来再处理他。后来，袁绍官渡大败。人们以为袁绍会嘉奖田丰，可他却令人提前赶回去将田丰杀了。为何？因为袁绍觉得自己失了颜面，他容不得比他高明的田丰。

几乎同样的事情发生在刘邦和袁绍身上，处理办法完全相反。两人的差别在于：一个是开创四百年基业的大汉皇帝，一个是地方短命军阀。

"逆才"不一定是有敌意的人，却往往是一些敢于直言、襟怀坦白、才华出众的人才。他们也许性格急躁，表达方式欠妥，但他们有主见，敢于坚持真理。他们不趋炎附势，而是从本意出发，说一些企业领导不愿听的逆耳之言。因此，他们往往是真正的"忠臣"，远非那些阿谀奉承之辈可比。对于这样的人，即使观点错了又何妨呢？如果企业掌门人总是疏远反对者，那团队里面善于体察领导意图的投机分子就会渐渐占据主导地位。最后，企业掌门人身边全是一群溜须拍马的小人。

四、容仇人

只要是正常的人，都不可能容忍自己的仇人。但出于策略的考虑，事业的需要，企业领导者必须排除感情用事，为常人之不能为。历史上，齐桓公不计较管仲一箭之仇，任用管仲为大夫；项羽的大将季布曾多次追杀刘邦，贯高曾唆使赵王张敖谋杀刘邦，刘邦都不予追究；张绣曾杀死曹操的长子、侄子和他的第一勇将典韦，曹操仍封张绣为扬武将军；哲别重伤成吉思汗，差点要了他的命，却成为成吉思汗的开国大将……容人之仇最能体现王者气度，他们常用此举赢得人人归心。

商场上没有永远的敌人，只有永远的利益。相互血拼的企业，可能曾经搞得对手很狼狈。但是，要从对手那里挖人，对方又恰恰是曾经攻击自己的"狙击手"。还要这个人吗？如果拒绝接纳，岂不帮了对手的忙？没这点胸怀，大业堪忧。

如果说接纳曾经伤害过自己的敌人很难，那么，接纳自己队伍里的"叛将"更是难上加难。

任正非曾经这样说："公司的大门对员工是完全敞开的。人来欢迎，人走欢送，如果再来还欢迎。"任正非是这样说的，也是这么做的。当年，华为的天才人物、副总裁李一男离开华为另立山头，并逐渐成为华为的竞争对手，挖走华为的关键人才，抢占华为的市场份额，还试图将公司卖给德国的西门子。李一男的行为，可以说招招捅在任正非的心窝子上。华为最终收购了李一男的公司。任正非当时说："我代表华为与你们是第二次握手了。首先，这次我是受董事会委托而来的，是真诚欢迎你们回来的。"于是，李一男回到了华为总部，任华为终端公司副总裁兼首席电信科学家。不久后，李一男却跳槽去了百度任 CTO。之后，李一男再次跳槽到北京无限讯奇任 CEO，华为正是这家公司的大股东，李一男的加盟很可能得到了华为的认可和推荐。这样，李一男实际上第三次回到了华为的怀抱。任正非的爱才之心和容人胸怀令人惊叹，不愧为大企业家。

五、容小人

公元前 209 年，雍齿随刘邦在家乡起兵反秦。雍齿没多大本事，但素来看不起刘邦。次年，在刘邦最困难的时候，雍齿献出丰县投靠了魏国，害得刘邦狼狈逃窜，远走他乡投靠项梁。后来看刘邦有了起色，雍齿再次投靠过来，刘邦还是接纳了他。当时，刘邦力量单薄，正在招募四方英雄豪杰，他不能因为雍齿这种小人而坏了自己海纳百川的名声。汉朝开国时，刘邦为了平息众人对封赏之怨气，还先于别人封了雍齿为什邡侯，树立一个榜样给大家看。刘邦最终也没有杀雍齿，而是让其终老天年。对付小人，刘邦还真有一套，他完全是根据当时的形势需要来确定对策。

  通常情况下，无德的"小人"不可使用。但是，在某些情况下，却不能立即处理他们，否则可能给自己造成危害。作为企业领导者，一方面要有驭人之能，另一方面要有容人之量。其实，与小人周旋的过程也是企业领导者历练自己的过程，是自己成长、成熟的过程。遇见君子长道德，遇见小人长本事。

第三章
育人

只要接触民营企业的掌门人,你会发现他们一个共同的痛点——缺人才。企业越大,痛点越大。当一个公司的员工上万时,就得有数以百计的经理人才能推动公司不断前进。但是,大多数企业掌门人潜意识中对员工培训重视不够,没有充分认识到培养员工与公司发展之间的密切关系。

导 读

著名企业的"育人经"

培训员工的四大理由

培养为主,"空降"为辅

员工跳槽难题

为下属建立自信

"合理"犯错

职业规划

培训体系

学习型组织

著名企业的"育人经"

我们发现：那些卓越的企业都会将人才培养计划提到战略高度，都把员工的培养和训练作为一项长远规划，并不惜为之投入大量人力、财力和时间。韦尔奇说："花十年时间培养一个合格经理人的时间不算长。"此话颇具代表性。

一、企业掌门人亲力亲为

在一般观念里，总认为员工培训只是公司人力资源部管的事情。其实，这是不对的。人力资源是从企业掌门人到基层经理都要认真对待的事情。很多企业掌门人不惜耗费很多时间精力亲自进行人才培养，成功的企业家不惜充当无私的园丁。在这方面，韦尔奇堪称业内楷模，人尽皆知。

在通用公司担任 CEO 期间，韦尔奇自认为是公司最大的人力资源总监。他说："我的主要工作是培养人才。我就像一个园丁给公司 750 名高层管理人员浇水施肥。"世界上最著名的"商学院"大概应该是位于美国纽约州奥斯宁城的克劳顿村的通用电气管理培训中心，这就是被《财富》杂志誉为"美国企业界的哈佛"的全球第一所现代企业大学——克劳顿管理学院。这个培训中心在 1956 年就建立了。1981 年，韦尔奇上任后又花费 4500 万美元加以全新改造。韦尔奇给自己规定：每两周就要亲自来这里授课。在 20 年 CEO 任期内，韦尔奇仅仅缺席过 1 次，那一次还是因为他刚做了心脏手术。这个培训中心主要为通用电气培养管理层。韦尔奇的授课超过 3000 课时，共培训了 15000 多名中高级管理人员。

通用电气成为 1896 年以来美国道·琼斯成分股中唯一一家超过百年不曾被剔除的公司。这与该公司对人才培养的重视难道没有关联吗？

实际上，一个企业的"CEO"既是首席执行官，也应该是首席教育官。CEO 中的"E"，既可理解为 Executive，也可以理解为 Educative。马云就说自己是首席教育官，他曾说："未来四五年，最大的理想不是创办一个伟大的企业，而是能培养出所谓的'四大天王、八大金刚、四十罗汉、一百零八太保'。"

二、全面培养计划

在著名企业里，不同岗位的员工在不同的阶段，都有对应的培训内容，旨在进行全面、系统和动态的学习提升。王石说："要使培训系统化，不仅要把从董事长到打字员所有层级的员工都包括进来，更要在培训体系的构建上形成完善的动态系统，使员工从一进入公司服务开始就不断地参与培训。培训将成为其在公司职业生涯中一个不可缺少的内容。"

在阿里巴巴，针对不同员工设置了专题培训项目，如针对销售人员的"百年大计"，针对诚信通服务的"百年诚信"，针对所有员工的"百年阿里"。

在海尔，对员工的培训包括两大模块。一是实战技能培训，这又包括工作现场计时培训，以及脱产培训。二是职业生涯培训，上至集团高层领导，下至车间一线操作工人，集团根据每个人的职业生涯设计为每个人制订了个性化的培训计划。

在腾讯，有一系列的领导力培训计划。对准备提升基层管理干部的员工有"潜龙"培训计划，对准备从基层晋升到中层的干部实行"飞龙"培训计划，对中层干部执行EMBA培训计划。腾讯学院院长马永武说："我们把员工分成四大族，有市场族、产品族、技术族和职能族。根据工种不同，每个族里又分不同的级别，每个级别又设计了一些专业培训的课程。"

三、强制性培训制度

在很多企业领导的观念里，关注员工的成长是一年一次的行动，是业绩考评时才需要做的事情。实际上，员工的成长应当是每天都要关注的事情。为此，一些企业制订了强制性培训措施。

海尔公司规定：集团中高层人员必须定期到海尔大学向参与学习的员工授课，不授课则不能参与职务晋升；海尔大学每月对各部门的培训效果进行动态考核，划分等级，作为部门经理绩效考核指标。英特尔规定员工要将 2%~4% 的时间花在课堂上。IBM 公司规定每人每年都有至少 40 小时在教室接受培训的时间。麦当劳有多达 2 万家分店，要求每个店面经理都要经过 18 个月的严格培训。

　　遗憾的是，国内企业培训的整体状况很糟糕。据统计，国内有八成的企业不对新员工进行有效的岗前培训。就算是对新员工进行培训的企业，大多数只是把这个环节当成一个简单的行政步骤，草草而过。在大量的中小企业里，新员工一来就直接上岗。不少中国企业掌门人认为：花钱雇人就是购买劳动力，就是让他们来付出，天经地义，没有义务也没有必要培训他们，凑合着用吧，实在不行就让其走人。因此，大量的中小企业的员工年流失率达 100% 以上。员工真成了"流水的兵"。可企业这座"营盘"也不是"铁打的"。中国民营企业的平均寿命不到 3 年。

四、重金投入

　　国际大公司在员工培训方面都不惜花费巨资。英特尔公司每人每年的培训费是 3000 美元。通用电气每年的员工培训费用预算超过 10 亿美元，IBM 高达 20 亿美元。西门子公司设有专门的"学徒基金"用于员工培训，公司每年的培训费用高达六七亿马克，参加各种定期和不定期学习的人数多达 15 万人次。这些大公司每年的培训费不亚于一所名牌大学全年的教育经费。在美国企业界，培训和发展本身就是主要产业之一，在规模与总体支出上与全美所有大学、学院等传统高等教育不相上下。

　　在中国的大企业里，平均培训费用也呈逐步提高的趋势。华为公司在员工培训方面舍得投入，在业界很有名，每年的培训费早就过亿元。阿里巴巴从公司建立早期就很注重员工培训。在 2001 年互联网产业集体"过冬"的萧条时期，阿里巴巴舍得花 100 万元作为员工的培训费，那时公司才创立 2 年，没有多少员工。2002 年，马云说："我们今年在广告上没有花钱，但在培训上花了几百万元。"由此可见，阿里巴巴对员工培训有多重视，他们显然认为这件事比打广告更有价值。不过，中国绝大多数企业，尤其是中小企业在内部培训上的投入很低。很多公司舍得在广告上一掷万金，却舍不得花钱培训员工。

五、人才储备计划

员工培训，不能仅仅着眼于现有岗位上人员的提高，更要具有前瞻性，考虑到随着公司的发展，将来会出现更多的职位；同时，还要考虑到现有人员出现离职或者升迁时，必须有合适的人员立即补充上去。这就要求企业进行人才储备。

2004 年，恒大员工快速膨胀到 2000 人。许家印说："2004 年，我们广州有十多个楼盘，其实有八百人就够了。但这三四年就是在储备人才，有一千多人是储备的。"许家印在许多重要岗位上配置了正常需求量 2 倍甚至 3 倍以上的管理人员，目的是为实现全国范围的深度拓展而提前积蓄人才。恒大这些年飞速发展，人才储备计划发挥了巨大作用。

麦当劳等不少企业采取了一种高明的人才培养方法，即"接班人制度"。该制度规定：管理人员要获得升职，就必须告诉上级升职后他现在的职位由谁来代替？如果没有合格的人选，他就只能在原岗位上继续待下去，不能晋升。一些企业将此作为干部晋升的一个硬指标，具有一票否决的效力。这无疑会促使各级管理人员自觉地加强对下属的培训、指导，提高业务能力和管理能力。这种办法将公司直接变成了培训基地，保证了接班人不断档。并且，这种办法还有很强的激励作用，这是在告诫所有员工：只要你好好干，就有机会晋升。

培训员工的四大理由

一、下属成长，企业成功

韦尔奇有句名言："在你成为领导者以前，成功只同自己的成长有关；当你成为领导者以后，成功同别人的成长有关。"他坦言，通用电气之所以能够在全球的很多市场获得成功，其真正的核心竞争力并不是在制造业或者服务业，而是制造人才的能力。因此，韦尔奇宣称"我们是人才工厂"，坚持"出产品之前先出人才"，与我们看到的绝大多数企业恰恰相反。

史玉柱于2004年成立巨人网络公司，仅用了3年时间便在纽交所上市，发展速度十分惊人。其秘密就在于史玉柱通过充分授权、"毫无保留地分享经验"等方法，快速培养出了刘伟、纪学锋、宋仕良、丁国强等12名高管，犹如12根巨柱撑起了巨人网络大厦。属下一致公认：跟随史玉柱创业是自己进步最快的时期。

惠普公司的创始人戴维·帕卡德认为：一家公司收入的增长速度，不能超过人才的持续增长的速度。否则，这家公司就无法成为卓越的公司。这被美国管理学家吉姆·柯林斯称为"帕卡德定律"。

在很多民营企业里，几年下来，往往是领导人成长最快，能力最强，团队却没有一起成长。结果，企业领导人越来越累，企业发展遇到瓶颈。如果你的公司存在这种情况，请记住松下幸之助的话："培育人才是现代社会背景下的'撒手锏'，谁拥有了它，就预示着谁成功。只有傻瓜或自愿把自己的企业推向悬崖的人，才会对培育人才置若罔闻。"

二、员工进步的需要

在西方流传着一条知识折旧定律：一年不学习，一个人所拥有的知识就会折旧80%。随着行业、公司的发展，员工需要补充新知识，或者提高职业技能。否则，就要落伍遭淘汰。员工完全靠自己很难完成这个任务，需要公司的主动帮助。过去的管理理念将人才视作蜡烛，提倡"蜡炬成灰泪始干"。现今的管理理念是将人才视作蓄电池，领导者要注重对人才的二次开发，使其及时"充电"。

员工进入一家公司工作并能够待下去，尽管有诸多理由，但几乎都少不了这一条：能学到本领，不断提升自己。而且，这一条的重要性往往排在数一数二的位置。越年轻、越优秀的人，对这一点看得越重。因为他们更加着眼未来，期待自己将来的"资本"更加雄厚，赚更多的钱，担任更高的职位。在一个仅能发点工资而不能使人进步的公司里，员工的心态多半是"做一天和尚撞一天钟"。

三、风险小、回报高的投资

后现代管理学家汤姆·彼得斯曾说:"我唯一不会犹豫的投资项目,就是对人员培训的投资,因为我知道它一定会赢利。"20世纪80年代,摩托罗拉公司对一项关于培训收益的调查显示,企业每投入1美元的培训费用,在3年内可实现40美元的收益。本尼斯对3200家美国企业的调查表明,员工培训和发展的支出增长10%,劳动生产率就会提高8.5%;而资本支出增长10%,劳动生产率只能提高3.8%,还不到前者的二分之一。员工培训是企业风险很小、收益颇大的战略性投资,已成为企业界的共识。

对于员工培训,张瑞敏更是语出惊人:"没有培训的员工是负债,培训过的员工是资产。"如此说来,充分培训不仅让员工产生量变,简直是质变。这极大地提升了企业培训的意义。只要看看那些没有经过充分培训、能力不够的员工的表现,就不难明白张瑞敏的"负债、资产"说。不合格的员工可能天天在得罪客户,在丢失公司的生意,在损失公司的收益,在浪费公司的成本。丢失一个本来可以为公司带来10万元收益的客户,就相当于给这个员工发了10万元奖金。本来花10万元可以解决的问题,这个员工给公司花了15万元,这相当于给他多付了5万元工资。一笔生意本来可以赚1000万元,一个能力不够的员工只赚了800万元回来,公司实际上损失了200万元,相当于给这个员工多付了200万元的工资。精明的企业掌门人,你算过这笔账吗?

舍不得在员工培训方面花钱的企业家显然没有意识到,企业要为不胜任工作的员工付出巨大的隐性成本,而不仅仅是工资、福利。所以,松下幸之助说:"培训很贵,但不培训更贵。"

四、灌输企业文化

中外不少著名企业喜欢成批地招收应届大学毕业生，通过自己培养使其快速成长。他们不看重经验，而是看重应聘者的理想、潜力。国内最喜欢这么做的是华为，每年招聘上千名大学生，经常到高校整班"一锅端"。在这方面，比华为做得更彻底的是日本的松下电器公司。该公司很早就成立了松下职训所，专门从事培训工作。松下招收的是优秀的小学生，从更小的年龄开始培养。他们一边学习文化课，一边学习工作技能。他们这样做无疑要花费更多的时间精力和成本。原因何在？其秘密在于，年龄小者犹如"白纸"，很容易通过培训灌输公司独特的企业文化。这样的员工，将来对企业的忠诚度很高，好管理，离职率非常低。虽然前期要投入很多，但后来会大大降低管理成本，并且可以期望他们为公司做出更大的贡献。综合算来，公司还是大赚。

培养为主，"空降"为辅

引进人才好，还是自己培养好？这是一个争论不休的话题。为什么有争论呢？因为成功的、失败的案例都有。那么，哪种办法成功率更高？我们发现，那些著名的跨国公司大都坚持内部培养的原则。麦当劳的管理人员中，95%是从基层提升起来的。宝洁公司一百多年来几乎没有外来人员直接进入公司中高层的情况。西门子公司职位出现空缺时，首先在企业内部张贴招聘广告，只有在内部招聘不到合适的人选时，才向外界招聘。沃尔玛的用人原则从原来的"获得、留住、成长"转变为"留住、成长、获得"，看似简单的位置调换，实则体现了沃尔玛指导方针的变化——更加重视从原有员工中培养、选拔优秀人才。

吉姆·柯林斯在《从优秀到卓越》中指出，他从1435家公司挑选出来堪称卓越的11家中，发现有10家的CEO都是从公司内部提拔的。而他用于对照的一般性公司中，从外部引入CEO的明显增多。在《基业长青》中，柯林斯选取了18家国际杰出企业。这些企业在累计长达1700年的历史中，居然只有4个CEO是外聘的，而且只在2家公司出现过。也就是说，卓越公司基本上是自己培养了最高接班人，就像通用电气培养出了韦尔奇一样。柯林斯的结论是：CEO最好从企业内部选拔。一项对200家外资企业的调查结果与柯林斯的结论基本吻合。该调查显示，当公司出现岗位空缺时，一般采用"先内后外"的方法。当管理岗位出现空缺时，87%的外资公司采取内部提拔或转岗，13%的公司在人才市场招聘；当非管理岗位出现空缺时，55%的公司选择内部提升或转岗，45%的公司在人才市场上招聘。

在中国的大型企业中，情况又如何呢？联想控股旗下的"五虎上将"，华为的轮值CEO团，阿里巴巴的核心层，基本上是内部培养的。任正非说："公司就确定了一条方针，从我们自己的队伍里培养我们的骨干。"马云在《赢在中国》中曾这样点评一位选手："关于挖掘内部人才的问题，我是这么看的，永远要想办法在你公司内部找到会超过你的人，就是你发现人才的办法。如果你找不到，一定是你的眼光有问题、你的胸怀有问题，可能你的实力也有问题。"

在海尔集团，即使引进人才，也是为了培养人才。他们提出非"空降兵"的"1+1+N"人才模式。第一个1是外1，指引进人才；第二个1是内1，指内部人才；N代表有可能成为内1的公司员工。张瑞敏说：采用这种办法意在把外部专家的先进思路和海尔内部人的拼搏精神融合起来，最终带出来一支有竞争力的员工队伍。

卓越领导力：优秀企业管理者的成功之道

一个合格的企业领导者，尤其是一把手，必须要能够将下属培养成优秀的领导者。曾长期担任财富500强——美敦力公司CEO的比尔·乔治说："培养他人当领导者，比你自己当领导者更重要。"

柳传志对联想最大的贡献，不仅仅是将一个只有11人的小公司打造成了世界500强。在央视《对话》节目中，当主持人问到柳传志觉得自己对联想最大的贡献是什么时，他回答是"人才"。以杨元庆、郭为、朱立楠、陈国栋为代表的一批出色的核心高管，都是他培养出来的。柳传志被公认为中国企业界的"教父"，无疑与他善于栽培人才有关。柳传志说："以我办联想的体会，最主要的一个启示是，除了需要敏锐的洞察力和战略判断力外，培养人才、选好接替自己的人，恐怕是企业领导者最主要的任务了。"

在中外大型企业中，对于后继掌门人的培养，常常成为前任掌门人的重头戏，也是检验其领导力的主要标准之一。

韦尔奇在其自传中曾详细叙述过他的前任雷吉是如何苦心孤诣地选中了他，他又是经历了怎样的心理煎熬才选中继任者伊梅尔特的。通用电气在100多年的历史中出现的9位CEO全部是内部培养的（并且从全球业务集团总裁、地区总裁、人力资源总监等每一个重要岗位都实行"接班人计划"）。这是通用电气的光荣传统，是公司保持长盛不衰的重要保证。

与内部培养的人才相比，"空降兵"究竟有什么不好呢？

王石说："在管理团队的改造上，引进'空降兵'是容易的做法，但却孕育着很大的风险。如何使新老团队融合，思想融合要比技术层面的改善更为重要。价值观是第一的。一旦新老骨干的价值观念相左，发生冲突就无法弥合。"王石说的是价值观冲突问题，他是有感而发。万科在早年发动了著名的"海盗行动"和"007行动"，从著名企业挖人，但大多数人不久后都离开了。价值观冲突是使用"空降兵"的第一难题，与并购企业难以融合是一个道理。我们知道，企业并购的成功率很低，主要原因就是价值观等文化层面的冲突。其次，职业经理人如果不是从企业打拼出来的，对企业谈不上有深厚的感情，就不可能尽心尽力地工作。比较起来，企业内土生土长的员工无疑更可靠，更符合实际需求，能发挥更大的作用。再者，让没有对公司做出过任何贡献的"空降兵"突然占据高位，无疑会挫伤内部员工的积极性和归属感。老员工顿觉自己这么多年的努力都白费了，心理失去平衡；新员工会怀疑未来的上升空间，担心公司一旦有职位空缺就立即被"空降兵"占领。宝洁等公司就是因为这个原因拒绝使用"空降兵"高管的。

员工跳槽难题

很多企业掌门人不重视员工培训，除了不愿花钱，还怕白花钱，也就是担心员工翅膀硬了跳槽而去，自己竹篮打水一场空。这种想法不能说全无道理，却是因噎废食。培训和培养员工，能够使他们提高工作效率，为公司创造更大价值；更重要的是，还能提高员工的忠诚度，减少员工流失率。从投入产出比来看，公司是划算的。在看待员工跳槽问题上，我们必须转变观念。有些员工会跳槽而去，这是我们必须接受的现实。培养 10 个人，能留下 5 个人，就是赚大了。

有意思的是，那些成为业界"黄埔军校"的企业，无一例外都是行业领军者，他们并没有因为部分人才的离去而影响其发展和地位。通用电气在一百多年的历史中为世界500强企业培养了150多位CEO，但至今在行业内仍然是屹立不倒的巨人。万科为中国地产界培养了大批高端人才，但一直稳坐住宅地产第一把交椅。原华为副总裁李一男、刘平、毛生江、张建国等离开了华为，凭借在华为锤炼出的"烧不死"的特质，都开创出了自己的一片天地。而现在的华为呢，却成为中国第一大民营企业了。这说明什么？企业掌门人有胸怀才会有天地！

公司精心培养的员工中，大部分会留下来，最优秀的往往也会留下来，就像通用电气的伊梅尔特、万科的郁亮、联想的杨元庆。所以，企业掌门人不要过于担心跳槽问题。

马云说："我们以前有一个理想，希望20年以后中国的500强中有许多CEO来自我们公司；我也希望看到，在将来中国500强中阿里巴巴集团出来的人做CEO有多少，做副总裁的有多少；我希望阿里巴巴能够诞生很多商场名将，我们要成为中国商战名将的摇篮。将来有一天，你如果要成为商界的领袖，就必须要放眼全世界。"

其实，如果你培养的人才流失到了其他公司高就了或创业成功了，不正说明了你的公司的实力吗？当企业掌门人的应该从此获得信心。

跳槽不可避免，但减少跳槽的办法是有的。前文提到的"从娃娃抓起"无疑是一个好办法。加强企业文化建设，将企业文化像DNA一样植入员工头脑中，使员工高度认同本公司，强烈排斥具有不同文化基因的其他公司，这是非常有效的留人之法。另一方面，可以通过各种激励措施有效地留人。

对于一些成本较大的培养计划，比如脱产学习，公司可以与员工签订协议，规定毕业后要有一定工作期限，离开后要遵守竞业禁止条款。这也是国际惯例。

公司里能力很强、业绩拔尖的明星员工如果跳槽，会给公司造成很大损失。因此，明星员工常常借此要挟企业掌门人。不可思议的是，解决这个问题最有效的办法居然是"以毒攻毒"。什么意思呢？不受制于能人的最好办法，就是拥有更多能人。这就要求公司平时加强培训。对于能人的"绑架"行为，韦尔奇认为最恰当的应对方法是：在他们离开的 8 个小时内任命他的替代者。这个果断的行动会把信息明确地传递给整个公司——没有人是公司离不开的，没有哪个人能够凌驾于公司之上。如此一来，能人、明星反而不会随便起跳槽的念头。

为下属建立自信

心理学家曾做过这样一个实验：请10个成年人解答10道题。每个人拿到的10道题目完全一样。等他们交出答卷之后，再分别告诉他们答案，但这些答案并不是真的。实验人员告诉其中半数的受试者，他们答得不错，10题里对了7题。对另外一半受试者，实验人员则告诉他们答得很差，10题里错了7题。然后，再给全体受试者另外10道题（每人拿到的题目都一样）。在他们做完之后，实验人员发现：在第一回合被告知成绩很好的人，在第二回合回答得更好；而在第一回合被告知成绩很差的人，在第二回合的表现则更糟糕。这个实验说明：一个人过去的成功史足以提升他未来的表现和成绩。换句话说，人们能够顺利完成

卓越领导力：优秀企业管理者的成功之道

挑战性任务，取得成功，很大程度上来源于其信心。至于他们的"实际能力"，并不像人们想象的那么重要。这就是"信心决定未来"的含义。

心理学家通过实验还得出了定量化结果。如果一个人过去从事的是简单工作，成功率达到60%，他就可能估计未来的成功率为90%。如果他过去从事的是困难工作，成功率只有30%，他就可能估计未来的成功率只有10%。由此看到，人们一直在扭曲成功概率的估计值。

很多杰出人士的成功之旅，正是从建立信心开始的。

惠普公司前首席执行官卡莉·菲奥丽娜初入职场时，在领导鼓励下从前台变成了业务精英。之后，她又在马里兰州大学商学院院长的鼓励和信任下，"踏上了开发自己无限潜能的征程"。

一直不被某些教育家看好、害怕达不到父亲要求，因而没有勇气在IBM接班的小沃森，32岁时问他的空军上司布拉德利将军："你觉得我能管好IBM吗？"后者说出了改变小沃森一辈子的词语——"当然"。

韦尔奇在他的自传中曾谈到他幼年时母亲如何帮助他建立了强大的自信，并认为这与他后来的成功密切相关。原来，韦尔奇小时候就有口吃的毛病，但他的母亲没有丝毫的责备，总是为他的口吃找些完美的理由。她告诉韦尔奇："这是因为你太聪明了，没有任何一个人的舌头可以跟得上你这样聪明的脑袋瓜。"母亲的话产生了神奇的效果。韦尔奇多年来一直没有对自己的口吃有过丝毫的忧虑。因为他非常相信母亲的话：自己的大脑比嘴转得快。韦尔奇说有一句话在他一生中总是萦绕在他的耳边，那就是母亲对他说的："你可以成为你想成为的任何人，你尽管去做好了。"

心理学上"皮革马列翁效应"揭示，如果我们期望他人成功，他们很可能会成功；如果我们期望他们失败，他们很可能会失败。原因在于，人们倾向于不辜负他人的期望。人的身体内存在着潜能。当我们受到自己喜欢、钦佩、崇拜的人不断暗示，向我们强化他的信任，我们就会受到这种信念的强烈影响，潜能就会显露出来。

家长、老师将"天才"的标签贴到孩子身上，孩子就会有天才一般的成长；领导将"天才"的标签贴在下属身上，下属就会有天才一般的表现。戴高乐在《剑锋》中说："一个领袖必须能够使他的部下具有信心。"这正是伟大团队的动力。帮助下属树立自信是企业领导工作中举足轻重的一部分。

在成功之路上，对一个人最残酷的伤害是摧毁了他的自信心，最大的帮助是使他树立了自信心。

为下属树立自信的途径很多，最简便易行的方法就是夸奖、肯定。企业掌门人要让部下开口说、动手做，并懂得欣赏他们，大声告诉他们："我以你们为荣！"在他们每获得一点成绩时，尽可能通过一切方式进行表扬，给予奖励，毫不吝啬，并持续不断。

遗憾的是，很多人从小就被父母和老师无数次地告知"骄傲使人落后"。每当取得了成绩，常常不是得到表扬，而是被要求"寻找不足，继续努力"。如果哪次考试出现了本来无法避免的偶然失误，只得了95分，就会听到"总结经验教训"之类的告诫，甚至遭到训斥。我国的老师和家长喜欢拼命向孩子们灌输知识，教导他们做个听话的乖孩子，而不知道为他们树立强大的信心才是根本。从小在家里和学校养成的这种思维定式，长大后自然而然地带到职场。很多企业掌门人压根就不会欣赏、表扬下属。

信心来自成功的体验。普通人哪来多少骄傲的机会呢？如果说有的人年少不更事时可能还有一点盲目自信的话，成年后很可能荡然无存。时间和经验往往会教育人，破坏并不牢固的自信。普通人更多的是自卑、不安和恐惧。他们并不真正相信自己的潜力，总是在对未来的疑虑中负重前行。

不能为孩子树立自信的父母，不能为学生树立自信的老师，不能为下属树立自信的企业领导，都是不称职的。

有的企业领导也懂得鼓励下属，但往往只把目光锁定在少数成功的员工身上。在我们的社会，几乎没人重视那些曾经辛勤努力过的"失败者"，甚至忽略了他们的存在，导致他们从此一蹶不振。其实，他们此时最需要恢复自信。如果企业领导者关注一下这些"失败者"，适时鼓励一下，很多人会重新燃起希望之火，奋发图强。鲁迅先生曾说："优胜者固然可敬，但那虽然落后而仍非跑至终点不止的竞技者，和见了这样竞技者而肃然不笑的看客，乃正是中国将来的脊梁。"我们要为每一个能够坚持跑到终点的人鼓掌。

"合理"犯错

20世纪,美国军方曾发起一项"零缺陷运动",要求各单位和个人加倍注意细节,以求消灭任何错误。结果如何呢?这个活动中途夭折了。他们发现:这个要求完全压抑了士兵发挥创意、冒险的自由。这件事启示我们:试图杜绝错误,就可能滑向荒谬。

一、不只奖励成功,而且奖励失败

石油大王洛克菲勒的老部下贝特因不慎导致在南美洲的投资以惨败告终。洛克菲勒不怀疑他的能力,不但没有责骂、惩罚贝特,反而夸奖、鼓励他说:"好极了,贝特,你设法保住了60%的投资。要不是你处置有方，哪能保全这么多呢？你干得如此出色，已经在我们的意料之外了。"

美国企业界对失败非常宽容。"别担心，尽管去做"是英特尔创始人罗伯特·诺伊斯最常用的口头禅，集中地体现了这种宽容精神。

通用电气一直有"不只奖励成功，而且奖励失败"的传统。1970年左右，公司曾经雄心勃勃地尝试开发一种新款"绿色"灯泡，预期寿命比一般的产品增加10倍以上。最终，项目失败了，但公司并没有惩罚与项目有关的任何成员；相反，还为他们做出的伟大尝试表示祝贺，发放了奖金，提升了几位骨干。

美国著名的3M公司以源源不断地推出新产品著称于世，平均每天获得2项专利技术，每年的新产品达50种以上。在该公司，当员工提出一个新产品开发方案后，公司会让他自己选择合作伙伴，组成一个行动小组去进行开发。对于成功与失败两种结果，公司都能接受。不仅英雄式地款待成功者，对于失败者，他们也照样给予鼓励。麻省理工学院研究3M公司长达20年的爱德华·罗伯茨教授说："3M对小组成员表示……万一失败，公司承诺他们有工作保障，至少还能回到当初加入小组之前的原有职位。"

全球最大的商业类杂志《商业周刊》曾发表过一篇文章，指出硅谷最宝贵的财富是对失败的宽容。正是这种气度，使硅谷诞生了大量的世界级企业。

二、可以宽容的错误

在胡雪岩的胡庆馀堂中药店，负责进货的阿大一直很诚实、能干。但是，有一次阿大误将豹骨当虎骨收进了药库。胡雪岩知道后并没有对阿大发火，也没有惩罚，只是将那些豹骨全部销毁了，又重新买了虎骨。阿大感到很内疚，提出辞职，但没有被批准，非常感动，之后将工作做得更加出色了。相反，那个明知是豹骨却不点破、反而去告黑状的副手，却被胡雪岩辞退了，因为他存在严重的品德问题。

下属犯错，企业领导不能简单粗暴地处理，必须要判断所犯错误的性质，区别对待。

哈佛商学院的教授埃米·埃德蒙森在《如何从失败中学习》中将错误分成3类，对应不同的处理办法。一是可预防性错误，是故意违反规定或者疏忽大意造成的。对这种明显的主观性错误，有态度问题，不可饶恕，一定要进行惩罚。二是意识不确定性错误，主要是因为工作复杂导致的，与员工能力不足以及不可控因素相关。对这种错误要酌情处理。三是智慧型错误，可提供新的经验和教训。这类错误可视为"合理性错误"，是应当被允许和宽容的，甚至是被鼓励的。

三、失败是创新的伴生物

创新往往意味着尝试各种可能性，否则就难以获得真正的创新。3M公司有一句著名口号："为了发现王子，你必须和无数个青蛙接吻。"这个过程常常意味着冒险、犯错。3M前总裁雷尔曾这样说："3M可以说是一个始自'错误'的公司，我们始终认为，发展新事业时错误是不可避免的。"耐克公司创始人菲尔·克耐特说："当我们不犯错误的时候，意味着我们尝试的新东西还不够。"

管理学上有个"比伦定律"，由美国考皮尔公司前总裁F·比伦提出。这个定律说，若是你在一年中都不曾有失败的经历，你就未曾勇于尝试各种应该把握的机会。如果你不想犯错误，只好什么也别干。从这个角度看，犯错不过是做事的另一种方式。因此，在美国的一些大公司，不犯合理性错误的人往往是不受欢迎的。

如果管理者过于严厉对待员工的错误，那么，他们就会下意识地变得谨小慎微，不再勇于尝试，拘泥于现有的一切，不敢有丝毫的突破和逾越，不求有功、但求无过，这比犯一些错误还可怕。久而久之，团队将变得暮气沉沉。

如果企业管理层为避免员工犯错而采取独裁的管理方式，总是直接告诉手下人应该怎么做事，只把他们当作执行的工具，管理层犯的错误很可能更严重。长期来看，得不偿失。

四、在失败中成长

美国硅谷有"给失败者加分"的理念。风险投资家们在评估科技人员技术项目的未来前景时，对曾经遭遇过失败的科技人员会给予加分的待遇。在他们看来，如果你失败过，就可能学会很多东西，将来取得成功的可能性更大一些。马克思说："要学会走路，也要学会摔跤。而且只有经过摔跤，才能学会走路。"评价一个员工的重点不在于其职业生涯中是否保持不犯错误的完美纪录，而在于他是否勇于承担风险，并善于从错误中学习，获得更好的经验教训。

人在成功时总结的经验往往是肤浅的，只有在失败时总结的教训才是深刻的、刻骨铭心的。从这个角度说，失败是成长的催化剂，是成功的必要代价。当一个人害怕失败的时候，他就是在拒绝成功。

为了锻炼培养员工，企业掌门人要营造宽松的环境，允许下属合理犯错。马云说："我们公司的员工平均年龄是 26 岁，这是个容易犯错误的年龄，但我鼓励他们去犯错误，我们应当在不断地犯错误中成长。"百度公司容许每一位员工为创造更好的产品和服务而犯错，尽力让每一位百度员工在岗位上都获得锻炼提高。

如果一个人还没有失败过，或者只会谈成功之道，而谈不出失败的教训时，这个人其实是非常危险的，将来随时可能要"补课"。

五、为下属的错误买单

失败是创新的必要代价。即使可能遭遇失败，领导者也必须鼓励部下创新，并甘愿为他们的错误买单。马化腾说："我们的经验是，在公司内部往往需要一些冗余度，容忍失败，允许适度浪费，鼓励内部竞争和试错。"

小沃森担任 IBM 总裁期间，有一个员工犯了错误，造成了 1000 万美元的损失，他对小沃森说："我是不是该走人了？"小沃森却说："你疯啦？我们刚刚为你交了 1000 万美元的学费，你想我们会让这么一大笔资产从公司流失掉吗？"小沃森是在为下属的成长买单，而且是大单。

要培养员工，企业掌门人就要坦然地为他们的错误买单。正如你要让孩子学会洗碗，就要承担他（她）打破碗的损失。

职业规划

在哈佛即将毕业的一批大学生中，研究人员进行了人生目标跟踪调查。他们发现，在这些大学生中，3%的人确立了远大的目标；10%的人有明确的短期目标；60%的人对目标没有很清楚的概念；27%的人抱着随遇而安的态度，没有任何目标。20年后，研究人员统计了这些人的现状。结果发现，那3%的人完成了当初心中的既定目标，并成了最成功的人士；那10%的人虽然没有出类拔萃的成绩，但也成了社会中的中坚骨干；那60%的人虽然没有大富大贵，但也能过上比较安稳的日子；而那27%的人最糟糕，生活在社会最底层。

上面这个调查至少说明了3点：第一，绝大部分人并没有清晰的长

第一篇 建 团

远目标（这一点与我们平时的认知相反，意气风发的大学生都如此，其他人可想而知）；第二，有目标与没有目标的人，长期的成就相差极大；第三，目标越大，成就越大。这个结果印证了美国行为学家J·吉格勒的观点：设定一个高目标就等于达到了目标的一部分。这被称为"吉格勒定律"。

很多时候，员工其实根本不知道自己真正想要的是什么。让你的员工成长，就要帮助他们制订职业生涯规划，确定奋斗目标，而不是放手不管。再进一步，公司根据员工的职业规划为其制订个性化的培训计划，为他们提供个性化的发展空间，包括管理人员、专业人员和普通员工。为员工"量身定制"发展目标和培训计划，无疑会成为他们前进的助推器。

在西方国家的企业里，为员工规划职业生涯的工作做得很仔细，值得我们借鉴。朗讯科技是这样做的：当一名新员工进入公司后，部门经理会与其进行一次深入的长谈。谈话内容主要是，来到公司后，你对个人发展有何打算？一年之内要达到什么目标？3年之内要达到什么目标？为了实现目标，除个人努力外，需要公司提供什么样的帮助？在朗讯科技，每到年末，部门经理都要和员工一起对照上一年的规划进行检查，制订下一年的规划。

在我国的企业里，普遍不太重视员工的职业规划。一项针对三百多名来自不同行业的企业高管的调查显示：78%的人认为国内的企业大多没有建立经理人职业长远发展规划，因而表示在两年内准备辞职。不过，也有做得很好的企业，联想集团堪称国内企业的代表。

联想是按照员工从事的工种分门别类进行的员工职业生涯规划。针对中高层管理人才，联想制订了"TOP100计划""继任者计划""国际轮岗计划"。这三大计划的执行让联想的国际化战略得以顺利进行。除

091

了"经理→高级经理→总监→总经理→副总裁→总裁"这条管理发展路径外，公司还为技术员工设计了一条职业发展路径，即"助理工程师→工程师→主管工程师→资深工程师→副主任工程师→主任工程师→副总工程师→总工程师"。除了在研发、工程、技术支持3个专业序列外，联想还逐步建立起了渠道销售和大客户销售、产品、采购、财务等岗位序列的职业发展道路。比如渠道销售人员，联想会沿着"销售助理→业务代表→高级业务代表→资深业务代表"这样的路径来规划其职业生涯。

培训体系

在成熟企业里，不会只采用一种员工培训方式，而是建立起一套完善的培训体系，源源不断地"生产"人才。

一、培训机构

从 20 世纪 80 年代开始，企业大学进入快速发展期。现在，全球企业大学数量已达 5000 所以上。国外著名的如迪士尼大学、麦当劳汉堡大学、摩托罗拉大学等都很有名。摩托罗拉大学总部设在伊利诺伊州，在全球有 14 个分校。国内企业，万达、华为、联想、阿里巴巴、海尔、腾讯等都建立了自己的培训大学。有的企业培训机构不以"大学"命名，而称培训基地、培训学校等。如松下总公司设有"教育训练中心",下属 8 个研修所和 1 个高等职业学校。有的企业与著名高校、科研单位合办培训。例如,恒大集团从 2003 年起便开始与国内著名高校联合办培训。2014 年 3 月,恒大与清华大学签署了战略合作协议,在人才培养方面,双方将合作开设工程硕士研究生班、MBA 和 MPA。

二、轮岗制

在一些企业中,安排甚至鼓励员工到公司不同部门轮岗,熟悉各部门的工作。这就是轮岗制度。

马云曾说:"在阿里巴巴,总监以上的干部,集团组织部可以随时调整。在淘宝干得不错,明天就可以到支付宝或者阿里巴巴干两年。干部经过这样调整,眼光视野就开阔了。"在万科,员工如果在一个岗位待了三五年,有了一定的成就,认为目前的岗位限制了自己的进一步发展,可以申请到自己喜欢的别的岗位。万科会给员工提供自由流动的空间,尽量让他们去做自己最想做的事情。日本松下公司规定每年有 5% 的雇员从一个分公司到另一个分公司轮岗。

轮岗制有助于员工积累全面的经验,有助于公司培养复合型人才和高级管理人才。

三、导师制

师傅带徒弟是历史悠久的办法,过去常见于工厂中,现在什么企业都可以实行,只是稍有变通。公司将传帮带作为一项任务下达给老员工,要求他们对新员工的绩效负责,并且纳入绩效考核指标,就会收到很好的效果。

华为建立了一种"思想导师"培养制度。新员工入职后的数月里,部门领导会安排一位资深员工作为导师，为他们讲解公司的制度、文化、工作流程等，确保每个新员工都可以全面、深入了解公司情况；尽快熟悉工作，进入工作状态。此外，导师还帮助他们解决工作和生活中的问题，甚至是心理辅导。与华为相似，阿里巴巴为新员工设置了3个月的师傅带徒弟的HR关怀期，而在入职6到12个月之内还可以选择"回炉"接受再辅导。

据美国迈阿密大学的研究，在世界500强公司中，71%的企业都有导师计划。2006年，太阳微系统公司公布了一项有关导师制价值的研究结果，认为这种办法培养出来的员工更容易融入企业并受到重用，其留职率高出未接受导师指导者23个百分点，其晋升次数则高出5倍。这充分说明了导师制的有效性。

四、下基层

缺乏一线实际工作经验者，容易沦为坐而论道的"高手"。明智的企业掌门人都不会重用这样的人，更不会提拔为高管，以免外行领导内行，"以其昏昏使人昭昭"。张瑞敏说："海尔干部都要亲自下水，找'水感'！在干中学，在学中干！"在海尔、华为等企业里，几乎所有的高层管理者都不是直接任命的，而是从基层开始一步一步打拼上来的。

五、体验式

虽说不想当将军的士兵不是好士兵，但实际上并不是每一个士兵都想当将军。即使那些想当将军的，遇到困难时也可能懈怠甚至放弃。因此，企业掌门人要不断激发下属上进的欲望，帮助他们树立并坚持自己的奋斗目标不动摇。

要激发人的企图心，喊口号或说教的作用很有限，只有让其亲眼见到的生动场景才会产生强烈刺激并刻骨铭心。一个人见过的世面越大，产生的抱负就越大，对成功的渴望就越强烈。

　　IBM的老沃森曾透露，他的宏大抱负就是随着见识的增长逐渐培养起来的。小时候站在泥泞的小路旁看见别人驾驶马车从旁经过，老沃森就憧憬拥有一辆自己的马车。后来，老沃森遇到一位律师邀请他去豪华别墅做客，律师说自己也是农民的儿子，从一穷二白打拼出来。于是，老沃森的眼界再一次被打开，决心要进入上流社会。后来，老沃森不仅成为商界巨擘，还成了白宫的座上宾。

学习型组织

在这个知识爆炸的时代,没有任何人再能够成为"百科全书"。企业掌门人一个人的知识远远不能满足公司发展的需要。一个普遍的共识是:企业的竞争优势来自集体学习能力。韦尔奇说:"一个企业学习的能力以及把学问迅速转化为行动的能力,就是最终的竞争优势。"你唯一持久的竞争力,不是资源、资金、市场,而是比对手学习得更快。

通用电气以全球公司为师,坚持"无边界学习",从丰田公司那里学会了资产管理,从摩托罗拉那里学会了六西格玛标准差,从思科那里学会了数字化。

卓越领导力：优秀企业管理者的成功之道

联想集团内部一直推行著名的"复盘式学习"，要求全体员工每完成一项重大工作后，一定要自省和集体讨论一番，不断总结经验教训。

华为一以贯之地坚持自我批判，打造了与众不同的学习进步助推器。任正非在《逼自己改造，学"乌龟精神"》中说："这时代前进得太快了。若我们自我满足，只要停留3个月，就注定会从历史上抹掉。正因为我们长期坚持自我批判不动摇，才活到了今天。"任正非倡导"知本主义"，号召员工通过批判手段脱胎换骨。从1996年开始，华为内部制订了例行会议制度，开展批评与自我批评。无论是研发部门、生产部门，还是市场部门；无论是基层员工，还是中高层管理者，都要参与。华为的自我批判不是当意识到自己犯了错误时，偷偷地在心里批评自己一下，也不仅在部门内进行自我批评，而是要在公司众多同事面前抛开脸面"解剖"自己。进入华为的园区，第一印象不像一个企业，更像一个大学校园。在这里，员工也是学生。尤其是新员工，他们的实习阶段与大学生活颇为相似。

现代企业应将学习变成日常行为习惯，变成不可缺少的生活内容，建立起"学习型生活方式"，使其成为一种文化氛围。这样的企业就是"学习型组织"。彼得·圣吉在他著名的《第五项修炼》一书中对此进行了详细论述。他指出：学习型组织不仅是业绩、竞争力最强的组织，还能让人心灵上潜移默化，活出生命的意义。据统计，目前美国排名前25家企业中，有80%按照学习型组织的模式改造了自己；世界排名前100家企业中，这个比例也达到了40%。

第二篇
控 制

1981年，韦尔奇刚出任通用电气董事长兼CEO，就立即去洛杉矶附近的一个小城市拜访当世最伟大的管理学家德鲁克。韦尔奇问的第一个问题是："我怎么控制通用电气下面的上千家公司？"由此看来，韦尔奇当上公司掌门人时，感到最紧迫的是控制问题。

领导力很大程度上就是控制力。杰出的领导者，首先就是一个铁腕人物。局面越不确定，外部竞争越激烈，越需要铁腕领导。现代企业的领导者们可以放弃一些股份，但绝不肯放弃投票权，原因就在于要从法律上保障对企业的控制力。

第一章
制度：企业之法

　　日本索尼公司创始人盛田昭夫说："企业内部管理之要义在于内部管理的制度化，大凡成功的企业都有一套系统、科学、严密、规范的内部管理制度。"优秀的企业具有用制度自动追求进步的机制和动力，成为自动进化系统。

导　读

教化 VS 制度

员工被谁带坏了

企业掌门人须"六亲不认"

制度化 & 人性化

不严谨的制度

教化 VS 制度

近年来，企业管理"王道"和"霸道"成为争论不休的话题。"王道"强调以德服人，"霸道"强调以力服人。"王道"强调让人主动跟随，"霸道"强调让人被动服从。

曾国藩从零开始建立起强大的湘军，成为晚清第一中兴名臣。曾国藩的成功在于他在交替使用"王道"与"霸道"。曾国藩既是孔孟信徒，道统正宗；又是"曾剃头""曾屠户"。曾国藩虽是书生出生，但他从根本上抛弃了迂腐的道学家们所提倡的"内圣外王"之道。

如果说理想中的企业领导艺术是一种真正的、人格境界的修炼和提升的话，那么，现实中的企业领导艺术则是一种领导者超越被领导者的操纵手法。在很大程度上，企业管理就是一场控制游戏，是管理者与被管理者之间的博弈。"王道"与"霸道"，在这里并行不悖。

儒家讲修身、齐家、治国、平天下，但孔子终其一生，他的理论在诸侯国中都没能引起共鸣，连生活费都要由弟子子贡提供。后来，汉武帝"罢黜百家、独尊儒术"，儒家受到统治者的重视，不是因为儒术能够治世，而是其中的"三纲五常"具有教化之功。

道德可以用来修炼自己，却不能指望它能有效约束别人。道德能规范君子，但在企业管理上我们不可能指望大家是君子。道德准则在社会活动中是重要的，但作为方法却无能为力。

企业管理中不能相信人性的伟大，只能相信制度的伟大。制度设计一定要参照人性的下限，而不是人性的上限。

18世纪80年代，英国政府开始输送移民去建设殖民地澳大利亚，可没有人愿意去。英国女皇只好决定将犯人送过去。要运送这些犯人需要很多船只，英国政府让商人参与运送，并告诉他们每运送一个犯人给10英镑的运费。

不久，麻烦出现了。船商为了挣更多的钱，原本只能装下50人的船只却装了上百人，严重超载。更糟糕的是，船商在运送途中不给那些犯人足够的食物，也不让他们到船舱外活动。由于条件恶劣，很多犯人死在途中。船商毫不留情地把他们的尸体抛到了大海里。当船只抵达澳大利亚时，原来上船的犯人已经所剩无几，可黑心船商却挣得盆满钵圆。

英国政府知道上述情况后，经过讨论，每人运费仍维持10英镑不变，仅将运费支付办法做了一点小小的修改：不再按在英国离岸的人数支付运费给船商，而是按在澳大利亚的到岸人数支付运费给船商。

英国政府改变了支付给船商的运送犯人的运费之后，所有的船商似乎突然良心发现了，一改往日的做法，在运送犯人的途中精心照顾他们，生怕他们死了。英国政府终于将后面的犯人安全送达澳大利亚了。

上面这个故事说明，一个人成为天使还是成为魔鬼，决定于制度，而不是他的内在修为或者外在教诲。

员工被谁带坏了

中国民营企业里有一个普遍现象：新员工入职时，一般都表现不错，但后来不知怎么就逐渐变坏了。是谁带坏了他们呢？

在一个工厂的生产车间门口，门卫提醒前来参观的客人们戴上安全帽，但却被董事长恶狠狠地斥责："懂不懂规矩，没有看到是我带客人们来参观吗？"搞得门卫一脸的尴尬和苦笑。

在另一个公司里，会议室的墙壁上明明贴着醒目的标语：进入会议室请关手机。但是，董事长在开会时却经常接听电话、回复微信，好像墙上的标语根本不存在似的。

第二篇 控 制

在很多企业掌门人头脑里,制度只是用来管下属的,自己不用遵守。殊不知,领导违规,会立即传染至下属:胆小的暗地里违规,胆大的公然违规。因此,老员工被企业掌门人带坏,新员工又被老员工带坏!

曾经担任日本三洋公司董事长兼总经理的井植薰曾说:"领导者如果认为公司的规则只是为普通员工设立的话,那就大错特错了。它应该是公司全体人都必须遵守的规矩,包括部门经理、公司总裁、董事长等高层领导人……大家都听过'上行下效'吧?前面有榜样,后面就有跟随者。长此以往,便会造成公司上下的懒散作风,这足以让一个前景大好的公司跌入失败的深渊。"

很多企业掌门人感叹员工不好管,却没有意识到问题的源头可能在自己,自己成了破坏公司制度的带头人!

企业掌门人自己不敬畏制度,不遵守制度,制度就没有神圣性,对员工就缺乏威慑力。久而久之,他们将习惯于看企业掌门人的脸色行事,而不是照章办事。企业掌门人要想达到"无为而治"的管理境界,必须树立制度权威。在制度面前,企业掌门人要把自己当成一名普通员工。

有一次,IBM的老沃森带着客户前去参观厂房,走到厂门口时,被警卫拦住了。警卫对沃森说:"对不起,先生,您不能进去,我们IBM的厂区识别牌是浅蓝色的,行政大楼工作人员的识别牌是粉红色的,你们佩戴的识别牌是不能进入厂区的。"沃森的助理见状,大声对警卫说:"这是我们的董事长,陪重要的客人参观。"警卫说:"这是公司的规定,必须按规定办事!"见此情景,沃森赶紧对助理说:"他讲得对,快把识别牌换一下。"于是,所有人更换了识别牌才进入厂区。

企业掌门人须"六亲不认"

曾国藩说:"立法不难,行法为难。"无条件坚持制度,知易行难,对于企业掌门人来说更是难上加难。企业掌门人不坚持制度,很多时候是因为过不了感情关,或者怕得罪人。

如果公司里有企业掌门人的亲属、亲戚、朋友或某些关系户,事情就比较难办。这些人违反制度时,企业掌门人如果进行处理,就会有一群人来说情,坚持下去就会得罪一群人,这是对企业掌门人的一大考验。

有一次,宗庆后的弟弟要向银行贷款,希望娃哈哈公司来做担保,但宗庆后一口回绝了。还有一次,宗庆后的父亲介绍了一家企业为娃哈哈发来一批瓶子,有点质量问题。本来公司已经收下了,宗庆后知道后,严厉地批评了那个员工，责令他退回去，并当着大家的面对他父亲说："企业不是我一个人的，是大家的，我要对大家负责，这批货一定要退回去，我没有其他办法，请您理解我。"事后，员工们觉得宗庆后当面责备自己的父亲有点过分，宗庆后却说："为了企业的利益，我可以六亲不认。"

企业家伊藤雅俊说："秩序和纪律是我企业的生命，也是我管理下属的法宝。一定要从重处理不守纪律的人，无论他是谁，无论他为企业做过多大的贡献，即便是企业会因此而降低战斗力，也在所不惜。"

人可以有情，但制度必须是无情的。在制度面前，企业掌门人必须像宗庆后那样"六亲不认"。

制度化 & 人性化

在有的企业领导者的观念里,似乎不要制度才是人性化。实际上,当你放弃原则保不住底线时,管理混乱就开始了。离开制度搞管理,越管问题越多。

倡导人性化本身没错,但不意味着要抛弃企业管理制度。制度化与人性化可以同时共存。

有的企业管理者还容易将人性化与人情化混为一谈。人性化是以尊重人、培养人为导向的管理理念,而人情化则是以个人情感、私人关系为导向的管理理念,两者有本质的区别。

当企业制度荒废时,靠人性化管理是于事无补的。美国社会心理学家亚伯拉罕·马斯洛说："管理者管理员工时，不可缺失的就是纪律维护。人性容易散漫，如果没有相关的制度和纪律来约束，管理将乱成一团。"当你处处满足下属的人性化要求时，可能正是他们惰性产生的时候、得寸进尺的时候、向你抗争的时候、看问题以自己利益而不是公司利益为参照系的时候。

脱离企业制度追求人性化的管理者，实际上没搞清楚这样一个关键问题：制订制度的根本目的，是为了保障公司里大多数人的利益。

在海尔公司，谁上谁下完全由制度说了算。张瑞敏说："这样的用人机制看似严酷，实际上是最大的仁慈。否则，迁就了一个人，毁了整个海尔，你说哪一个更残酷？"

制度管理是一种以群体为参照系、群体人性化的管理。团队的游戏规则是为团队的整体利益服务的。如果所谓的人性化管理导致管理松弛、制度执行打折，管理者实际上是在公然违背和漠视团队中大多数认真工作的员工的利益。

不严谨的制度

即使在很小的企业里,都有一些规章制度。不过,真正"量身定做"的适合自己企业的制度并不多见。在企业发展历程中,尤其在企业上规模后,制度建设往往是滞后的。管理混乱,企业掌门人越来越忙,一定程度上就是没能发挥制度应有的作用。

在企业发展的中前期,企业掌门人常常对制度的重要性体会不深,在制度设计上体现出各种随意性,很不严谨。以下是我们经常见到的情况。

一、随意增加条款

企业掌门人一般在公司遇到新问题了,或者开展新项目、新业务了,才发现制度存在缺失或漏洞。这时候，才想起来要重视制度建设，但常常匆忙下令起草相应的规章条文，甚至自己亲自捉刀一挥而就。然后，立即责令相关部门实施。这种缺乏思考、没有经过大家讨论通过的制度条款，实施起来很可能行不通，或者漏洞甚多。于是，只好返工修改，这样势必大大降低制度的严肃性和权威性。正常情况下，公司制订制度时必须让员工参与进来，吸收一些他们的意见，而不应成为领导单方面的规定。如此才能得到员工的拥护和认真执行。

二、"百度"来的样本

在很多公司，企业掌门人将制订制度的任务交给经理，经理又交给文员。文员根本没有管理经验，不知道该制订什么样的制度才适合公司。于是，他们只好上百度搜索，在成千上万的"范本"中随便挑选一个，稍加改动，便成了本公司的规章制度了。世界上没有完全相同的两家企业。从网上找来的制度，不可能完全适合，要么遗漏，要么不合理。君不见"橘在淮南生为橘，生于淮北则为枳"吗？即使是世界500强公司的制度，你的公司也很难用得上，用了甚至会把公司管乱。王永庆有个很朴实的观点，他说："天下大概没有那么便宜的事情，别人花了数十年的心血才建立起来的规章制度，你拿来了就能运用。"

三、只惩不奖

在不少公司，上墙的制度里可以看到满是"不许""严禁""罚款""重罚"之类的词汇，而少见到"奖励""重奖"之类的用语。这不免让新员工惴惴不安，心里发凉，感到这家公司没有人情味。企业掌门人的用意不难理解，应是希望用这样的制度起到震慑作用。但是，这只是制度的一个方面。制度的作用是自动管理，它理应包括鼓励和限制两方面的内容。不少企业掌门人都声言"以人为本"，但如果出台只罚不奖的制度，员工就会觉得企业掌门人太虚假。

四、冗长、复杂

有的企业掌门人充分认识到了制度的重要性，于是又走向另一个极端——下令行政部门制订一个全面而具体的制度，使公司里的任何事情都有法可依，杜绝任何死角。于是，公司就出现了厚厚一本"制度手册"，让人看得头昏脑涨也记不住。应该说，企业掌门人的想法是好的，但忽略了实用性。

制度内容应体现公司业务和管理的重点，而不是追求面面俱到。实际上，任何制度都不可能做到"密不透风"。原因在于：一方面，现实就是五花八门不断变换的万花筒；另一方面，企业规模越来越大，分工越来越细。如果想一次就制订出绝对"完善"的制度，就会走入误区。制度条款越来越多的同时，常常是实用性越来越差。史玉柱就曾谈到过他的体会：在制订了一箩筐制度条文之后，发现还是最初那两页管用。史玉柱说："面面俱到的管理，理论上可以，实际上根本做不到。"

五、似有实无

"上班时间不准上网看与工作无关的内容""爱护公司财物，不得以任何手段侵占或破坏公司财产"……这些规定是不是很眼熟？合理吗？合理。有用吗？没用！为什么没用？因为条文里没写明对违反者有什么坏处。同样，诸如"各个部门之间、各位同事之间工作上要相互协作，相互支持""大家要积极努力，做出最好的成绩"……这样的条款也是没用的。为什么？因为没有告诉大家：这样做了对自己有什么好处。

鼓励性制度和禁止性制度，必须要写明"这样做了有什么后果"才有效果。一般情况下，这些制度都必须与钱挂钩才能产生威力。否则，都是一堆废话。

六、难以执行

大多数企业掌门人都对公司的执行力问题头疼不已，但可能没有意识到一个重要原因是自己公司的制度设计不合理，很难执行下去。这种时候，宣讲"不找任何借口"是废话。例如，有的公司规定员工迟到30分钟就扣半天工资，明显是逼着他们一旦迟到30分钟就请半天事假去逛大街；有的公司为了鼓动员工，悬赏重奖，年薪上百万元，但大家都心知肚明，那个大奖谁都拿不到，因为规定的任务不可能完成；有的公司甚至规定上班时间如厕也要向主管请假，女员工怀孕要提前一个月向公司人事部门报备，更是荒唐。出台类似规定的公司，完全是自毁形象，并破坏制度的权威，使上至企业掌门人、下至普通员工视制度为儿戏。

第二章
执法

有的管理专家认为可以设计出"能够自动执行的制度",在员工那里是"我要遵守制度",而不是"别人要我遵守制度"。这种观点有点理想化。对员工有利的制度,如增加工资、奖金的制度,员工当然会自动遵守;但制度中还有惩罚性的条款,诸如罚款、降级,难道员工会在没人监督的情况下自动遵守吗?所以,制度制订出来以后,还得落实、执行,这就涉及如何运用方法来保证制度的落实、执行了。

导　读

恩威并施

杀一儆百

"戴紧箍"

权力制衡

保持距离

封杀小集团

恩威并施

恩威并施，属高级统御之术。杰出的企业领导者将其运用自如，但一般人对此只是一知半解而已。如果只有恩典没有威严，下属将无所畏惧；如果只有威严没有恩典，下属将失去动力。所以，要恩威并重。

一、无威，则无以显恩

恩、威是在对比中显现出来的。蜜糖水喝惯了，不会感到有多甜。娇生惯养长大的孩子，体会不到父母有多么好。上级对下级，单纯的尊重没有用。只有在下级感到失落、挫败、无助之后，给其帮助，他（她）才会感到雪中送炭般的温暖。

二、猛虎在前，千金在后

被誉为"铁娘子"的董明珠以严厉著称，下属们普遍畏惧她。在她还是格力销售部长的时候，一次一个员工临下班前在办公室吃东西，董明珠按照公司规定处罚了那个员工100元。但是，董明珠知道这个员工家里非常困难，后来自己掏了100元给那个员工。通过这件小事，董明珠在"无情"之后显示"有情"，以此降服员工的心。

很多人不会"恩威并施"手法，主要原因在于将施恩和施威的顺序搞颠倒了。如果你一直对一个人很好，为他做了99件好事，哪一天你要是不做了，或者有1件事没做好，对方会是什么态度？这种情况，很多人碰到过，应该深有体会。对方会立即产生不满，甚至指责你。好处享受多了、拿惯了，在心理上就变成了理所当然的事情，失去了激励作用。但一旦停止奖励，或者施以惩罚，对方就接受不了。

诸葛亮对恩威之法有个精辟的论述。在刘备攻下西川后，诸葛亮主张严刑峻法治理蜀国。当时，法正提出异议，认为应该广施恩泽，笼络人心，才能达到大治。于是，诸葛亮写了篇著名的《答法正书》进行了阐述。诸葛亮指出：如果用严峻的刑罚去震慑下级，待法令贯彻后，他们就会知道什么是恩德；如果先用恩惠去笼络下级，等到无计可施的时候他们反而会滋生不满。

先施威，让人形成习惯；然后施恩，人们才会感受到恩的分量，感恩戴德。只施恩，最终会适得其反。新官上任要来个"下马威"，而不是"下马恩"，道理就在这里。

后人评论曾国藩的带兵之法是"千金在前，猛虎在后"。其实说颠倒了，应该是"猛虎在前，千金在后"。曾国藩以团练大臣身份开始招募湘勇，无权无钱，很多地方官员和豪强大户不把他放在眼里，不予支持、配合，有时甚至来捣乱。于是，曾国藩抓了几个抢米行的农民，不经审理就地正法。从此，"曾剃头"声威大震。

三、藏威于恩

对于有些人，比如功臣、干将，有时候出现一些小问题，或者根本就不是问题，只是让企业掌门人有点不舒服，但他们又没有什么大过。这种情况下，如果企业掌门人还用"打一巴掌揉三揉"的办法来解决问题，太伤感情，也显得自己心胸不够宽广。怎么办呢？可采用藏威于恩的办法，这是变相的恩威并施。

杀一儆百

管理队伍，不能始终一团和气，领导没有威严不行。树立威严最有效的方法就是在必要时处罚人。但是，法不责众，不能触犯众怒。"杀一儆百"是行之有效的办法。

一、枪打出头鸟

《红楼梦》中的王熙凤为了扭转宁府纪律涣散的局面，宣布大家做事必须守时。第二天早上，王熙凤开始点名，发现有一个人没有到。等那人到来时，王熙凤正色道："本来要饶你，只是我头一次宽了，下次就难管，不如现在开罚的好。"于是命令拉出去责打二十板子，并扣掉一个月的工资。这次严厉责罚之后，宁府上下都老老实实遵守王熙凤的规定了。

王熙凤宣布纪律之后敢于责罚第一个违规者，给所有人敲响了警钟；同时，立即给自己树立起威严，为以后的管理打好了基础。

美国斯坦福大学心理学家菲利普·辛巴杜于1969年做了一项实验。他找来两辆一模一样的汽车，把其中一辆停在中产阶级的社区，而另一辆停在相对杂乱的社区。随后，辛巴杜将停在中产阶级社区的那辆车的车牌摘掉，顶棚开了一个洞。结果，这辆车一天之内就被人偷走了。对放在杂乱社区的那辆车，辛巴杜没有做任何处理。结果，那辆车在那儿摆了一星期仍然完好无损。后来，辛巴杜用锤子把那辆车的玻璃敲了一个大洞。结果，仅仅过了几个小时，那辆车便不见了。这就是著名的"破窗效应"——窗户上有一块玻璃被打碎了，如果不及时修补好，很快就会有人来打碎第二块玻璃、第三块玻璃。因此，一旦窗子破损，必须及时将它修理好，才能避免继续损坏。

"破窗效应"从另一个角度说明了及时处理第一次违规事件的重要性。

二、宰大象还是拍苍蝇

新董事长上任第一天，如果把看大门的保安臭骂一顿，会给大家造成什么印象呢？人们会说此领导欺负弱者。要树立威严，一定要抓典型来做文章。这个典型不能是平常人，必须是有足够分量的、有地位的、有权势的人，罚上才能立威。如果在大象面前拍死一只苍蝇，大象一点反应都不会有的。

春秋时，齐景公在危难之际提拔草根出身的司马穰苴为大将军，统领三军迎击燕、晋联军。司马穰苴为了立威，想出了一个高明的办法。

卓越领导力：优秀企业管理者的成功之道

他以自己出生卑微为由，请求齐景公派一个地位显赫的人来做监军，齐景公于是派了他的近臣庄贾来。

接下来，司马穰苴与庄贾及众将约定第二天中午在辕门集合。庄贾平时骄纵惯了，现在身为监军，更觉得自己高高在上，就没太在意时间。亲朋好友来相送，庄贾就与众人吃喝起来，一直到傍晚才来到军中，这下被抓住把柄了。司马穰苴郑重其事地对庄贾说："作为一个将领，接受了任务就要忘记自己的家，执行军法就要忘记感情，冲锋陷阵就要忘记个人安危。现在情况危急，大敌压境，你怎么能随随便便就因为个人的事情而耽误军务呢？"于是，司马穰苴下令将庄贾斩首示众。齐景公得知消息后，急派使者来救庄贾。使者的车马快速驰入军中，司马穰苴威严地问执掌军法的人："在军中跑马，按军法该如何处置？"回答是"当斩"。他又说："君王的使者不可杀。"于是，司马穰苴就把使者的仆人斩了。如此一来，三军震撼。此后，众人对司马穰苴刮目相看，敬畏有加。

"戴紧箍"

  对于能人，企业掌门人都想委以重任，但如何约束能人呢？这是一个难题。万一能人不高兴了辞职走人，留下一个烂摊子，公司可就惨了。对于这个棘手的问题，《西游记》给了我们很好的启示。唐僧是怎么管理孙悟空的呢？为了取得真经，他也不顾菩萨心肠了，连哄带骗给孙悟空戴上了紧箍。只要孙悟空不听话，他就念"紧箍咒"来驾驭他。如果唐僧没有这一招，"俺老孙"可能早就回花果山逍遥自在去了，西天取经的故事早就结束了。

  历史上常见的"戴紧箍"手段就是留人质。发生战事时，皇帝不得不授予前线指挥官调动指挥军队和临机处理战事的兵权。皇帝对兵权的监督有两种形式，一是派自己身边人去做随军监军，二是将前线指挥官的妻儿老小留在京城，以保证他们不敢起二心。刘邦在中原与项羽长年对垒，担心留守关中的萧何起异心，于是逼萧何将儿子送来，在自己的眼皮子底下待着。这下，刘邦就放心了，因为他给萧何戴上了"紧箍"。

给能人"戴紧箍"，相当于建立了约束机制，使对方具有了可控性。从此，企业掌门人敢于放手让能人去干事情了。"紧箍"一定要戴上，因为这是一种控制措施。"紧箍咒"可以不念，但必须会念，因为这是一种威慑。

在现代企业里，企业掌门人给能人"戴紧箍"的方法有哪些呢？

入股，这意味着荣辱与共，生死同担。只要自己投入了金钱的事情，人们都会格外上心，不会乱来。

期权。给你期权，实际上是告诉你：你要好好干，干好了将来一起发财；但如果没干好，将来什么也没有。

分红权。给你股份，但只享有分红权，而不拥有所有权。这实际上是告诉你：好好干，别离开，每年都有份；一旦走了，什么也没有了，因为你的股份不能带走。华为的全员持股，持的就是分红权。

权力制衡

　　企业掌门人最大的恐惧是什么？应该是权力失控，这是关系事业生死存亡的大事。很多人为了避免这种情况，惯常采取不放权的办法。这样的话，企业很难做大。企业掌门人既要放权，又不能失控。美国管理学家彼特·史坦普说："成功的企业领导者不仅是授权的高手，更是控权的高手。"如何做一个授权—控权高手呢？

　　为了避免手下人权力过重，企业掌门人一定要避免集中放权，而要分散权力，让若干人各管一块，相互之间形成制约关系而不是隶属关系。

　　朱元璋在经过"胡惟庸案"之后，废除了"一人之下万人之上"的丞相和大都督这一文一武两个最高官职。原丞相的事务由六部分理；将大都督权力一份为五，成立五军都督府。这些部门都直接向皇帝汇报。这样就避免了大权集中于一两个人身上，谁也不能对皇权构成威胁了。

从分散放权的角度看，企业掌门人聘请职业经理人担任总经理（或CEO），实行总经理负责制，是很有问题的，道德风险太大。此时的总经理在一人之下万人之上，很容易将企业掌门人架空。此类案例在现实中很常见。因此，除非特殊情况，企业掌门人同时担任董事长和CEO是比较稳妥的做法。

企业掌门人煞费苦心将权力分散下放了，但并不等于就可以高枕无忧，还必须防止下属们联合起来，威胁到企业掌门人的权力。

史书中屡屡见到皇帝看到手下重臣之间闹矛盾，并不去真正化解，而是安慰敷衍了事。很多人可能不理解，其实这是有原因的。其目的就是为了让他们互相牵制，不至于形成铁板一块。

有人可能认为，部下之间不团结的话，不是会影响公司大业吗？此话理论上没错。但是，现实情况往往是部下之间太团结就威胁到企业领导的权力了。两害相权取其轻。你选哪一种？

现代企业里，权力由法律保障，好像不存在下属"篡权"问题。从理论上讲，确是如此。实际上，当某个下属权力过大时，必成尾大不掉之势。因为有足够筹码，他可以不听企业掌门人的命令的，并且带动他的"同党"一起对抗企业掌门人。企业掌门人如果下狠心处理他们，往往要伤筋动骨，甚至酿成灾祸。

保持距离

在寒冷的天气里，生物学家把几十只刺猬放到户外空地上。这些刺猬被冻得浑身发抖。为了取暖，它们只好紧紧地靠在一起。但是，靠得太近后，就会被对方刺得受不了，刺猬们只好分开一些。这样反复几次，它们终于找到了一个适中的距离，既可以相互取暖，又不至于彼此刺伤。这个现象被称为"刺猬效应"。

德国哲学家叔本华揭示，在人际交往中，心理上也存在"刺猬效应"。企业掌门人要得到下属爱戴，就要走进他们中间，亲近他们，以便与他们顺利交流；但要让下属畏惧，就不能走得太近，必须保持一定的距离。

通用电气前总裁斯通在工作场合从来不吝啬对员工表达关爱。但在工作之余，他从来不邀请员工来自己家里做客，也不接受员工的邀请，既给员工留下私人空间，也给自己留下私人空间。

有距离才有神秘感，才有威严可言。你的性格和内心世界让别人知道得越多，别人对你的崇敬与服从就越少。曹操为何要杀杨修？因为杨修太聪明，能够看透曹操的心思，让曹操失去神秘性。

对于距离感与敬畏之心的关系，法国的戴高乐总统做过精辟的阐述。他说："没有神秘就不可能有威信，因为对于一个人太熟悉了就会产生轻蔑之感……任何人在他贴身仆人的眼中都不是一个英雄。"

历史上的刘邦，堪称一流的驭人大师。他通过制造距离感，轻而易举地降服了骄横的九江王英布。原来，英布被刘邦手下说客隋何成功策反，欣然来投。刘邦本来心中大喜，因为英布是项羽的第一勇将，策反英布是刘邦的重大策略。但是，刘邦知道英布才高气傲，并不好驾驭，连楚霸王项羽都没能镇住他。于是，刘邦见到英布时，并没有热情、隆重地接待他，而是很随意地叫他到休息处相见。英布见到刘邦时，气得差点拂袖而去，因为刘邦正在岔开两腿让两个侍女洗脚。这实在是大不敬之举。刘邦见到英布也只是淡淡地说："你来了！"然后，刘邦就吩咐手下人带英布去看看为他安排的府邸。转了一圈之后，英布又转怒为喜了，因为刘邦给他的待遇很不错。刘邦用这种方法告诉英布：虽然我们都是王，但你是来投奔我的，我是上级，你是下级，不要幻想与我平起平坐。刘邦一下子就给英布的地位设定了一个"锚"，使其不敢僭越。

作为企业掌门人，如果与下属之间没有找到最合适的距离，没有做到"又爱又怕"两者兼得，那么，究竟得到下属喜爱更好，还是受到下属敬畏更好？那就要具体情况具体分析了。

封杀小集团

  一个企业里只能有一个一把手，一个权威中心，一种整体利益。但是，企业里小集团的头头往往另立山头，在公司中形成另一个中心，成为"国中之国"。他们蔑视企业掌门人，经常发出不同的声音。当小团体利益与公司整体利益发生矛盾时，他们便会抵制公司制度的实施，产生恶劣示范，危及企业稳定，甚至导致企业解体。因此，史玉柱将企业内部的拉帮结派视为企业的十三种死法之一。

  一个人"造反"，企业掌门人并不害怕。但下属们联合起来集体"造反"，就不好对付了。如果是手下骨干们集体"造反"，对企业掌门人来说就是灾难。

卓越领导力：优秀企业管理者的成功之道

很多企业掌门人都曾遇到过员工集体"逼宫"的情况。他们提出各种要求，诸如提高薪资、福利待遇，或者修改公司不合理的制度等。如果企业掌门人不答应就集体罢工或辞职。遇到这种情况，你该如何处理？

员工自己或者通过其直接领导向企业掌门人反映意见、提出要求，都是可以接受的。但是，一旦他们抱团要挟企业掌门人，性质就变了。他们直接下"最后通牒"，就不是协商，而是对抗。企业掌门人心里一定要清楚，一旦让步，有了第一次，以后就会有第二次、第三次。所以，遇到员工集体"逼宫"，企业掌门人只能采取强硬态度，不但不能答应员工的要求，还要反向操作，降低现有待遇，并且对带头者实施严惩。有人可能会担心：要是这些员工真的集体辞职怎么办？如果出现这种情况，企业掌门人也只能接受现实，重新换血，决不能因为这个担心而妥协将就。

话说回来，如果公司出现集体"逼宫"这种情况，也说明企业掌门人平时缺乏与员工的沟通了解，没有及时发现和解决问题；或者制订制度时没有充分考虑员工的实际情况，没有听取员工的意见。企业掌门人自己犯了错误，就要付出代价。

企业掌门人如何防范下属形成小集团？一是不能授予过大的权力，尤其是人事权；二是不能让其长期盘踞一个地方或一个领域，在适当的时候进行调岗，或者干脆实行轮岗制。

第三章
企业文化：引领精神

　　柳传志说企业文化是一切企业管理的根源。但是，在很多企业掌门人那里，企业文化是"说起来重要，做起来次要，忙起来不要"。张瑞敏说："企业现在存在的最大弊病——从各级领导一直到下面，看重有形的东西太多，无形的东西太少，没有谁注重企业文化。万物的根源是道，而道却是非常重要但看不到的东西。"

导 读

百年大计

企业家文化

核心理念

企业信仰

同化·排异·无形制度

信则有，愿则成

虔诚的"教主"

文化传播系统

百年大计

任正非有句名言:"资源是会枯竭的,唯有文化才能生生不息。"

从1995年开始,任正非就开始酝酿《华为基本法》,他说:"要提升每一位华为员工的胸怀和境界,提升对大事业和目标的追求。每个员工都要投入到《基本法》的起草与研讨中来,群策群力,达成共识,为华为的成长做出共同的承诺,达成公约,以指导未来的行动,使每一个有智慧、有热情的员工,能朝着共同的宏伟目标努力奋斗。"《华为基本法》历时3年修成。二十多年来,《华为基本法》为华为的飞速崛起提供了精神动力,使之成为世界性的行业领袖。

IBM在20世纪90年代对世界500强企业中的37家进行的调查显示:

卓越领导力：优秀企业管理者的成功之道

一家企业的文化直接影响着它的动作与成功。彼得斯在《追求卓越》中说："我们深信，卓越企业能够达到这样的境界，主要是因为具备独特的文化，能够从竞争对手中脱颖而出。"

有见地的企业家将他们独特的企业文化视为自己的核心竞争力和成败的关键因素。张瑞敏说："海尔的核心竞争力就是海尔文化，海尔的什么东西别人都可以复制，唯独海尔的文化是无法复制的。"海尔"激活休克鱼"的办法，更是创造性地发挥了企业文化的同化作用。在兼并其他企业之后，海尔的文化中心担负着向这个企业移植海尔的文化基因的重任。海尔兼并企业，往往采取只派人不给钱的方式，用无形资产盘活有形资产，从而提升该企业的竞争实力。

领导力专家约翰·科特在《变革之心》中对如何改变团队行为模式进行了研究。他指出，改变团队行为模式最有效的方式是"目睹——感受——改变"，只有少数是"分析——思考——改变"；而"命令——接受——改变"方式是最难达到目的的。他说："我拿着一把枪对准你的脑袋，强迫你改变行为。但我把枪拿开后，你就可能故态复发。对此，我不会感到丝毫惊讶。如果我真的想要你彻底改变，我就必须从你的价值观、成见和信念入手，因为控制和操纵你的行为的根源是它们。"

思想权和文化权是企业最大的管理权。领导力的高级境界，不在于通过权力控制行为、过程，而是通过影响力引领思想、状态，经营员工的精神世界。

三流领导，人管人；二流领导，制度约束人；一流领导，精神引领人。一流的领导者，一定是精神领袖。在精神领袖那里，80%的命令变成了引导，下属并不是因为接到命令而工作，而是因为接受了教育才努力工作。制度可以使员工不敢犯错误，或者没有机会犯错误；而企业文化能够使员工不愿意犯错误。

具有共同文化基因的志同道合的团体，即使团队成员不断更换，团队精神也能薪火相传、永不磨灭。在电视剧《士兵突击》中，钢七连战士在战争年代获得过很多荣誉。到了许三多这一代，大家仍然以钢七连而自豪，每一位战士都是钢七连精神的体现者。

马云说："员工必须坚持理想、使命感、价值观，一代代地传承下去。像 DNA 一样，这个公司的人可以老去，但这个企业的文化必须继承下来，一代代传下去，才能不断创新。"一个企业长治久安的关键是它的文化被接班人接受，企业文化的遗传性将使企业基业长青。

如果说一年企业靠运气、十年企业靠经营，那么，百年企业靠文化。

企业家文化

联想集团在收购IBM个人电脑业务之后，受2008年国际金融风暴影响，公司遭遇10年来的首次巨亏。2009年，柳传志再次出山，担任联想集团董事长。很多报道说柳传志复出后在新战略制订和执行中的巨大作用，但柳传志在一次专访中坦言自己并没有参与战略制订，他说："我根本没管战略，战略的制订都是由最高层团队做的，我只管企业文化，包括他们制订战略的方法。"柳传志在告诉我们什么？在核心团队给力的情况下，企业一把手甚至可以不管战略，但企业文化却一定要管。由此可见，企业文化建设在柳传志心目中的地位。

任何文化都是独特的，不同的企业就有不同的文化。那么，一家企业的文化特色是谁决定的？王石说："从企业文化的形成角度看，企业初期的创立者，他们的个人信念和价值观对企业文化的形成有很大的作用。"宗庆后说："我所能赋予娃哈哈的，就像李云龙为独立团所赋予的，那种叫作'灵魂'或是'精神'的东西。"不难理解，公司最初的文化内容由创始人的思想状态所决定，无不深深打上其的烙印。

当张瑞敏亲自抡起锤子砸碎几十台质量不过关的冰箱，注重质量的企业文化就深入到海尔员工的内心。乔布斯的个性是随时随地挑战规则、打破传统，苹果公司极力推崇"海盗精神"就象征着团队的创新追求。李彦宏最看重做人简单、工作负责，百度的核心文化就是"简单可依赖"。李彦宏解释：简单，就是公司里没有钩心斗角，没有公司政治，每个人都可以把全部精力放在工作上，使得管理成本大大降低。可依赖，就是上级交给你的任务，你能保证完成；同时，你遇到问题时，上级会帮助你解决。

企业文化就是将企业家的理念固化下来，诉诸各种表现形式，体现于工作的各个环节，贯穿于全体团队成员日常的行为中。久而久之，在人们的观念中，企业家、企业与企业文化三者合一，不分彼此。企业文化的关键词就成为企业家和公司的代名词，正如华为的狼性文化之于任正非，万达的执行力文化之于王健林，沃尔玛的节约文化之于沃尔顿……在IBM公司里，老沃森一向热衷于将复杂的东西变得简单，把一大堆行为规范浓缩在"思考"两个字中。于是，写有"Thinking"的标牌无处不在，每个人看见它都知道那就是沃森，就是IBM。

因为企业文化的灵魂来自创始人，所以，不同企业之间很难进行文化移植和嫁接。移植企业文化，犹如输入不同的血型，难以被接受。如果强行输入，就意味着消亡，像很多被收购的企业那样。

创立企业文化之后，企业家还要领头去实践它。

卓越领导力：优秀企业管理者的成功之道

在苹果公司创办初期，乔布斯曾在办公楼顶悬挂起一面巨大的海盗旗，向世人宣称：我就是与众不同。1982年底，乔布斯特意带着麦金塔电脑小组来到了一处海滩，举行了一次静修大会。在活动开始时，乔布斯写下了那句著名的口号："我们是海盗，这比当海军更有意思，因为当海盗远胜过加入正规军。"当时，所有成员都站了起来，欢呼雀跃之后像"海盗"一样宣誓。乔布斯给了每一位小组成员一件T恤衫，上面绣有麦金塔的口号，他自己也一直穿着这种衣服，成为无数创业者模仿的形象。

企业家既是企业文化的创立者，又是企业文化的首席实践者。因此，企业文化就是企业家文化。张瑞敏说："企业文化是企业家文化，是企业经营者文化，是企业领导人文化。没有优秀企业家，就不可能创造出优秀的企业文化。"

现实中常见的现象是：思想家常常不会干，实干家常常不会思考。不过，IBM公司对全球上千家公司CEO调查显示：优秀的企业高管都有一个共同的倾向：朝着思想型企业家演进。大凡出色的企业家都有自己的一整套思想用来统领团队成员的行动。

很多民营企业家认为小企业不需要企业文化，等做大后再建立企业文化。如果你认同企业文化是企业家文化，那么，你就会发现上述的观点是站不住脚的。惠普公司的两位创始人比尔·休利特和戴维·帕卡德在创立公司的同时，也就创立了惠普之道，形成了基业长青的基因，后来被无数公司学习和仿效。只要是成功的企业，从一开始都会有企业文化，不管你是否想要。

核心理念

  企业文化的内核就是企业的核心理念,它是最高的行为准则。《基业长青》中说:"要成为高瞻远瞩、可以面对巨变、数十年繁荣发展的持久公司,第一步也是最主要的一点,即是明确核心理念。"

  强大的企业,其力量一定来自于共同的理想和共同的操守。与一般公司比,卓越公司会比较彻底地对员工灌输核心理念,创造出极其强盛有力的企业文化,使其成为所有人都信奉并自觉遵守的行为准则。
  杜邦公司在两百多年发展历程中,始终没有变化的是杜邦的价值观——努力解决困扰人们安全、健康、环境的难题,这已经成为杜邦的企业精神，深深浸入杜邦员工的脑海里。

　　卓越公司里唯一神圣不可侵犯的东西就是核心理念，它具有不可违背的刚性，也是不可打破的底线。2005年阿里巴巴收购雅虎中国后，在整合阶段时马云说："什么都可以谈，只有价值观不能谈判。"

　　卓越公司一方面恪守它们的核心理念，另一方面不断转换商业策略和运营方式以适应这个变幻莫测的世界。既发扬核心，又促进发展，实现两者的奇妙结合。不过，有的企业在激烈竞争的重压下失去了内心的坚守，只注重商业策略，实非良策。企业掌门人如果鼓励员工在外不择手段完成业绩，却要求员工对内讲团队精神，不起私心杂念，恐怕很难；企业掌门人如果习惯于在外面搞台下交易、卖假冒伪劣产品，却要求员工对自己讲诚信、献忠心，也是痴人说梦。

企业信仰

华为每年都要举行中高级领导人员的宣誓大会。在会上，全体人员一个一个地举起右手宣读《EMT自律宣言》："我们必须廉洁正气、奋发图强、励精图治，带领公司冲过未来征程上的暗礁险滩。我们决不允许'上梁不正下梁歪'，决不允许'堡垒从内部攻破'。我们将坚决履行承诺，并接受公司监事会和全体员工的监督。"

一、信仰的力量

松下幸之助曾说："真正激励人们百分百投入的动力，不是组织提供的金钱等外部条件，使人们忘记痛苦不断前行的是其内在的组织信仰。"管理学家彼得斯也说过："一个伟大的组织能够长期生存下去，最主要的条件并非结构、形式和管理技能，而是我们称之为信念的那种精神力量以及信念对组织全体成员所具有的感召力。"一个有信念者所迸发出的能量，大于99个只有兴趣者相加的力量发出的能量。这就是信仰的力量。

二、集体信念

1963年，IBM的小沃森在《一个企业的信念》中说："只要看看基业长青的卓越企业，就可以发现，他们靠的不是组织形态或是管理技巧，而是我们所谓'信念'的力量，并以此吸引人才……我相信，企业成功最重要的单一要素，在于坚持这些信念，为企业的发展提供依据和准绳。"

1982年，《华尔街日报》一篇文章指出，IBM的文化灌输极为深入，以致有一位在IBM任职9年后离开的员工说："离开这家公司就像移民一样。"

一位IBM员工的家属曾这样说："IBM确实善于激励员工。我在妻子安妮身上看到了这一点，她可能被某些人的标准'洗脑'了，不过这是好的'洗脑'，他们的确在员工心里灌输了忠心不二和努力工作的精神。"

卓越企业围绕核心理念，创造出和谐的环境，建立信仰般的企业文化。企业文化成为一种无处不在、无时不在的"场"，通过"润物细无声"的方式使全体员工潜移默化，将企业家的理念化为牢固的集体信念。企业文化的根本作用，在于实现权力和制度无法实现的教化之功。

同化·排异·无形制度

  柳传志提出过企业文化"模子"说，意思是联想的文化要形成一个坚硬的模子，进入联想的员工必须进入到联想的模子里面来，凝成联想的理想、目标、精神、情操行为所要求的形状。每一个联想员工，在入职以后3个月内，都必须参加"入模子"培训。否则，就不能如期转正。于是，新员工在老员工的强烈影响下很快被同化。

  心理学里有个"泡菜效应"——将不同的蔬菜放在同一锅汤中，蔬菜都将变成汤的味道，失去各自原来的味道。同样的道理，企业文化具有强大的同化作用。例如，不管什么"颜色"的人进入IBM，都会变成"蓝色"；不管什么性格的人进入华为，都会变成"狼"；不管多有主见的人进入万达，都要学会执行；不管多么有钱的人进入沃尔玛，都要厉行节约……

企业文化也具有强烈的排异作用。

王石说，企业价值观"一旦选定，它对后来的人就有一种筛选作用，志同道合的人会留下来，道不同不相为谋的人就不会加入。"你即使有经验、能力强，如果在价值观层面上与公司不符，就不大可能进入公司；即使进来了，也很难有进一步的发展。韦尔奇甚至将企业变革最大的成功归结为"排斥异己"，这个"异己"就是指价值观不同的人。

企业文化的排异作用不但使得具有不同文化基因的人进不来，也使得具有相同文化基因的人出不去。马云自信地认为："天下没有人能挖走我的团队。"马云的自信心来自阿里巴巴牢不可破的文化"壁垒"，他说："当整个企业的内部文化形成后，你的员工就很难被挖走。其实就像在一个空气很新鲜的环境中生存的人，你突然把他放在一个污浊的环境里面，工资再高，他过两天还是会回来的。"原来，阿里巴巴有着特色鲜明的武侠文化、笑脸文化、倒立文化等。习惯了这种文化氛围的员工，到了别的公司会感到强烈的不适应。

2003年，万科的骨干之一莫军离开了万科。王石预言莫军将在一年后再回到万科，果然应验了。万科另一位叫施虹的员工，跳槽到了另一家公司，收入倍增。后来，她感觉那家公司人际关系难以处理，于是又选择回到了人际关系简单的万科。在这里，她可以专心于业务与创造。

很多企业家习惯用利益来吸引人，但经常遇到一个非常头疼的问题：无论你给他（她）多大的利益，别人都可以给出更大的利益来将他（她）挖走。但是，对于那些有着深厚企业文化的公司，这个问题就不那么严重了。

　　企业文化这种渗透于整个公司的无形力量,使员工不需要企业掌门人的提醒便能自动自发地工作;在企业掌门人不在甚至已经离开之后,员工仍能按照企业掌门人的要求去做。
　　成熟的企业文化,实际上就是无形的制度。

信则有，愿则成

你是否注意到这样的现象：那些卓越的公司虽然都有自己的价值观、使命等核心理念，但不同的公司的核心理念是不一样的，有的甚至差别很大，为什么这些企业都能够成功？在讨论这个问题之前，让我们先来看看下面这个著名的心理学现象。

1960年，哈佛大学的心理学博士罗森塔尔在美国加利福尼亚州的一所学校做了一个实验。新学期开始的时候，校长对两位教师说："根据过去三四年来的教学表现，你们是本校最好的老师。为了奖励你们，今年学校特地挑选了一些最聪明的学生给你们教。"校长格外强调，这些学生的智商要比其他学生高很多。两位老师听后，知道自己教的都是

第二篇 控 制

智商很高的孩子，心中充满了自豪感，非常努力地投入到教学中去了。一年以后，这两个班级的学生果然成了全校最优秀的，他们的平均成绩比其他班级高出一大截。其实，这两个班的学生并不是什么高智商的孩子。他们是从所有学生中随机挑选出来的。这两位老师也并不是本校最优秀的老师，而是从所有老师中随机挑选出来的。但是，两位老师和两个班级的学生事先都相信自己是最优秀的。在他们的努力下，结果真就变成了最优秀的。

上面的试验就是神奇的"愿则成"现象——只要相信能实现，终将变成现实。哥伦比亚大学的社会学教授罗伯特·K．默顿称这种现象为"自我实现的预言"，即当一个人预言什么事情将要发生的时候，这个期望会改变此人的行为；而改变了的行为使得事情要发生的概率更大。

在企业中，一个胆大包天的目标不应该是一个必胜的赌博，只要有50％以上成功的可能性就可以了。但是，那些卓越的企业领导者，能够让每个人相信世界上没有不可能，相信能够到达他们从未到达过的地方，并为此全力以赴。这就是优秀企业家常常将"白日梦"变成现实的秘密。

柯林斯在对大量企业的长期研究中也证实了"愿则成"原理。他发现，与业绩息息相关的并不是公司价值观的内容，而是人们对这些价值观的信念。换句话说，公司的核心理念很重要，但核心理念的内容不重要——只要能够成为人们坚定的信念就行。柯林斯曾为此发现感到十分惊讶，觉得不可思议，难于接受，但又不得不尊重事实。在《基业长青》和《从优秀到卓越》两本书中，柯林斯都花费了不少篇幅详细阐述这一发现。

虔诚的"教主"

　　对于企业中的最高领导者，最重要的任务就是用巨大的毅力把自己的梦想和追求传播出去，不断地将团队的价值观、使命、愿景和目标与所有人分享，说服他们，影响他们，激励他们，让他们思考，让他们理解，让他们觉悟，形成坚不可摧的信念。企业家要将公司的全体员工塑造成潜意识的"一致行动人"，让他们都成为一个个具体的企业家的化身，每天践行着企业家的理念和精神。

　　在那些文化氛围浓厚的公司，你会发现每一个员工都情不自禁地做着符合公司理念的"下意识"动作，让每一个外来的人都能明显地感觉到公司员工的语言风格、行为举止都有着惊人的相似性。而这种带有公司性格烙印的动作,每天都发生在公司的各个角落,正如马云所说:"你必须让每一个员工,甚至门口的保安、搞清洁的阿姨都明白你的使命感才行。"

伟大团队的领导者必须是虔诚的"教主",具有将理念灌输给他人的能力。谷歌前首席执行官埃里克·施密特曾评价乔布斯:"我是该领域的博士,但他的魅力非常大,以至于能说服我相信自己实际上并不相信的东西。"

一、内心笃信

纵观古今中外的伟人,他们身上最相似的一点就是:坚守某种志向,献身某种信仰。他们无论在事业低谷期,还是在一穷二白的时候,都会执着于最初的信念。

定位于为城市人群服务的58同城,在2005年创始之初,几乎不被所有互联网界人士看好,大家认为58同城太低端。58同城从创立到2013年在美国纳斯达克上市的8年中,中国互联网行业热闹非凡,各种很炫的互联网模式此起彼伏,58同城似乎一直处于边缘地带,不怎么被业界关注。甚至直到上市前夕,还有媒体宣称58同城很快就要破产。这期间,虽然来自社会、投资人、公司员工的质疑声此起彼伏,但作为创始人的姚劲波一直坚持自己的方向不动摇。他坚定地认为——"未来的十年,中国的蓝领一定会崛起"。他告诉人们,58同城做的是一个长远的事业,跑得很长,要将满足感延迟到5年以后、10年以后。2016年,58同城将年会放在了北京最高档的酒店,以此来改变人们对中国蓝领的看法。

一个人只有笃信某种理想,才会在言行中自觉不自觉地流露出真情实感,才能感染、打动别人,才能感召他人拥有同样的理想,然后一起实现理想。

　　一些企业也有自己的愿景、使命、价值观，但言不由衷，认为这些只是用来说给员工、客户听的，企业家自己并不真心相信，并不认为公司将来真会往这个方向去，但又怕说出真心话来员工不跟着他拼命干，就做做表面文章。一些企业家对外宣称，要将自身所处的行业当产业来做，但实际上只当一个具体项目来做；有的人对外宣示了自己企业的社会责任，但内心想的是把钱赚够就行；有的人对外声称诚信为本，可做起事情来不择手段。企业家如此忽悠，虚情假意，下属是不为所动的。企业家也会因此降低自己的领导力。

二、终身"布道"

　　每个人都生活在自我设想之中，都有不同的意愿和想法。因此，企业文化建设，从来都是一个最具挑战的问题。

　　对理念的传达不是一劳永逸的。否则，它就会逐渐消退。任正非说："想要提升企业内部全体员工的思维方式和行为方式，单纯靠管理者开一两次动员大会，或者靠一些文件的传达来令员工认同并贯彻企业的文化，这样的做法是不见得有什么成效的。"组织心理学家告诉我们，要让一个人接受一种新想法，你至少要对他讲6遍以上。所以，企业家必须身先士卒，善用每一个机会，通过各种手段，采取各种措施把你的鼓舞人心的故事一遍又一遍地向员工们讲述，简直要说到被人当成废话的地步。李·艾柯卡说："有生之年，我大部分时间都在推销，不是卖产品，就是传播新观念或是价值观。"

　　20世纪创立京都陶瓷之后，稻盛和夫只要有机会，就会不停地和员工们讲他的目标，坚持向所有京都陶瓷的员工描绘更大的梦想，甚至在喝酒吃饭时，他也会像念经似地说："早晚要成为日本第一，世界第一。"起初，大家都当耳边风。但听的次数多了，几回、几十回之后，大家就开始当回事了。稻盛和夫说："我就是要说到大家的心里去。"

那些杰出的企业家，不仅向全体员工，还不断地向他人、向社会、甚至向全世界宣讲自己和公司的理念和追求，并且极具说服力。其中，柳传志、任正非、马云等给人印象极深。他们的讲话都极具煽动性。如果你关注马云，你会发现他几乎不会放过每一个机会和场合推销阿里巴巴的愿景和理念。马云在一次会议上介绍自己的团队时，用了一句精辟的话描述自己的领导角色——"我是我们公司的说客，是光说不练的人"。

有些喜欢低调的企业家认为：只要公司高管或核心层知道公司的战略、目标、愿景就够了，外围人员是否知道无关紧要，普通员工只需要完成任务就行了。这无疑是肤浅的看法。现实中，的确有很多企业的普通员工不知道、不认同公司的远景规划，甚至认为与自己关系不大，当然就更不清楚自己的工作是如何对公司的总体目标产生影响的。这样的团队，何来战斗力？

三、讲故事

出色的企业家善于把自己的想法表达出来，常常"拨开云雾见青天"，具有强大的说服力。他们善于将自己概念化、抽象化、理念化的想法清晰直白、生动形象地展示给大家，让所有人一听就懂、一看就会，而且朗朗上口、记忆深刻。

领导力专家诺埃尔·蒂奇在《领导力引擎》中倡导企业领导者不要苍白无力地讲道理、讲条文，要学会开发自己的故事，用故事传播组织愿景和价值主张。他认为企业领导者要开发并会讲3种故事：第一种故事，我是谁的故事（自己的价值观）；第二种故事，我们是谁的故事（团队的价值观）；第三种故事，我们将向何处去的故事（公司愿景）。

卓越领导力：优秀企业管理者的成功之道

　　哈佛大学著名心理学家霍华德·加德纳在《领导心智》中，从认知心理学的角度提出"领导者讲故事"的观点，这成为他的领导力核心理念，受到沃伦·本尼斯的高度赞誉。霍华德·加德纳认为：创作和讲述故事是领导者的基本技能，高效的领导者往往是善于讲故事的人。故事的重要性在于它能同时打动人类心智的两大方面：理性和情感。

　　国内的管理学者普遍感到很难说服中国的企业家，让他们相信企业应该有超越利润的目的。其中一个重要原因，可能是我们的学者们善于讲大道理，不善于讲故事，无法打动人心。

文化传播系统

　　企业家要亲自抓企业文化,但绝不能是"一个人在战斗"。企业文化建设必须得到组织策略和决策流程的支持,贯穿于日常管理工作中,让公司的全体人员都担负起建设企业文化的重任,来保障企业文化的打造、传播和传承。张瑞敏曾说:"我们把灌输海尔文化、培育创新精神,作为新时期企业思想政治工作的首要任务来抓。"

　　企业家首先一定要用坚定的信念点燃核心团队的激情,让他们坚信无比。然后,核心团队一起摇旗呐喊,并通过他们日常的言传身教,将企业家的信念传递给他们的下属及下属的下属,直到整个团队都烂熟于心并深信不疑，达到《孙子兵法》中"上下同欲者胜"的境界。

王石说："万科的管理层都是企业文化的身体力行者，万科很多老员工受万科文化的影响已是深入骨髓，他们的行为、他们对周边同事的影响是万科文化得以延续的最重要方式。"万科的"王石时代"，万科的高管每年年底都要到各地分公司去巡回宣讲。宣讲的很多内容都涉及万科的核心价值观。这种办法对于传播万科文化发挥了巨大的作用。也可以说，万科的核心理念都是通过创始人团队的言传身教形成的。

当团队都与企业家一个声音时，共振的威力无比巨大。企业家的理念将不再局限在小圈子，而是迅速地走出企业，传遍大街小巷，传遍世界各地。

大型企业里都会设置专门的企业文化建设部门，为公司创立口号、歌曲、行为准则，编辑手册、报刊，建立培训基地等。海尔有企业文化中心。张瑞敏要求"企业文化中心致力于传播的是企业文化、管理模式，而不是投资额度、盈利指标。账面上的一时得失不在我们的视野之内，企业长远的价值才是我们的立足点。"腾讯早在2006年就成立了一个跨部门、跨功能的团队——文化委员会，由马化腾亲自督阵。腾讯的文化委员会的主要任务就是让文化实现规章制度之外的教育。

培训是最强有力的企业文化传播手段。除了通过会议等各种聚会的机会进行正式或非正式的培训，很多企业都设有专门的培训基地或学校。在培训学校里，企业文化是培训的主要内容之一。

IBM 的小沃森在《父子通信缔造 IBM》一书中说：在他们创立的学校里，"每一样东西都在激发忠心、热忱和崇高的理想。IBM 认为，这是成功之道"。在他们的学校里，老资格的员工穿着中规中矩的 IBM 服

第二篇 控 制

装，学员们每天早上在四周贴满公司各种座右铭的标语和口号的环境下站立起来，选唱《IBM 歌曲集》里的歌。后来，IBM 的新人都要求学习"三项基本信念"，学习公司文化特有的语言。IBM 极其出色的企业文化教导、灌输过程，保证了让所有人变成"蓝色"。

发行内部报刊、宣传手册及网络宣传等是常见的企业文化传播途径。IBM 的机关报是《商用机器报》《思考》；海尔创办了《海尔人》《海尔新闻》，还向每个员工发放一本《海尔企业文化手册》；万科于 2004 年就创办了《万科》周刊，是业内著名的企业刊物之一，《万科》明确地宣称其宗旨就是"弘扬万科文化，彰显企业价值"……王石还曾经说过："另外，集团内部网、内部论坛、价值观宣传卡片、职员手册、12 条沟通渠道，还包括我们每年一次的集团全体员工参加的'目标与行动'沟通会等形式都是企业文化很好的宣导方式。"

开展公司运动是铁腕企业家的常用手段。华为曾搞过"集体大辞职"，引起极大轰动，将任正非的危机意识、竞争意识深深地印在了华为员工的脑海里。许家印经常在企业里发动运动，如"严肃纪律"运动、"彻底清除三种人"运动，在企业文化打造期发挥了很大作用。马云在公司出现思想混乱时，进行了他自称的"延安整风运动"和"南泥湾开荒"等活动，来统一思想、灌输价值观。马云明确地说出了此举的目的："整风的目的就是把不跟我们有共同价值观、共同使命感的人，统统开除出我们公司。"

第三篇
激 励

如果一个员工没有做好他（她）该做的事情，只有两种原因：要么"不能为"，要么"不愿为"。前者是缺乏能力，后者是缺乏动力。

工作绩效 = 愿力 × 能力。能力只代表可能性，要让一个人努力做事，更需要解决必要性问题——愿力。愿力取决于人的意愿、自觉性、积极性。没有愿力，能力再大也没用。因此，企业必须建立激励机制来激发员工们的动力。

哈佛大学组织行为学教授威廉·詹姆士曾对 2000 名工人进行测试，结果发现：按时计酬的分配制度能让员工发挥 20%~30% 的能力；如果员工得到了充分激励，就能发挥 80%~90% 的能力。由此，他总结出"士气等于 3 倍的生产率"，这已成为管理界的名言。

在任何一个企业里，那些最优秀、最有奉献精神的人，都是自愿者。激励，就是采用正确的方法使员工从"要我干"变为"我要干"。

领导力专家约翰·麦克斯韦尔总结的成功企业家的 3 个显著特点，其中之一就是"挖掘人的潜力"。看一个企业家的领导水平，就看其员工干工作的努力程度。在惠普，高层主管将激发热情的能力确定为经理的遴选标准。1921 年，钢铁大王卡耐基给了第一任总裁查尔斯·考比高达 100 万美元的年薪。原因何在？考比自己透露了谜底，他说："我认为，我能够使员工鼓舞起来的能力是我所拥有的最大资产。"

激励人心的技巧毫无疑问是企业家最重要的能力之一。卓越的企业家就是激励大师，能够使团队始终处于积极的工作状态。

第一章
成就员工

稻盛和夫创办京都陶瓷的第三年，发生了一件改变他思想的大事情。一批入职一年的员工集体要求未来按年加薪。否则，就集体辞职。稻盛和夫做了大量沟通、安抚工作，最终平息了事件。通过这件劳资纠纷事件，他大彻大悟了，他说："这次纠纷教育了我，让我明白了企业经营的真义——经营者必须为员工精神、物质两方面的幸福殚精竭虑、倾尽全力，必须超脱私心，让企业拥有大义名分。这种光明正大的事业目的最能激发员工内心的共鸣，获取他们对企业长时间、全力的协助。"从此，"追求全体员工物质与精神两方面的幸福"成为稻盛和夫终生不渝的经营理念。稻盛和夫的经历告诉我们：企业家的高级境界不是我要成为谁，而是我要为了谁。

导　读

职场激励新问题

助人者自助

职场人士的三大需求

成就员工，托起企业家

财散，人聚

"金手铐"

必要成本

超越金钱，成为领袖

功劳归下属

职场激励新问题

　　古典管理理论学派强调严格管理，认为管得严才能出效率，但现实并不是这样。19世纪至20世纪上半叶，在早期的工厂制度下，工人的消极怠工成为工厂主非常头疼的问题。为了解决这个问题，工厂主们曾经制订了很多严厉的惩罚措施，甚至雇佣工头通过罚款、鞭打、解雇等手段来督促工人们干活，但情况依然没有多大改变，反而引起劳资双方的严重对立。工人们时常毁坏机器、货物，经常集体骚乱甚至罢工。问题在于，严管的办法不能使人主动、努力地往前冲，无法很好地解决员工的工作动力问题。

　　企业能够爬上巅峰，有赖于全体员工尤其是一般员工都愿意全心全意地付出。你可以用钱雇佣人到任何工作岗位，你可用钱买到一个人的时间，但买不来一个人的热情，买不来一个人的创造性，更买不来一个人的倾心投入。

张瑞敏说："盘活企业，首先要盘活人。如果每个人的潜能发挥出来，那么每个人就都是一个太平洋，都是一座喜马拉雅山，要多大有多大，要多深有多深，要多高有多高。"任正非在《要从必然王国，走向自然王国》中提出：企业管理要有"无为而治"的思想。意在通过激发员工的工作动力，自觉自愿地工作。

如何激发员工的潜能呢？张瑞敏把企业比作一条河，每一个员工就是这条大河的源头，员工的积极性应该像喷泉一样喷涌而出，而不是靠压出来或抽出来。

自20世纪80年代以来，第三产业逐渐发展成为经济主流。公司的雇员们已经不再只是出卖体力劳动，他们大多是贡献技术和知识。这就带来一个问题，那就是如何准确地衡量他们的绩效。体力劳动的产出很容易衡量，只要看看产品的数量或工程的进度就行。但是，对于用脑的员工来说，要衡量绩效就比较费事，有时甚至很难列出衡量的标准，因为他们的工作包含很多创造性的工作内容。

德鲁克《21世纪的管理挑战》的推荐序里说："在20世纪，'管理'最重大独特的贡献就是将制造业里的劳工生产率提高了50倍之多。在21世纪，'管理'需要提供的最重要的贡献就是提高知识工作和知识工作者的生产率。"如何提高知识员工的效率呢？如果说计件工资制可以使20世纪的工人们加班加点，但你的计算机工程师和企业经理们还会欣然地吃这一套吗？

全球知名的商业调查机构——盖洛普公司2011年、2012年连续两年对全球雇员工作投入程度进行了调查，结果显示：一家公司中平均有50%~60%的员工没有正常发挥能力；有12%~20%的员工在消极怠工；敬业的员工比例仅为13%。由此可见，工作"愿力"问题是世界性难题，不容乐观。因此，在现代管理学中，激励变得越来越重要，已成为企业管理的重头戏。

助人者自助

在这个世界上,每个人做事目的不同,有的人为了赚钱,有的人为了养家,有的人为了实现个人价值,这些都不能算错。但是,作为企业的一家之主,企业家如果仅仅把实现个人目标当作首要目的,而不是改善员工的生活、让员工有所发展,那就会把所有的资源(包括工厂、机器,乃至全体员工)都当作实现其个人目标的工具。企业家这样做无法凝聚员工齐心协力地工作,无法让员工与自己风雨同舟,因为员工很难从内心深处产生必须持续努力工作的欲望。

被誉为"科学管理之父"的泰勒在他的《科学管理原理》中明确指出:"管理的主要目的应该使雇主实现最大限度的富裕;同时,也使每个雇员实现最大限度的富裕。"只有这样,才能将以实现企业家个人理想为目标的公司转变为实现全体员工理想的公司。

在某家中外合资企业里,总裁办公室的一张桌子上摆放着一块写满了密密麻麻小字的大白板。这些小字是公司员工的姓名和他们这一年的目标。这些目标多数不同,有的人希望自己在这一年里能够晋升为主管,有的人希望自己能够多挣钱,有的人希望能够掌握一门新技术,有的人希望将父母接到自己身边,等等。总裁为什么要这么做?他是这样说的:"正是由于每位员工的齐心协力、努力付出,公司才得以生存发展下去。因此,作为领导者,我有义务和责任帮助员工实现各自的愿望和目标。之所以摆放在这里,是因为如果能够时时关注员工的目标和期望值,并在适当的时候给予真心地帮助,那么,员工赋予公司的将会更多。"

领导,就是能影响别人的人。影响人,最有效的办法就是帮助他人。这就是"助人者自助"。

在马斯洛的理论中,激励和需求的关系十分紧密。人因需求而产生动力,但一旦某种需求得到满足便不再是动力的来源。简单地说,如果我们希望激励一直有效,必须先确定员工有哪些需求尚未得到满足,以及哪些需求更迫切。

职场人士的三大需求

今天的职场人士主要有三大需求——获取财富、看到前途、精神追求。三大需求产生强大动力。谁能让他（她）看到希望，满足他（她）的三大需求，他（她）就跟谁走。

一、获取财富

员工的首要目的一定是赚钱，以养家糊口并实现财务自由，这一点毋庸置疑。所以，企业家就要充分理解员工的金钱观。

管理学期望理论认为：期望与实现的差异，决定了人的精神状态。员工对收入的满意度，不是取决于收入的绝对值，而是相对值，即与其他人的比较值。研究发现，消极怠工严重、人员流失率高的企业，普遍是薪资低于同行业平均水平的企业。所以，一般情况下，企业家应该给员工高于行业平均水平的工资，才能稳定员工。《华为基本法》中就有这样的规定："华为公司保证在经济景气时期和事业发展良好的阶段，员工的收入高于区域行业相应的最高水平。"

当年，诺基亚为何能快速崛起，霸占全球手机市场？他们每年拨出专项经费，委托专业的第三方市场调查公司进行大规模的调查，掌握行业薪酬状况。于是，他们能够做到使员工的薪酬待遇总比市场平均水平高出一截，而且，员工级别越高，高出的比例越大。例如，3~5级员工待遇是行业平均水平的1.05倍，6级员工则是1.11倍，7级员工达到1.17倍。

我国有不少企业一直重视提高员工待遇。太平洋集团在若干年前给公司司机定的工资就超过1万元。华为员工的高薪是出了名的，远远高出深圳一般企业薪资水平。史玉柱虽然不给员工股份，但给的待遇比股份分红还高。史玉柱的公司的岗位待遇为同行的120%以上。马化腾说："我们根据员工岗位性质为员工提供业内富有竞争力的固定工资，并且，每年我们均会对绩效表现优秀的员工进行薪酬调整。"在这些公司里，员工高薪与企业发展之间形成了良性互动。亨利·福特曾指出："公司的兴旺与员工得到的待遇密切相关的，它们之间是互为因果关系，这就是企业成功的因果法则。"

在一个公司中，基层员工对收入的敏感度最大。从激励角度看，给他们发钱最管用。美国戴尔公司首席执行官赫布·鲍姆曾说："对公司高管而言，1000美元不值一提，但对于要供养孩子上学或负担父母医药费的人来说，这是很有帮助的一大笔开支。"马云指出："你对广大员工增加一些工资，那么，士气会大增。"

对于基层员工，企业家应该主要与他们谈钱的问题，与他们形成利益共同体。

对于高级人才，企业家要向古人学习，舍得"千金买骨"，舍得像燕昭王那样筑"黄金台"，才能吸引他们源源不断地加盟。任正非说："高工资是第一推动力。"比尔·盖茨说："我们用最高的工资聘用最出色的人。"要获得世界最高水平的人才，就要给他们支付世界级的薪资。

胡雪岩在聘请得力助手周一鸣时就采取了高薪的办法。

周一鸣原本在别的钱庄工作，收入不错。胡雪岩在与周一鸣的交谈中得知，他希望今后每年能挣200两银子，两三年后把妻子和父母接到杭州城一起住。于是，胡雪岩开出的条件是：给周一鸣一年600两银子，外加年终分红；并且，还预支一年的工资，以便其提前将家人接到杭州来。

后来，周一鸣在胡雪岩的阜康钱庄表现得相当出色，为胡雪岩效力了几十年。

有的企业家可能觉得自己的企业不怎么赚钱，没法给员工更高的工资待遇。那么，你问自己这样一个问题：在现有条件下，我是否舍得尽力提高员工待遇。假设是另一个人而不是任正非掌管华为，他给员工的待遇比任正非给的更高还是更低呢？答案很可能是后者。所以，决定员工待遇高低的，主要是企业家。

一项调查显示：人员工资占产品制造成本的比例，中国企业一般是10%以下，而欧美国家在50%左右。这说明我们企业的人工成本是偏低的。

有一种很时髦的说法：对于那些以挣钱为第一目的的员工，企业家应该拒之门外。这种说法是不对的。不避讳谈钱的员工，是直率和坦荡之人。员工来到你的公司时，毫无疑问，心里一定要盘算钱的事情，只是有些人不表达出来。在招聘员工时，如果不先说清楚能拿到多少钱，入职后一定不会安心工作，更不会尽力。对金钱有强烈愿望的员工，很可能冲劲十足。这正是公司需要的人。相反，不喜欢钱的员工未必是公司需要的。什么原因呢？工作不全是乐趣，还有压力、坚持和责任。如果哪个员工真的像神仙一样不爱钱了，没有这方面的需要了，那公司对其还有可控性吗？

马云指出："收入和理想你都得有，软硬两手抓——光讲收入的话，人家一定能把你的员工挖去；光讲理想，一开始可以，后面大家饿了，还是走了。所以，你在理想到实践的过程中，要确保收入也是每年在提高。"也就是说，企业家要一边给理想，一边给实惠。前者解决将来，后者解决当前，缺一不可。任正非说："我们提倡精神文明，但我们常用物质文明去巩固。"可谓精辟至极。

二、看到前途

史玉柱的网络游戏《征途》完成后，挣扎了两年都没有再出好产品。原因在于，每个创业的老员工都进入了公司中高层，都富有了。很多人开着奔驰、宝马上班，失去了先前的动力。这时，靠增加点工资奖金已经无关痛痒。为了解决这个问题，史玉柱采取了子公司制。每个项目中，员工出钱占49%的股份，公司占51%的股份。这样一来，大家就绑在一起了，工作动力又恢复了。公司二次转型宣告成功。

史玉柱的高明之处就在于他让员工看到了更大的希望、更灿烂的明天，而不是昨天的重复。

企业不能仅仅着眼于提供眼前的薪水，还要使员工通过努力赢得自己的前途，即未来职位的晋升、能力的提升和收入的倍增等，增强他们对事业的成就感以及对企业的归属感。为此，凡来公司工作的员工，企业家都要为他提供明确的职位晋升路线图、收入增长计划、学习培训方案等。同时，企业家要宣布公司发展规划，因为只有公司不断做大做强，才能满足员工们对前途的期望。

如果说员工当前收入待遇问题容易受到企业家的关注，那么，他们对未来的希望则常常被企业家忽略。据怡安翰威特咨询公司公布的"亚洲地区最佳雇主"调查显示：中国企业的员工一致将职业发展列为雇主应该提供的最主要的东西，甚至超过了薪水和福利。这说明提供职业发展是中国企业的薄弱环节，这也是导致员工流失率高的主要原因之一。马云说："一个员工离开，一定有很多原因，但其中有两条最为重要：一是给的钱不够，让他感觉自己的付出收入比不对等；二是感觉跟着你混没有前途，看不到希望。"

公司中层人员对收入的敏感度比基层人员要低。他们在追求经济利益的同时，更会注重前途。他们将公司视为发展自我、成就自我的舞台，希望将来成为公司的高管，进入公司的核心层。如果从事的是他们认可的行业，他们希望能够长期从事该行业，不断积累经验和资源，不断提升自己的职业价值，成为该行业的资深专家。因此，对于公司的中层人员，企业家除了与其谈钱，还要谈事业，与他们成为命运共同体。

三、精神追求

万科对员工精神世界的关注给人留下了深刻的印象。万科的企业宗旨是"建筑无限生活"，含义之一就是了解员工的追求，提供一个成就自我的理想平台。万科倡导"创造健康丰盛的人生"，意味着持续提供超越员工期望的发展空间和报酬，让员工自豪，也意味着工作不仅仅是谋生的手段，工作本身应该能够给大家带来快乐和成就感。

第三篇 激 励

有的人可能已经实现了财务自由，职位也已经很高了，甚至已经成为行业专家名人。对这种人，企业家该怎么激发他们的动力？

当发现下属丧失了自我挑战的动力时，企业家必须动脑筋去创造让这种动力源源不断的环境，提升他们的需求层次。事业越大，收入、职位越高的人，越迫切需要一个精神家园，找到生活的意义，最终满足最高层次的需求——自我实现。

一旦某个人人生激励的来源是自我实现，他（她）工作的动力将不再受局限，自我实现的动力将不断激励其随时挑战自我极限，往上突破，超越巅峰。如果说其他激励来源一旦在需求得到满足之后便不再生效，那么，自我实现、追求成就的需求往往永无止境。这是自我实现有别于其他激励方式最重要的特点。马斯洛说："每一个自我实现的人都献身于某一事业、号召、使命和他们热爱的工作。"古今中外那些伟大的历史人物，都属于这个范畴。

对于公司高管，企业家除了要与他们谈报酬、谈事业，更重要的是要与他们谈理想、谈追求、谈思想、谈文化，形成精神共同体。这是企业家激励高层人员的不二法宝。

成就员工，托起企业家

柳传志于2003年7月在接受《第一财经日报》记者采访时说："我的人生目标不是追求个人财富，而是要让我的家人、我的朋友以及所有与我一起努力奋斗的同事们，都能够与我共同分享这份产业。"他不是在唱高调。联想集团为了培养新一代人才，为他们解除后顾之忧，在1992年银行还没有开展房贷业务之时，就采取公司担保的办法为联想的年轻精英们（27岁的杨元庆、28岁的郭为、24岁的李岚、40岁的王平生等）解决了三居室住房问题。这就是联想著名的"72家房客"故事。当时柳传志等还在住老式房子，甚至筒子楼。此举让那批受益者感动不已。郭为当时就私下对人说："老柳这次如果给我一套房子，我就把这

第三篇 激 励

辈子交给老柳了。"这是发自追随者的肺腑之言。企业领袖，就这样被众人托起！

企业家应将目光投向超越个人意志的东西，焦点在团队，领导力由此产生。孔子说："己欲达而达人，己欲立而立人。"企业成就员工的同时，员工成就了企业家。你使多少人成功了，你就有多少成功。你使千千万万人成功了，你就领袖群伦。

格力的董明珠曾经看好一个接班人。有一次，工作需要那人周末到北京办事，他却说："我周一去行不行？"此事之后，董明珠便放弃了他，因为她认为这样的人放弃自我的可能性很小。董明珠说："你的职务越高，得到的越少，而不是越多，因为你是一个标杆。你只有放弃个人利益，成就大家的利益，你才是一个好的领导……一个领导者，时时刻刻所想到的应该是'大家'，而不是自己的'小家'。"

当企业发展到一定规模时，如果不能将"做生意"转化为"做企业"，就会严重束缚经营者的战略选择，导致企业无法进一步做大。"做生意"与"做企业"最大的区别在于：前者是经营者个人利益的最大化，后者则是保证团队利益的最大化。现实中的大多数企业家其实都想做事业，但能够得到员工响应的人并不多。根源在于，员工没有与企业家同步，只想与企业家做买卖，因为企业家只想让员工做帮手或陪衬，帮其实现个人的事业。

财散，人聚

沃尔顿曾总结过他成功的十大规则，其中第二条就是"与所有同事分享你的利润，把他们视为合伙人。"通用电气的韦尔奇说他的工作只有三大内容——选对人、分对钱、传达意见。韦尔奇将"分对钱"作为他的三大主要工作之一，这可能与很多"日理万机"的企业家大相径庭！是否乐于给员工分钱，是否乐于看到员工发财，是衡量一个企业家格局的重要标准。

一、分享财富，凝聚人心

"老干妈"品牌是公认的奇迹。小小一瓶辣椒酱，一年的销售额是几十亿元。掌门人陶华碧没有读过书，不懂什么高深的管理理论。但是，她拥有一个朴实无华的法宝，就是在员工的待遇上舍得投入。公司为员工包吃包住，陶华碧还经常给他们发各种福利。他们的工资福利待遇在贵阳是最高的。

任正非曾坦言：华为今天的成功，与他从小从父母身上学来并养成的不自私有密切关系。的确，任正非将华为98%以上的股份都分给员工了。他说："真正聪明的是13万名员工，以及客户的宽容与牵引。我只不过用利益分享的方式，将他们的才智黏合起来。"

对于分享之道，马云做了个非常形象的阐述："一个人捡到了一块大黄金，你把它藏在家里，所有人都惦记你那块黄金，这是不安全的。如果你把这块黄金打碎了送给大家，每人一块，你自己可以稍微留得大一点，你就没问题，大家都愿意来帮你。企业家有这样的格局才能做大。"牛根生曾评价马云说："我发现马云大手笔分钱的能力非常的强。这就是他的分享能力。所以，财散就能聚人。"

判断一个企业家前途怎么样，不是看他（她）现在多富有，而要看他（她）的手下人穿什么衣服、开什么车、住什么房。

二、先分钱，后赚钱

刘邦向手下大臣们问他战胜项羽的原因时，王陵说："陛下使人攻城略地，所降下者，因以予之，与天下同利也。"这说明刘邦是一个乐于分享财富的人。刘邦在打天下的过程中，缺钱、缺粮、缺人，所以就大肆用土地做奖品。刘邦先后多次将大片土地分封给手下重臣，包括张耳、臧荼、韩信、彭越、英布等。有时，刘邦甚至奖给土地"期权"——谁打下那片地就封给谁。

聪明的企业家用财物厚赏员工，不与员工争利，实际上就是把本来不为自己所拥有的东西，提前当作自己的来支配使用。何乐而不为呢？

不少企业家成天忙着去挣钱，沦落为公司最大的业务员，其实是不对的。企业家要把挣钱的事情分配给下属，自己先想好将来怎么分钱，并向员工交代清楚。分钱的事情做好了，赚钱就是自然的事情。

在平时的工作中，企业家在给下属派任务、提要求之前，应该首先和员工谈钱，明确告诉对方：任务完成了，他（她）能拿到多少，使其有了明确的预期，动力自然就来了。这个时候，下属就不必分心去想钱的事情，专心致志地干好工作。如果企业家有意回避或者忘记了谈分钱的事情，就会让下属产生被忽悠的感觉。结果，他们消极怠工，甚至贪赃枉法。企业家不主动谈钱，员工就要被动谈钱。

"金手铐"

在一个小品中，有人问："青春痘长在哪里自己不操心？"答案是"长在别人脸上"。一个人最关心的，只能是自己的事情。有研究表明，如果下属只是同意配合你做事，公司成功的概率是30%；如果下属对你保证说"我一定尽力干"，公司成功的概率达到50%；如果下属把公司的事当成自己的事，公司成功的概率可以提高到90%。李彦宏说："一个成功的企业应该注重营造这样一种氛围，让每一个员工都觉得自己是企业的主人，将个人的事业发展融入企业的目标中，与企业荣辱与共。"

让员工有主人翁的感觉，最根本的办法就是让他们持有公司股份，此所谓"恒产者有恒心"。因此,公司股份被形象地称为"金手铐"。20世纪50年代,美国凯尔索富特环球有限公司首次提出了利益捆绑的"员工股份制",之后风靡全球。

沃尔玛早在1971年就实施了一项由全体员工参与的利润分享计划,较早地实施了合伙人制度。现在,企业经营已经进入合伙人时代,此谓共同持股、共同创业,很少有哪家大企业或新创企业没有股份激励了。在这方面,华为走得最远。华为的一半以上员工都是股东,多达10万人,在中国绝无仅有。这"最大员工持股比例""最多持股人数"与"最大民营企业"之间,难道没有因果关系吗?华为创立前十年,管理其实很差,权力也很分散,华为总部居然从未开过办公会。在如此混乱的情况下,公司居然实现了飞速增长。其最大的秘密恐怕就是任正非在华为创立时就制订了股权制度,慷慨大方地向员工释放股权,吸引了一批又一批优秀人才为华为效命。任正非当初不懂管理,但大胆放权,充分发挥了这些优秀人才的作用。

2001年8月,腾讯公司创始人之一陈一丹召集腾讯的核心层召开了一个会议,他手里拿着一叠白信封,并一个一个地发到大家的手里,信封里装的是一张纸,上面写满了一堆英文和数字。陈一丹告诉大家:"我们腾讯在未来的一天是要上市的,这是大家的期权。每个人要交一元钱,必须是一港元。"在那个年代,这一举措还比较罕见。腾讯今天能够成为这么大的公司,一定与他们先进的激励措施有关。

员工持股除了能够建立主人翁意识,还能够建立集体观念。因为股权体现的是整个公司的价值,而不是某个部门的价值。这样,股权拥有者就会自然地着眼于整个公司的利益,而不再局限于自己的小团体。如此,公司就能够有效地避免各自为政,增强协作。毫无疑问,股权激励比部门奖励更能推动整个公司的发展。

第三篇 激 励

　　股权、期权激励在过去往往仅限于公司高层，而且所占比例很少；现在则广泛延伸到普通员工，很多企业已经将其比例扩大到 60% 以上。同时，企业家的股份比例却越来越低。马云在阿里巴巴的股份不到 10%，马化腾现在持腾讯的股份不到 20%，比尔·盖茨现在持微软的股份不超过 10%。

　　有的企业家担心，自己的股权低了会失去在员工心目中的分量，失去号召力。对于这个问题，马云在 2003 年接受《财富人生》访谈时说过：一个公司的领导者绝对不能用自己的股份来控制这家企业，而应该用智慧、胸怀、眼光来管理、领导这家企业。如果所有人都是因为你控股而跟着你，这没有意义。马云还说过这么一件事：有一个美国投资者曾经问他，为什么中国企业规模很少有超过 20 亿美元的？马云认为核心问题是很多企业家喜欢控制，40%、50% 的股份都得是自己的，结果财聚人散。不过，有些企业家自作聪明，以员工持股为噱头，要求员工掏钱溢价购买公司股份，以"合伙人"之名行圈钱之实。在大家对公司前途都还没有信心，根本不知道公司将来能否盈利、能否分红，甚至能活多久的情况下，这样做无异于把员工当傻瓜，只会丧失人心。

必要成本

泰勒在管理实践中极其推崇"以最小的投入来获得最大的产出。"很多企业家机械地理解这个意思,在员工投入上舍不得花钱。

很多公司习惯于用低薪招人,也很少主动给员工涨薪,福利待遇方面也是能省则省。这样做的后果是什么?人才招不来,即使招来了也留不住。最后,公司剩下一群混饭的主,半死不活。这是中国民营企业中很普遍的现象。

很多企业家对待员工总是希望他们少拿钱,多干活,有时还为自己的小聪明沾沾自喜。但是,当员工感到付出没有得到应有的回报,感到被公司"亏待""算计"时,多半要奋起"反算计",此举让企业家防不胜防。少给员工 1 万元，员工能想办法给公司浪费 10 万元！

有些企业家倒是不"克扣"员工的待遇，保持在"该多少给多少"的状态，不愿多给一点。他们舍不得在员工身上花钱，认为花多了没有必要，是浪费。

日本麦当劳为了保障员工及其家属的健康，每年向东京的两家医院支付 1000 万日元，作为保留病床的基金。如果员工或他们的家属生病或发生意外，可以立即进入这两所医院进行治疗或动手术。即使周末有人得了急病，也可以及时送入这两所医院接受治疗，这样就可以避免耽误病情。有一两年，麦当劳的员工不曾因病住院。对于这两年投入的 2000 万日元，曾有人问日本麦当劳的当家人藤田是否浪费？得到的回答是："只要能让员工安心工作，对麦当劳来说就不吃亏。"通过这种投入，换来了员工的积极工作，为公司创造了很好的效益。藤田说："记住这一句话——日本麦当劳成功的信条是，为员工多花一点钱绝对值得。"

史玉柱依据自己的亲身经历，论述过公司对员工的投入—产出问题。他说："他做出多少贡献，你给他的回报，应该超出他们中间绝大多数人的预期……当你给员工高薪的时候，表面上看仿佛增加了企业成本，实际不然。我这些年试过了各种方法，高薪，低薪，但最后发现高薪是最能激发员工工作热情的，也是企业成本最低的一种方式。"

19 世纪英国管理思想家罗伯特·欧文曾说："用在工人身上的钱可以使你们获得 50%~100% 的报酬，而用在机器上的钱只能得到 15% 的报酬。"可见，对员工的投入，能够产生丰厚得多的回报。

凡是在员工身上花的钱，都不是浪费，而是企业家干事业的必要成本。

超越金钱，成为领袖

　　水泊梁山一百零八个好汉中，宋江论武艺几乎排在最后，论文采比不上"圣手书生"萧让，论计谋比不上"智多星"吴用、"神机军师"朱武。而且，依照前首领晁盖的遗言，应该是活捉了史文恭的卢俊义接任晁盖之位掌舵梁山。但是，坐头把交椅的为什么是宋江？宋江的人格魅力来自哪里？肯定不是突出的本领，而是他一直"视金如土""扶危济困"。无论走到哪里，宋江总是对别人解囊相助，因此被称为"及时雨"。在上梁山之前，宋江就已经受到江湖好汉的仰慕，于是才有了众好汉江州劫法场一幕。在梁山，宋江受到大家的拥戴实在情理之中。宋江并不是富翁，他对金钱的淡漠来自本性和格局。

第三篇　激　励

柳传志曾经谈论过领导力与金钱的关系。1984年开始创业的时候，公司根本没钱，怎么吸引人？他说："就凭着我多干，能力强，拿得少，来吸引更多志同道合的老同志。"虽然柳传志一直是联想的掌门人，却从没有刻意为自己谋取财富，而他的下属们早已是千万富翁、亿万富翁。直到2015年联想控股在香港联交所上市，柳传志才在账面上拥有了一笔财富。虽然柳传志一手打造了联想控股，但仅持股3.4%。

有一次，柳传志曾透露过他成为联想灵魂人物的诀窍："在早期我采取了一个办法，让所有人坐的车更好，住的房子比我还大，钱多多地发，我全都给你了，那我剩下什么？我就剩下领导的权力，我就可以领导你。"

金钱欲与领导力关系，具有普世性。这个世界上，没有哪个干成大事的企业家是财迷。在他们那里，金钱是做事的工具，用于承载团队生命，而不是追求的目标。

沃尔顿家族的财富曾位居美国首位，但沃尔顿却说："创造庞大的个人财富从来不是我的目标。"其证据在于：即使到今天，沃尔顿和其家人的财富仍然全部是沃尔玛公司的股票。假设别人处于他们这种地位，可能早就将股票套现、转移并分散了。

功劳归下属

汉武帝时期，大将军卫青在抗击匈奴战争中屡建奇功，官至大司马、大将军，封长平侯。虽然卫青位高权重，但从不居功自傲，认为胜利果实属于大家。有一次，卫青大破匈奴之后，汉武帝不但要加封他，还要封他3个儿子为侯。卫青坚决推辞，说："我所取得的战功，都是各校尉和士兵们奋力拼杀的结果。我目前的官职已经很大了。况且，我的儿子还很小，又没有功劳，他们不敢受封。"最终，卫青为下属们争取到了厚封。卫青能成为常胜将军，与大力提携将士密切相关。

IBM的老沃森从不轻易下放控制权，但他可以很轻易地将荣誉归给别人。在他的演讲和访谈中，他永远不会忘记突出他人。韦尔奇在他的

第三篇 激 励

自传中,郭士纳在他的《谁说大象不能跳舞》一书中,都不约而同地强调:他们公司过去的辉煌成就是全体员工努力所致,书中的经验也是全体员工集体智慧的结晶。没有员工们的帮助,就不会有公司的现在和著作的问世。

任正非说:"华为的光辉是由数千微小的萤火虫点燃的。萤火虫拼命发光的时候,并不考虑别人是否看清了它的脸,光是否是它发出的。没有人的时候,它们仍在发光,保持了华为的光辉与品牌。默默无闻、毫不计较。它们在消耗自己的青春、健康和生命。华为是由无数无名英雄组成的,而且无数的无名英雄还要继续涌入,它们已在创造历史——华为的光辉历史。"身为企业领导,要使下属充满成就感,让平凡的事情光荣,让平凡的日子闪耀,给平凡的人插上翅膀!

历史上的楚霸王项羽,每次打了胜仗都认为是由于自己本事大,是自己的功劳,很少考虑手下人。赐封的大印,捏在手里都磨得发光了还舍不得给出去。于是,韩信判定项羽最终必败。

安德鲁·卡耐基说:"自私的人或者将一切成果都据为己有的人,不可能成为一名伟大的领导者。"如果团队取得了成绩,企业领导总认为"这是我努力的结果"或"这是我领导有方",说明他(她)平时根本没有成就员工的念头。

高明的企业管理者不但应与下属一起分享功劳,有时还会将本属于自己的功劳让给下属。韦尔奇曾谦虚地说:"我的成功,10%靠我个人旺盛无比的进取心,90%倚仗我那支强有力的合作团队。"通用电气在韦尔奇手中崛起,并不奇怪。

第二章

承担责任

　　王石在谈到企业一把手的责任问题时有一个精辟的分析，他说："企业做好了，成绩、荣誉和光环自然会往创始人、董事长头上套，但企业出了差错，谁来承担责任呢？当然也是董事长……当企业出了问题，一把手不可能没有责任。首先可能是决策失误，这一定是领导者的责任；其次，决策是正确的，但用错人了，那就是失察，仍是领导人的责任。"基于这样的认识，王石甚至认为：如果由于管理失误造成了职员犯罪，受到法律惩罚，企业管理者具有不可推卸的责任。

导 读

担当与领导力

给团队未来

一个都不能少

问题在下,责任在上

责、权错位必自乱

担当与领导力

　　人的依赖性与生俱来，在婴幼儿时期表现得最明显。即使长大成人，这种本性也很难完全消失。小孩子摔跤了，父母总是赶紧去搀扶，而不是让他自己爬起来。长大后，在生活和工作中随时准备依靠他人的思想已根深蒂固。"依赖性人格"被心理学家判定为一种心理障碍，在现实中很普遍，只是各人程度不同而已，很多人终其一生都没有在自立意识上"断奶"。

　　现实中的大多数人是平常人。他们常常缺乏主见，没有坚定的立场；做事优柔寡断、缩手缩脚；能力不足，对自己没有信心。他们不敢独自踏上考验意志的艰难道路，因为这意味着风险和承担责任。因此，他们

卓越领导力：优秀企业管理者的成功之道

需要有人为其遮风避雨。自我意识为弱者的人，很容易成为跟随他人的人。调查显示：真正想当领导的人是少数，绝大部分人情愿当个追随者。

我们发现，那些企业中的一把手，小的时候大多是孩子王。其他小孩子为什么愿意服从他？因为他敢于保护他们。打了群架受老师处罚，他宁愿一个人扛；小伙伴受别人欺负了，他一定会去"讨回公道"。加德纳在其著作《领导论》中说："领导的任务之一是帮助团队获得安全感以及摆脱恐惧的自由感，使团队能够接受创新的挑战。"企业领导者为下属承担责任的核心意义，正是提供了安全感。

如果说敢于为自己做的事情负责是判断一个人心智成熟的一种标准，那么，敢于为别人的事情负责则是判断一个人具备领导力的一种标准。一个人能否成为企业领导者的前提，是他是否具有为团队奉献的精神，以及对团队负责任的信念。德鲁克说："领导力不是头衔、特权、职位和金钱，而是责任。"如果你肯为下属承担责任，他们就会跟你走。追随者之所以甘愿奉你为领导，就是想让你为他承担责任。

2011年，库尔兹公司的戴维·库尔兹请美国纽约联合快递公司将一件物品运送到码头。该物品为一件价值50万美元的中国清代青花瓷器，非常贵重。于是，联合快递公司的总经理罗尼·布莱恩特地选择了一对黄金搭档——经理罗德尼·布鲁斯和快递员泰姆·威廉斯来负责这次运送工作。不幸的是，送货车在半途出了问题。为了准时赶到码头，威廉斯把货品背到了码头。到了码头之后，布鲁斯对威廉斯说："你去叫货主。我来背货物。"可就在交接的时候，布鲁斯没有接住，青花瓷器掉在地上摔碎了。

回到公司后，两人受到了严厉批评，而且将面临辞退和赔偿问题。此时，部门经理布鲁斯找到总经理解释说："是威廉斯不小心摔坏瓷器的，不是我的错。"随后，总经理将威廉斯叫到办公室，让他将事情的经过说了一遍。最后，威廉斯表示："发生了这种事，总归是我们两人失职。我愿意为此承担责任。布鲁斯家境不是很好,我可以承担他的责任。"之后,总经理宣布处理结果:威廉斯提升为副总经理,而布鲁斯被解雇了。什么原因呢?前者勇于承担责任,后者却在推卸责任。不敢承担责任者,就不配做领导。

2005年,潘刚临危受命掌管伊利集团,通过两年时间将伊利集团重新打造成一个富有竞争力的企业。记者问他:"您在短短两年时间中让伊利从崩溃的边缘走出来,品牌价值得到了很大的提升,这其中的秘密是什么?"潘刚坚定地说了两个字——责任。

你负责任的范围有多大,你的影响力就有多大。周瑜肯为东吴负责,影响力就遍布东吴;刘备肯为天下人负责,影响力就遍布天下。

在中小企业中,不难看到企业家当面训斥下属,背后抱怨下属。工作中出了问题,企业家将其归结为下属能力不行,不用心、懒惰。公司停滞不前,甚至倒闭了,企业家也没有认识到自己的责任,找出来一大堆客观原因。企业家推卸责任、责备别人,不但于事无补,还会失去人心。一个总是在责怪他人的人,此生注定毫无作为。

给团队未来

　　身为企业家，也许你没照顾好父母、子女，但却必须为团队的未来负责。实际上，当一个员工走进公司的时候，就意味着将他的甚至他家人的经济保障和身心幸福交给了企业家。负责任的企业家在做决策时绝不会忽略这一点。马化腾说："我很清楚，企业的成败不只是关系我一个人，而是关系到全体员工的利益。而我作为这个企业的领导人，就有责任把这个企业做好，且不能出一点差错，而严谨则是必需的。"

　　"对员工负责，员工反过来就会对你负责。"这是张瑞敏的感受。员工们的确反过来成就了海尔、腾讯等这些肯为员工负责的公司，使他们成为世界级明星企业。

当企业家一定是很辛苦的,如果只为自己奋斗,遇到困难时难免产生动摇,心想"我何必那么辛苦呢?不这样我也可以过得很好啊!"于是,很可能停下追求的脚步。但是,如果能为手下成百上千、成千上万的员工着想,肩负着他们的命运,就会给自己带来巨大的动力。

柳传志曾说:"对我来说,这几十年中,遇到过非常多的困难,我从来没有想过退却,主要因为肩上有责任,有这么多人在这里。如果我稍微动摇的话,不知道会失败多少次。"

很多时候,正是对团队的责任感,给了企业家战胜困难的力量,也成就了他们非凡的领导力。

一个都不能少

1933年，美国陷入经济危机，企业纷纷破产，工人大量失业。正在此时，哈理逊纺织公司却发生了一场大火，整个厂区沦为一片废墟，真是雪上加霜。于是，有人劝哈理逊公司的所有者亚伦·傅斯领取保险公司的赔款，然后一走了之。3000名员工垂头丧气地回到家里，等待公司宣布破产。但是，他们却意外地收到了亚伦·傅斯的一封信，告诉他们在发薪日照常到公司领取这个月的工资。在公司陷入绝境的情况下，亚伦·傅斯还要自掏腰包给员工发工资，很多人认为他简直是疯了。接下来，员工们更加吃惊。他们又收到亚伦·傅斯的一封信，告诉他们再支付一个月的工资。此时此刻，3000名员工再也坐不住了。他们自

第三篇　激　励

发地回到公司清理废墟，擦洗机器；还有人主动到外地联系货源，寻找客户。仅仅三个月，哈理逊公司居然奇迹般地重新运转起来了。这是亚伦·傅斯在危机时刻没有抛弃下属，与下属共渡难关的回报。

　　心理学研究表明，人们最初聚在一起，靠的是新鲜感；在交往中期，靠的是相互依赖的承诺；而长久的伙伴关系，一定要通过一起经历并克服困难的考验。因此，随意抛弃你的下属是不可取的，那样的话下属也会随意抛弃你。因此，很多公司从不轻易解雇员工，即使在非常困难的时期。

　　20世纪40年代，在惠普还是个毫不起眼的小公司时，两个创始人就决定惠普不能成为"先雇佣后解雇"的公司。当时，惠普做这样的决定可谓勇气十足。

　　在20世纪，日本企业从不轻易辞退员工，纷纷实行终身雇佣制。稻盛和夫创办的京都陶瓷，几十年来经历了多次金融风暴，却没有开除过一个员工，并一直保持盈利纪录。有的员工死后，甚至选择安葬在京都陶瓷的墓地里，可见他们对公司感情之深。终身雇佣制是日本企业"家文化"的重要体现，推动了日本企业快速崛起。

　　韦尔奇退休之后，曾被问到做CEO最大的快乐和痛苦分别是什么，他回答说：最大的快乐是看着下属成长，最大的痛苦是"炒人"。韦尔奇宣称通用电气虽不能保证每个人都能终身就业，但能保证让他们获得终身就业的能力。韦尔奇要为员工提供一切学习机会，培养其职业能力。这样，即使他们哪一天离开了公司，拥有的技能也会使他们更有竞争力，轻松实现再就业。

　　在"一个都不能少"的责任心驱使下，以狼性著称的华为，除了凶猛的进攻性，还表现为集体主义精神——他们从不轻易抛弃同伴。对于落后的员工，只要他还在努力，华为不会轻易辞退员工。一些销售人员达不到本岗位的要求，华为则会给他们提供岗位培训。培训后如果还是达不到原岗位的要求，华为则给他们提供新职位的知识技能培训。

一般而言，任何国家的《劳动法》中都不大可能要求企业对员工的就业做出承诺。但是，那些卓越的企业和企业家们，都不约而同地主动承担起了这份责任。

尽管员工能力有高有低，表现有好有差，但所有员工都是企业家的下属，因此应当受到企业家的保护。对于业绩不太好的员工，只要他在追求进步，公司就应该帮助他。这样，全体员工感到公司对他们是负责的。不过，这种责任常常被企业家忽略了，甚至不以为然。

柳传志对管理者指出："员工刚进公司素质不高，不是你们的错。但是，过一段时间后，员工素质没有提升，一定是你们的错。"美国洛克菲勒集团第三代领导人大卫·洛克菲勒说："如果企业家不能在员工工作期间让他们提升的话，那企业家是不合格的。"

有些公司里墙上挂着这样的警示口号："今天工作不努力，明天努力找工作"，其本意在于激励员工，让员工有危机意识，但副作用也是很大的。这种口号让员工成天提心吊胆，随时准备走人；使员工认为企业家没有责任心，只是把自己当作劳动工具。某个企业家在员工大会上说，"我们公司是铁打的营盘流水的兵"。他大概没有意识到：此话一出，员工会怎么想。

问题在下，责任在上

松下电器公司发展早期，有一次，一个分公司的员工在征得松下幸之助同意之后，与一名老客户签订了一个销售大合同。后来，货物发出去了，对方却突然出现了经营问题，无法支付货款。于是，这笔生意变成了松下公司的烂账。松下幸之助知道这件事后，并没有责怪那个员工，而是很认真地说："这笔业务，是我决定签下的。我作为领导者，对对方的经营情况了解得不够就做出了决策，出了问题是我的责任。"

著名的美国橄榄球教练保罗·贝尔在谈到他的队伍如何能够取得一个又一个的胜利时说："如果有什么事做好了，那一定是球员做的；如果有什么事办糟了，那一定是我做的；如果有什么不尽如人意的事，那是我们一起做的。这就是使球员为你赢得比赛的所有秘诀。"不争功劳，只担责任，是贝尔的成功之道。

管理学上有个"授权不授责"原理。上级在进行工作指派和权力授予后，仍然对下级的表现负有全部责任。这意味着，当工作中出现问题时，作为领导者一定要敢于第一时间站出来承担责任，并先追究自己的责任。

在管理中，权力有向下分散的趋向，而责任却有向上集中的趋向。海尔的管理人员与员工之间，有一个责任分配原则。无论员工在工作中出现任何过错，管理者都不能推卸责任，而且要承担80%的责任。海尔相信"80/20原则"，即20%的管理人员支配着80%的普通员工。张瑞敏说："'80/20原则'在我们集团管理理念是一个主要的原则，即关键的少数制约着次要的多数，干部对出现的问题无疑要负主要的责任。"

企业中，一把手的权力最大，责任也最大。公司的任何问题，或者出了任何问题，都得有人负责。对于有些事情，也许有直接负责人，但最终的负责人只能是企业的一把手。因为，一个企业所有的问题，如果追根溯源，都一定会归结为一把手的问题。因此，企业家要对企业所有的问题负责。电影《功夫》中有句著名的台词："能力越大，责任也越大。"说的就是这个意思。

企业不行，一定是企业家的责任，没有任何借口！

对下属的错误负责，并不仅仅是领导者的一种高姿态，而是因为涉及领导者自己的决策或用人问题。对于下属的优点和缺陷，领导都是承担者，都会被视为领导的优点和缺陷。对于公司的任何失败，外界只会说企业家无能。因此，麦当劳创始人雷蒙·克罗克说："如果是一个好的领导或好的管理人员，当他人批评时，他应当承担所有的责任。"

菲利普·莫里斯公司于1978年并购了七喜公司，8年后赔本卖掉。

之后，公司上下对此进行了认真总结。没有人指责谁，除了一个人在指责自己，他就是前CEO约瑟夫·卡尔曼。卡尔曼在自传中用了5页的篇幅来分析这次失败的教训，并承担了责任，还赞扬了那些当初发表不同意见的人。卡尔曼主动责备自己，解剖自己失误之处，赢得了全体员工的拥戴。

有的企业家也许会想：有些简单的事情没做好，明明是下属的问题，难道也要自己来承担责任？的确，员工们在能力、态度方面都不同程度地有欠缺，企业家对员工总有不可控的地方。下属某项工作没有做好，甚至犯了错误，他们是直接责任人。这种时候，如果企业家只知一味指责他们或重罚他们，自己倒是痛快了，但却失去了人心。

责、权错位必自乱

在一个企业里，责、权是高度统一的，有多大权力，就要承担多大责任。如果企业的一把手不敢承担责任，把责任完全推给下属，甚至惩罚下属，后果将非常严重。在这种情况下，下属害怕犯错受到处罚，就会处处寻求自保，遇事唯唯诺诺，不求无功但求无过。这样的团队就会完全丧失活力。明朝就是这样灭亡的。

蓟辽总督洪承畴辽东大败之后，崇祯皇帝朱由检很想与皇太极议和，但又担心大臣们说他懦弱无能。于是，朱由检就想将议和的责任推给下属，授意下属提出议和的建议。兵部尚书陈新甲按照朱由检的意思提出议和，他又装出不同意的样子，还将陈新甲训斥一番，继续问其他

第三篇 激 励

大臣的意见。于是，其他大臣就不吭声了。结果，议和时机丧失了，清军继续大举侵犯。后来，朝廷派人秘密议和的事情外泄，朱由检将责任全部推到陈新甲身上，将其斩首了，还有其他官员也跟着丢了官。如此一来，朝中大臣无不战战兢兢。

在李自成快要打进北京时，朱由检准备迁都南京，暂避锋芒以图后举。但是，朱由检又担心遭到大臣们瞧不起，想让他们集体提出迁都主张，他来个顺水推舟便可。朱由检让内阁首辅陈演上表请求南迁，但陈演知道他的为人，老奸巨猾，就是不开口。这么一犹豫，李自成的另一支军队刘芳亮部从南面攻向北京，大明朝廷想往南京逃跑都来不及了。

朱由检一贯推脱责任的做法，导致大臣们不敢做事、不敢进言。但是，朱由检一点也没有意识到自己的问题。他一直说"朕非亡国之君，事事皆亡国之象"；"朕非亡国之君，诸臣尽为亡国之臣"。在临死前两天，朱由检还在御案上写上："文臣个个可杀！"可见，朱由检至死都认为亡国之责在他人，自己毫无过错。在张献忠攻打安徽凤阳毁掉皇家祖坟后，朱由检曾下过"罪己诏"，说"皆朕之罪也"。但是，事后看来，这是做秀而已。

朱由检只做了17年皇帝，却杀了2个首辅大臣、11个总督，撤换了50个内阁大学士、14个兵部尚书。可见朱由检心灵扭曲到何种程度！明朝晚期不是没有人才，袁崇焕、洪承畴、孙传庭都堪称擎天一柱。在朱由检手下干活的人，如同流星一般，干不久，活不长。

朱由检具有严重的性格缺陷，是缺乏担当的典型，成为亡国之君一点也不冤枉。有不少学者因为朱由检工作勤奋、生活克制，认为他非亡国之君，只是处于亡国之时，很为他惋惜。这是缺乏管理实践的迂腐之见！没有哪个成功者是一帆风顺地到达彼岸的。企业家如果老在他人身上寻找失败的原因，就与朱由检如出一辙。

第三章

授权·放权

有调查显示：在企业里，上司通常认为自己擅长授权；但90%的情况下，他的下属们却不这么认为。可见，企业家对放权是多么"抠门"而不自知。

导 读

企业家的心结

不放权，生弊端

减少管理

位置越高，权力越小

中央集权 VS 地方分权

假授权

反授权

企业家的心结

现实中有 80% 的企业家信奉"事无巨细，亲力亲为"的信条，结果企业没做好，自己却累病了。中国企业家的平均寿命不高，英年早逝者不乏其人。按理，富人群体应该长寿才对。

企业家不放权，常常有一个不愿承认更不愿告人的深层原因——那就是"官瘾"。权力这东西，没拥有过的人不知其妙处，一旦尝到了它的滋味，就再也难以割舍，如同吸毒上瘾。

伯特兰·罗素在《权力论》中指出：权力欲是人的最主要的两种欲望之一。白手起家的企业家更容易成为"权力控"。如果没有强大的理性和宽广的胸怀，很难突破自己。拿破仑坦白地说过："我真正的情人是权力。我历经千辛万苦才征服了她，别说让人将她夺走，就是有谁不怀好意地瞟她一眼，我也会觉得无比的心疼。"IBM老沃森在董事长位置上时甚至不愿与他儿子分享权力，一直到实在干不动了，快走到生命的终点了，才肯交班给小沃森。中国古代的帝王更是要一直干到死，才能轮到儿子接班。父子尚且如此，何况他人。有的人从权力宝座上走下来后倍感空虚和失落，无所事事，相当于自杀。这些都是"毒瘾"太深的表现。所以，放权是千古难题，是理性与情感的博弈，是对人性的极大考验。

很多企业家似乎懂得放权的道理，也想让下属为自己分担工作，免得自己累死累活的。但是，他们又不愿意放权，担心出乱子。有的试着放权了，后来又出了问题，于是更加重了这种担心。那么，他们担心哪些问题呢？

一、担心一：下属做不好

很多企业家想放手让下属做事，但又无法忍受他们犯错误。拿自己的财产让下属练手，看到他们损害自己的企业，要装作无动于衷，实在太难了。

一般来说，企业家是公司最能干的人，这也是在创业之初反复证明了的事实。于是，他们错误地认为，每件事情下属都不如自己做得好，因而不轻易让他们独立做事。实际上，如果放手让下属去干，在很多事情上，他们的成绩可能比企业家想象的要好，甚至比企业家做得更好。任正非认为：许多看似平庸的员工其实都有着特殊的能力。平时，这些能力没有体现出来，往往是因为管理者没有给予他们展示的机会。松下幸之助说："我身体欠佳，只能躺在那里把权力授予他人。让他们去做，结果倒比我亲力亲为还要好。"如果他身体好，也许松下电器还黯淡无光呢。

第三篇 激　励

卡尔松在临危受命担任北欧航空公司总裁后，制订的目标是将公司变成最准时的航空公司，但他一时也没有想好实施办法。于是，卡尔松开始寻找一个可以胜任此事的人。终于，卡尔松找到了一个员工，那个员工说实现目标需要6个月时间，需要150万美元的资金投入——这个数字还低于卡尔松的预算。卡尔松仔细听完方案之后，决定全权委托那个员工来实施。仅仅四个半月后，那个员工就向卡尔松报告说已经完全达到了目标，并且只花费了100万美元。结果证明：卡尔松授权的这个人，比自己干得更出色。

很多时候，下属的确没有企业家做得好。企业家能做到100分，下属只能做到70分，怎么办？尼克松曾说：下面人给你起草的信件可能不如你自己写得好，但你没有时间对每一封信都进行修改。要学会在不满意的信上签名。也就是说，很多时候，企业家必须放弃这30分。

有时候情况更糟糕，员工犯了错误，甚至失败了。此时，企业家也必须学会容忍和接受。这是打造团队、做大公司必须要付出的代价！因此，不但要接受这个不满意的结果，还要鼓励下属的信心。事情结束后，还要找到下属的闪光点进行表扬和奖励。

王石在1999年刚卸任万科总经理时，也一度很不习惯，总担心下属犯错误，不自觉地干预他们的工作。但是，他很快意识到了这个问题。于是反思自己："扪心自问，从创业至今，我有没有犯过错误？一直在犯。那么，为什么不能允许年轻人犯错误呢……那以后，我让自己牢牢把握一点，他们犯的错误只要不是根本性、颠覆性的，我就装傻，装作不知道。否则，我退与不退就没有什么区别，选的接班人也不会得到成长。"王石为了彻底避免干预管理层的工作，干脆长时间离开公司去登山探险、参加慈善活动等，有意与公司保持距离。

二、担心二：下属以权谋私

过于担心下属以权谋私的民营企业家，要明白"水至清则无鱼"的道理，有时要容忍下属占点小便宜。比如，在民营企业中，下属职务在身，由于工作需要而与客户喝杯茶、吃顿饭，在一定范围内应该是允许的。要完全杜绝，管理成本太高，也会失去人心。

楚汉争雄后期，刘邦让谋士陈平去实施离间计，把项羽的谋士范增等除掉。刘邦给了陈平四万金作为"业务"费用。在整个过程中，刘邦从来没有过问过陈平花了多少、给了谁了，这事完全由陈平自己决定。刘邦敢于放手，陈平充分施展手脚，圆满地完成了任务。

刘邦这样聪明的人，绝对不会相信陈平将四万金全部用在"业务"上了。但是，只要陈平能够完成这个任务，就算他将黄金全部据为己有，又有何妨？要知道，没有范增，项羽就完全成了一介武夫。刘邦就有把握消灭他，实现江山一统！这是多少个四万金都买不来的！这个道理，刘邦一定想明白了。在放权方面，在重金面前，刘邦表现出的胸怀、气度，古今中外，能有几人做得到？被誉为中国历史上十大谋士之一的陈平，曾经三易其主，但见到刘邦后就变得死心塌地，因为跟着刘邦干事很痛快！

不放权，生弊端

如果企业家不会放权，即使建立了团队，人虽多但力量不大，实际上还是企业家一个人在孤独地奋斗。

在国外的一些公司，对管理人员有这样一种离岗测试：将经理人抽调到培训中心，让其脱产培训几个月，然后由总部工作人员观察他离岗期间他的团队的绩效和表现。如果经理人离岗后，他所带领的部门的绩效没有变化，各项工作进行得有条不紊，说明这个部门已经不再需要他了，总部就会把他晋升到更高的岗位；如果他的部门绩效忽高忽低，工作勉强维持运作，总部认为他只能担任这个职位，培训结束后将他同级调动；如果他的部门业绩明显下滑，总部就会认定他不是一名合格的经理，培训结束后降级使用。第三种情况表明，只要领导一离开，他的团队就会出乱子。这说明什么呢？这个领导一定不懂得授权，以至于除了他就没人管理、没人负责，大家不知道该怎么做。假如你是企业家，敢于关掉手机离开公司几天吗？

一、不能自主，只好跟着混

　　心理学家做过这样的实验：让受试者解谜题、做校对。可是，周围环境很嘈杂：有两个人在说西班牙语，有一个人在说亚美尼亚语，一台油印机"吱、吱"地响，还有计算器、打字机和街上的噪音。实验人员把受试者分成两组，一组只能按照吩咐解谜题；另一组则可以按开关把噪音关掉。结果，可以控制噪音开关的那组受试者，答对谜题的数目是另一组的5倍，校对错误也只有另一组的三分之一。让人颇感意外的是，可以控制噪音开关的那组受试者根本就没有去动按钮，他们仅仅知道自己有这样的权力。于是，他们的成绩就大幅提升了。这个实验给我们这样的启示：企业只要让员工感到自己有一定权力，在一定程度上可以自主，他们工作起来就会更有效率。推而广之，当人们能够掌握或者认为能够掌握自己的命运时，就能激发他们强大的动力。

　　聪明的人，有能力的人，并不总是希望完全按照别人的要求做事，而是希望拥有更多空间去发挥个人才智。对于创造者来说，最好的刺激是自由——有权决定做什么和怎么做。掐着他们的脖子，你是无法将工作热情注入他们心中的。必须松手放开他们，给他们赢得胜利的机会，让他们从自己所扮演的角色中获得自信。诺基亚公司董事长约玛·奥利拉说："让你的员工感受到自由发挥的空间。"李彦宏说："所谓管理者的职责，就是为优秀人才搭建一个自由、宽松的平台。因为人只有在自由空间里，其创造力才能真正地释放出来；也只有在独立自主地面对与解决问题的过程中，才能得到最快速的成长。"

过度集权会扼杀下属的创造性，窒息创新动力。关于授权与不授权两种情况下员工积极性的巨大差别，韦尔奇做过这样的描述："过去，我们的管理人员习惯于对员工指手画脚，指示他们做这做那。'听话'的员工们按时按量地完成任务，但也不会自觉自愿地多做些什么。自从他们授权之后，情况是如此不同。我们常常惊讶于员工主动完成任务的积极性。有那么多的事情，管理层甚至没有想到，但员工不仅替我们想到了，而且还默默地做完了。"

二、放权——信任——忠诚度

企业家不放权，表明对下属不信任：一是不信任能力，二是不信任道德。员工如果感到不被信任，就很难有忠诚度。史玉柱说："（珠海）巨人不管是在高峰还是在低谷的时候，巨人没有出现过一个'叛徒'。发不起工资的时候都没出一个'叛徒'……这与这些干部得到充分授权有相当关系。"

海底捞是中国最受欢迎的十佳火锅店之一，首家营业收入超百亿元的餐饮集团，港交所上市公司。海底捞的员工们以公司为家，将公司的事情当作自己的事情。他们的忠诚度很大程度上来源于授权管理。员工们几乎人人手中有权。每个级别的管理人员都有相应的财政权力。副总经理、财务总监和大区经理有100万元以下开支的签字权。大宗采购部长、工程部长和小区经理最高可以审批30万元的资金。在海底捞一线，每一家的店长均有签3万元项目单的权力。普通服务人员也拥有免单权，不仅可以按需要免费送菜，甚至可以对整桌饭菜免单。

三、不授权，也不能授责

企业家不授权，下属有问题就只能请示，有难题就推诿，没有得到批示就不行动。这样一来，工作上出了任何问题，下属都不会承担责任，企业家也没有理由让他们承担责任。如此，企业家反而成了下属的秘书，成了救火队长。这也是民营企业中的普遍现象。

权、责是统一的。只授责任不授权，谁也不肯努力干。不少企业家不授权，下属工作没做好时却要让其承担责任，这无法服人，必将激起矛盾。只有那些离工作最近的人才最了解情况，这些人应该承担更大的责任。当他们知道不能再往上级那里推脱且必须自己负责的时候，才会严肃认真地对待自己的工作。

四、不放权，团队不成长

企业家最需要的是能够为自己分忧、能够独当一面的人才。但是，你不授权，长此以往，下属就会丧失独立解决问题的能力。你不在场时，员工就完全没了主心骨，心里一片茫然。这样的团队如何能有战斗力？松下幸之助说："授权可以让未来规模更大的企业仍然保持中小企业的活力；同时，也可以为公司培养出发展所需的大批出色的经营管理人才。"

五、放权，解放自己

我们见到过太多过于勤奋但不懂授权的企业家。他们尽管一直在忙，但事情不是越干越少，而是越干越多，甚至连一些鸡毛蒜皮之类的事也主动"找上门"来。办公桌上各种文件堆积如山，电话铃整天响个不停，8小时工作时间根本不够用。他们常年早上第一个到公司，晚上加班到 10 点以后才回家,"睡得比狗晚,起得比鸡早"。常见现象是企业家累出病,员工闲出病。更令企业家们沮丧的是:自己如此拼命,居然费力不讨好。不但公司业绩不理想,还招来员工的怨言。管理学界有一个著名的"古迪逊定理"——一个累坏了的领导,是最差劲的领导。中国有句古话——君闲臣忙国必兴,君忙臣闲国必衰。

《论语》中记载了一个故事,孔子的两个学生生动地演绎了放权与解放自己的关系。

一个名叫巫马期的人是孔子的学生,曾担任鲁国单父县的县令。他在任职期间呕心沥血,兢兢业业。一年后,虽然政绩不错,但巫马期也由于过度劳累而病倒了。于是,孔子又推荐自己的另一个学生宓子贱担任单父县的县令。宓子贱弹着琴、哼着小曲踏上了自己的赴任之路。上任后,他还是经常弹琴哼曲、下棋钓鱼。一年过去了,单父县依然大治。

巫马期找到宓子贱,看到他年轻健康,精力充沛,说:"同为县令,你有个好身体,我却病怏怏,我的仕途被自己的病耽误了。"宓子贱说:"你错了,我们的差别不在身体,而在领导方法上。你想凭一己之力来换取单父县的大治,但一个县需要处理的问题那么多,你如何不累倒?而我则是最大限度调动各路能人来为我工作。这样既能取得大治,也不会过于劳累自己。"

宓子贱的高明之处在于,他明白自己的职责不是"把事情做好",而是"让别人把事情做好"。最优秀的企业领导者并不想要大包大揽、事必躬亲,其关键作用在于如何把人员合理进行统筹安排。史蒂芬·柯维说:"有效授权也许是唯一且最有力的杠杆。通过这个杠杆,领导者就可放大自己的能量。"

减少管理

  汉代曾发生这样一件事：一位宰相外出巡视，遇到一宗杀人案，他不闻不问就走了。之后，遇到一头牛在路边气喘吁吁，他立即下车去过问牛喘气的原因。随从困惑不解。这位宰相解释：杀人案自有地方官吏去管；而牛喘气异常，可能关系牛瘟和民生疾苦，这是天下大事，地方官吏往往不大注意，我必须问清楚。
  这个宰相懂得只管自己该管的天下大事，而坚决不介入下级官员职权范围的事情。
  在创业之初，因为缺乏人手，企业家往往身兼数职，一抓到底。但是随着公司的发展，很多企业家没有与时俱进，不清楚自己的主要职责，没有从日常管理中抽身出来，做了不少分外之事。有的企业家成为最大的业务员，有的企业家成了办公室主任，有的企业家成了公关人员，等等。但是，企业家的分内之事却往往没有做好。

对于企业家究竟该管什么，不该管什么，有很多说法和争论。有人说应该抓战略，有人说应该抓人事，有人说应该抓财务，还有人说应该抓执行，其依据是这些事情最重要。管理学有个著名的"例外管理"理论，最初由美国著名管理学家泰勒提出，是指最高管理层将日常发生的例行工作拟就处理意见，使之规范化，然后授权给下级管理人员处理，而自己主要去处理那些没有或者不能规范化的例外工作。根据这个理论，企业家似乎只应关注异常，不应关注平常（或只需关注例外，不必关注例行）。这些说法都有一定道理，但存在片面性，有些盲人摸象的味道。其实，企业家只应该做两种事情：第一，下属干不了的事情；第二，下属不能代替的事情。

下属能干的事情，如果企业家去抢着干，那还雇这个员工干什么呢？这不仅浪费成本，简直成了为员工打工！不过，这种情况在中小企业中并不少见。

下属干不了的事情，如果企业家也不干，那公司就没法运转了。有的事情，即使层次不高，是微观的、事务性的，如果事关重大，一时没有合适的人能够干好，企业家也只能亲自上阵。如史玉柱在发展网络游戏业务时，不是负责管理，而是负责网络游戏的开发设计。开发设计本来属于技术性工作，但史玉柱发现其他人不能把关，而这又是关系公司生死的大事，所以亲自来抓，反而将管理的大事交给其他人了。

理论上，下属能代替的事情，企业家都应该找到合适的人去承担，以便自己能够专注于分内之事。

什么是下属不能代替的事情呢？建立核心团队，打造企业文化，确定企业发展方向、愿景（注意：不一定是战略，更不是战术）。这些事情，非企业家莫属。如果这些事情由别人来做，公司就可能失控。

企业越大，企业家越要学会放权抽身，越要解放自己。

松下幸之助在论述企业家在企业发展各个阶段应该如何管理企业时说："当员工100人时，我必须站在员工的最前面，身先士卒，发号施令；当员工增至1000人时，我必须站在员工的中间，恳求员工鼎力相助；当员工达到1万人时，我只有站在员工的后面，心存感激即可；如果员工增到5万人到10万人，除了心存感激，我还必须双手合十，以拜佛的虔诚之心来领导他们。"松下幸之助经常把工作交给那些干劲十足的、适合做某项工作的部下，并对他们说："有大事的时候再和我商量，剩下的事你都按自己的方式去做吧。"

韦尔奇有一句广为流传的名言——"真正的管理就是减少管理"。韦尔奇说："知道什么时候该干涉，什么时候该放手让人去做，纯粹是一个需要勇气的决定……这里面很大一部分纯属直觉。当我感到干涉可以产生很大的影响时，我就会严加管理。每当我知道我起不到什么作用时，我就会放手让人去干。"李·艾柯卡说他笃信授权制，他认为自己的工作就是"设计封套"，也就是给下属设定一个工作范围，让他们去自由发挥。他只亲自管理市场和设计这两个领域。

准确把握放权的度，是企业家领导艺术的重要内容。

位置越高,权力越小

一直以强势著名的任正非,大家一定以为他是集权领导者。事实却恰恰相反。华为从 2011 年开始实行轮值 CEO 制度,CEO 是公司的最高决策者,而不是任正非。任正非平时只需在大家共同研究好的文件上签字。因此,任正非将自己定义为一个"形式上的管理者"。任正非拥有否决权,但他说自己几乎没有否决过,有不同想法的时候就去和董事会的成员们一起磋商。考虑到任正非在华为只有 1.42% 的股份,《世界报》记者问他:"您在董事会里掌握的表决权是否比股份分量更重?"任正非回答:"我们是一人一票制,而不是根据股权比重。"任正非曾在《致新员工书》中阐述了放权的重大意义:"管理原则的集体负责制……有利于防止一长制的片面性，在重大问题上，发挥了集体智慧。这是公司成立 10 年来没有摔大跟头的因素之一。"

下面两件事，很能体现任正非的放权意识。

1993 年的一天，技术部负责人郑宝用在部门内召开一个非常重要的研发项目立项评审会。任正非当时准备参加这个会议，可他刚走进会议室，郑宝用就对他说："这个会议，您就不用参加了，我会把结果告诉您的。"任正非居然微微一笑转身离开了会场。

又有一次，中国银行董事长肖钢访问华为。任正非和华为轮值 CEO 徐直军一起接待。当 3 个人坐在一起谈论管理的时候，徐直军突然对肖钢说："董事长懂什么管理？我们的 IPD 变革，他就知道那 3 个英文字母。"虽然在座的人都感到非常吃惊，可任正非并不生气，因为他本来就不想将所有的管理工作抓在手里。

企业大了，企业家的领导角色就要由管事型转变为管人型。核心团队确定之后，企业家要尽量下放业务决策权。战场上流行这样的说法：指挥千人不如指挥百人，指挥百人不如指挥十人，指挥十人不如指挥一人。所以，董明珠说："位置越高，权力越小。"

中央集权 VS 地方分权

在一个公司里，集团公司与子公司之间，总部与分部之间，究竟该如何划分权力范围，不同的企业家有不同的做法。恒大、万达偏向"中央集权"，而美的集团的分权体系被业界认为是中国企业最成功的典范。何享健被认为是中国最敢放权、最会分权的企业家。

1987年，三星集团李健熙宣布公司二次创业，他首先做的事情就是对领导层的权力分配做重大调整。以前的情况是：会长掌握了80%的权力，而秘书室和其他一些社长都只有10%的权力。经调整后的权力分配情况是：会长20%，秘书室40%，子公司会长40%。从此以后，他就从未干预过企业的日常经营。只有当秘书室与子公司发生冲突时，李健熙才用自己的权力进行调节，偶尔以大股东的身份为三星保驾护航。三星集团的高级顾问认为，李健熙合理的权力分配是推动三星发展的主要力量之一。

阿尔费雷德·斯隆总结他在通用汽车数十年的经验时说："好的经营管理，是中央集权和地方分权的折中产品。"这就要求企业的一把手要把握好总部集权和分部分权的程度。如果把握不当，会造成企业运转低效甚至失灵。

某家总部在广东的房地产公司就曾因为没有解决好与北京分公司之间的分权问题，导致一个房地产项目出现问题，使该公司名誉受损。该项目因质量问题遭到业主集体投诉。北京分公司没有处理权力，上报给总部，总部对情况不太了解，没有及时做出反应。于是，纠纷迅速扩大化。后来，总部拿出了解决方案，但与业主的期望相差较大，事态进一步严重了。其实，早在该楼盘建设期间，施工方就曾提出过设计上的问题。北京分公司曾向总部上报过，但没有得到反馈，自己又无权处理，于是就给该楼盘埋下了隐患。原来，北京分公司的角色只是个数据提供者和命令执行者，没有任何决定权。总部掌握着完全的决策权，控制着产品分析、产品设计、市场分析等权力，导致产品与市场脱节。

公司应该给"前线"、基层多大权力？

关于生产线怎么改造才能提高生产效率，董事会一定不如生产线的一个普通工人知道得更多、更准确。基层最了解情况，知道问题所在。因此，格鲁夫说："我们希望决策是由离问题最近且最了解问题的人来做出。"

军人出身的任正非曾发表过一篇文章《让一线呼唤炮火》，主张让听得见炮声的人来指挥。华为将一些重要的决策权下放到了市场最前线，大大提升了团队的机动性和竞争力。

给基层下放权力，可以缩短决策链，加快应变速度，从而确保了新措施的时效性与实用性。尤其在公司规模越来越大之后，这种办法可以解决规模与效率的突出矛盾。

曾连续5年在世界500强企业中居首位的沃尔玛，是全球营业额最大、雇员最多的跨国连锁企业。该公司有8500家门店，分布于全球15个国家。如此庞大的企业运行得井井有条，管理上的确很见功力。这与沃尔玛善于向基层分权密切相关。零售店开在什么地方、什么位置，不是由美国总部决定，而是由当地的负责人决定。不仅如此，沃尔玛甚至把经营责任落实到普通员工身上。他们有调整价格的权力，因为他们天天与顾客打交道，最了解情况。

对于向基层下放权力的巨大作用，惠普的帕卡德曾做出了最高的评价，他说："我曾经多次说过，我们的成功，绝大部分原因是我充分授权给能够有效执行的那个管理层——通常是最接近客户的那个管理层。"

假授权

在中小企业中，真授权很难见，假授权却很普遍。很多企业家也给下属授权了，但却只有其名而无其实。常见的是以下3种情况的假授权，相信有职场工作经验的人都不陌生。

一、只给任务不给权

在民营企业里可以经常见到这种很滑稽的现象：企业家给某下属下达任务，提出各种具体指标和完成时间，甚至慷慨激昂地激励了一番，最后说："这事就交给你了！"可是，员工却一点也兴奋不起来。为什么呢？因为企业家只下达了任务，却只字未提相应的配套措施，包括给他配备或招聘多少人，拨付多少经费，遇到什么样的问题自己有权处理，等等。最后，下属发现他只有一项权力——干活的"权力"。

只要做事，就一定涉及资源的调配，就一定要拥有相应的决策权。需要他做多少事，就要给他多少业务权；需要他管理多少员工，就要给他多少人事权；需要花多少经费，就要给他多少财务权。这几乎是常识，但能做到位的企业家很少。人事权、财务权、业务权，没有落实这3个方面的权限，授权就是一句空话。

在企业里，领导抱怨下属不给力，什么事情都要操心；下属则抱怨领导不给权，无法施展手脚。这对现实矛盾的根源，主要来自授权不够。

二、干预过多

在沃尔玛的历史上，曾经发生过这样一件事。沃尔顿开始退居二线，试图不干预新董事长和总裁的工作，但实际上没有做到。他希望自己的思想能够继续得到贯彻，但又希望新董事长能够管理好公司。沃尔顿实际上无法抑制自己，也使新董事长感到很为难。后来，他决定复出，重新担任董事长，原来的董事长则离开了公司，并且带走了一批高管。在这次事件中，沃尔玛的高层离开了1/3。沃尔顿退而不休，导致权棒交接的失败。

企业家授权之后却不放心，仍要求下属基本甚至完全按照自己的意思、思路、方案去做，这就限制了下属的手脚。下属名义上获得了权力，实际上还是一个简单的执行者。

《孙子兵法》云："将能君不御。"也就是说，领导者放权于能人之后，就不能再去多干预了。否则，很可能反而把事情搞砸。这可能是很多董事长、总经理不愿承认的悲剧。

深圳某公司的总经理给销售经理安排了一项重要工作，仅交代工作就花了两个小时,把工作的每一步怎么办都告诉了销售经理,因为他害怕销售人员在操作的过程中出错。总经理最后问:"你都清楚了吗?"销售经理回答:"都清楚了。"

销售经理回去后,立即召开了会议,很快就安排好了大家的任务。3天之后,总经理感到心里不踏实,害怕销售经理不按照自己说的去做,于是就打电话问工作进度,销售经理说没有什么大问题,自己已经给各个销售人员安排好了任务,让他们去执行了。

过了两周之后,总经理又问销售经理:"期限快要到了,你的进度如何?"销售经理说:"还有很多没有做完。"这个出乎意外的消息使总经理感到很恼火,他说:"我不是都告诉你具体怎么做了吗?怎么还没完成?"销售经理回答:"我就是按照你说的去做的啊。"总经理无言以对。

出现上面案例这种情况的症结在于:总经理对销售经理说的具体细节都是事先想象的,与实际情况有较大出入。可是,销售经理没有得到授权去修正和发挥,只能按照总经理说的不折不扣地执行。所以,反而不能按时完成任务。

三、越级指挥

春秋时代的齐桓公是有名的"明君",他坚决不越权力的雷池。有一次,晋国派使者来见齐桓公,负责接待的官员就去问齐桓公,用什么样的规格接待使者?齐桓公说:"去问管仲。"之后,又有官员来问政务,齐桓公说:"去问管仲。"在一旁伺候的人听了就笑了,他们问齐桓公:"您什么事情都让人去问管仲,别人不会说你这个君王蛮轻松的吗?"齐桓公说:"你懂什么。我作为君王,辛辛苦苦挑选人才,如果什么事情都由我来决定,我把他们招来干什么呢?"

齐桓公实在明智，坚决不给管仲的下属下达指令。试想一下，如果齐桓公自作聪明地说该如何处理某事，管仲将处于何等尴尬的境地！

如果上级越级指挥，会造成四大负面影响。

其一，越级指挥就等于剥夺中间管理层的权力，使其形同虚设。这会严重伤害中间管理层的威信，也伤害了其自尊心。

其二，会造成管理混乱。因为有多个领导直接发号施令，基层人员不知该听谁的。

其三，降低工作效率。心理学原理指出：级别差异较大的领导发出过于具体的指令，或者直接上级传达抽象信息，下级的投入程度和积极性都会降低。

其四，高层领导未必很清楚地知道基层的情况，越级指挥往往就是瞎指挥，自己却浑然不知。

不过，并不是所有的越级行为都构成越权。两者不是一个概念。也就是说，对于有些事情，领导是可以越级去做的，并不构成越权。李·艾柯卡说："我接触员工奇思妙想的最重要的方式之一，就是'越级'会见。"那么，究竟什么事情可以越级，什么事情不可越级？可以简单概括如下：

可以越级聆听，不能越级指挥。

可以越级调查，不能越级处理。

可以越级临时授权，不能越级临时处理。

反授权

　　授权都是自上而下的，这似乎是常识。可是，如果企业家一不留神，就可能被下属反授权，被"绑架"，为他们"打工"。

　　有的下属喜欢讨好领导，本来是职权范围的工作，却经常向领导汇报，请领导指示。很多领导还欣然发出指示。

　　有的下属在工作中不动脑筋，经常向领导提出一些简单的问题，请领导解决。有的领导来者不拒。

　　有的下属耍小聪明，该自己完成的事，却常常提出各种方案请领导选择，而不是自己选择。

　　有的下属想显示自己的能力，该汇报的却不汇报，结果出问题了。

这个时候却去找领导解决。领导出于无奈也只好自己扛起来。

有的下属偷奸耍滑，分内的工作不想干，想方设法推给领导，如请事假、病假不上班。

以上情况，相信很多企业家都遇到过。有的人甚至已经习以为常了。但是，这些都属于"反授权"，是企业家应当避免的陷阱。

反授权的本质是下属推卸责任、逃避责任。长此以往，下属将形成依赖心理，领导则疲于应付，团队效率低下。

1974年，《哈佛商业评论》刊出了一篇著名的文章《经理人时间管理：谁背上了猴子》，作者用猴子比喻企业中的问题，生动地说明了反授权现象。

企业家在路上碰到一位员工，员工叫住企业家说有一个问题要与他谈一下。企业家一听是反映问题，就停下脚步认真地听员工讲述。员工讲完后，企业家无法当场回答该如何处理。于是说："让我考虑一下，回头再找你。"好了，本来在员工背上的猴子，成功地跳到了企业家背上！此后，员工背上没有猴子了，他反而成了监督者，不时跑去问企业家："考虑得怎么样了？"当员工对企业家给出的解决方案不满意时，还会要求企业家"返工"。

企业家一旦第一次不自觉地接受了员工的"猴子"，员工就会认为企业家自己要这些"猴子"，因此，就越给越多，使得企业家应接不暇，反而将自己的大事耽误了。这种事情，看似企业家的简单错误，但即使企业家有清楚的认识也很难避免，原因在于他有时间压力。当员工向他转移"猴子"时，他如果不接过来，就要花时间指导员工如何"照顾猴子"，这可能比自己接手"猴子"更费事。企业家的做法可谓权宜之计。但是，只有让"猴子"回到它本来的地方，才是长久之计。

什么样的企业家容易被反授权呢？

其一：好为人师型。员工一请教，企业家就"不吝赐教"，显示自己多么有才，多么高明。

其二：官僚主义型。员工一请示，企业家就发指示。显示自己至高无上的权力和权威。

其三：事必躬亲型。员工一反映情况，企业家就提心吊胆，生怕员工干不好，自己要插一杠子。

其四：不会识人型。企业家把权力授给了无能之人，只好给其收拾烂摊子。

第四章
情感管理

　　中国历史上，唐太宗李世民是一个乐于为臣下做些"小事"的人。房玄龄是李世民最为倚重的大臣之一，在朝中长期担任宰相。房玄龄生病时，李世民为方便了解病情、随时探视，竟然命人将皇宫的围墙凿开，以便直接到达房玄龄的家。李世民每天都要派人前去问候房玄龄，并派御医为他治疗，让御膳房给他准备一日三餐。在房玄龄弥留之际，李世民来到病榻前，与他握手道别。君临天下的李世民为什么这样做？与下属谈感情是小事还是大事？究竟有没有必要？

导 读

忠诚度难题

感情投资

重视

信任

关爱

忠诚度难题

在一个企业中,搞销售的带着团队精英投奔对手,搞财物的挪用公款甚至携款潜逃,搞技术的带着核心技术投奔竞争对手,与董事长闹矛盾的高管泄露公司核心机密……诸如此类的事情屡见不鲜。最让企业家做噩梦的,往往不是下属的能力问题,而是忠诚度。

如果你是企业家,在选拔核心成员时,你一定要选忠诚可靠之人。忠诚度是世界上最昂贵的奢侈品之一。说它昂贵,是因为花多少金钱都不一定能够买得到。

长期对你好,不一定就是忠心。

齐桓公身边的易牙将自己的幼子蒸熟了给齐桓公尝鲜;开方从卫国

卓越领导力：优秀企业管理者的成功之道

投奔而来，精心侍奉齐桓公十多年，父母死了都没有回去；刁竖挥刀自宫将自己变成太监，为齐桓公管理后宫。管仲生前看透了这3个人，死时告诫齐桓公要远离他们。但是，齐桓公没听，继续重用这3个"忠臣"。后来，当他一病不起时，这3个人就将他的居所用高墙围起来，不给吃喝也不给他治病，再也不伺候他了，并将整个皇宫搞得乌烟瘴气。齐桓公活活饿死，死了很久才被发现，此时尸体上已经爬满蛆虫了。

忠诚度并不属于人的基本素质，与人品、学历、修养、道德等无关。严密的制度，巨大的利益，也许能暂时发挥作用，维持一个人表面的"忠诚"。但是，金钱买不来永久的忠心，控制无法获得由衷的服从。忠诚度只与人心有关。

在家庭关系中，使人不离不弃的是什么？是感情，是归属感。这是家庭成员之间忠诚度的根源。在一个公司中，相互之间可能没有血缘，但可以谈感情，让员工产生"家"的感觉。福耀玻璃掌门人曹德旺说：做领导就像做家长一样，把员工当成自己家里人，从德育、智育、体育全面关心他们。柳传志一向强调"家庭"概念，提倡"家文化"。因而，联想集团被誉为"没有家族的家族企业"。

二战后，日本企业纷纷崛起，很快成为全球行业霸主。很多研究者深入日本企业探寻秘密。他们发现，日本企业员工的忠诚度和敬业精神无与伦比。这是怎么形成的呢？在《日本工业的秘密》一书中，作者说日本的企业仿佛就是一个大家庭。盛田昭夫认为："一个日本公司经理的最重要的使命，是培养他同雇员之间的良好关系，在公司中创造一种家庭式的情感，即经理人员和全体雇员之间同甘苦、共命运的情感。"这种内聚力很强的国民性，被美国称之为"日本股份有限公司"精神。在日本企业，跳槽是一种可耻的行为。因而，日本企业对待跳槽而来的人，习惯上给予的待遇是降级、降薪，与其他国家的做法恰恰相反。有一个广为流传的故事很能说明日本企业员工潜意识里的忠诚度。

在芝加哥的一个大雨天，路上有一辆丰田汽车的雨刮器突然坏了。司机一时之间不知怎么办。这时突然从雨中冲出一个老人，趴在车上就开始修雨刮器。司机问他是谁，他说是丰田公司的退休员工。看见他们公司的产品坏在这里，觉得自己有义务把它修好。

沃顿商学院管理学教授亚当·科布说："人们谈论工作场所中的忠诚问题时，就必须考虑到这是一种双向行为。员工对企业的忠诚度是依企业对员工的忠诚度而定的。但是，企业在这种双向行为中却占据着明显的优势。"这就是说：忠诚是相互的，很难形成单方的忠诚。在公司中，企业家首先要对下属表示真诚，下属才可能对企业家表示忠诚。为此，美国管理学家比尔·乔治提出了"真诚领导力"这一著名概念。

要让员工心里有企业，企业就必须时时惦记着员工。如果员工对企业缺乏忠诚度，很可能首先是企业没有做到位。我们发现，很多公司不与员工签订劳动合同，不按时发工资，还常常轻易辞退员工。在这样的公司，怎么可能让员工觉得企业家是"自家人"？

感情投资

在中国企业中，人与人之间十分需要感情的维系，而不只是利益的维系。

企业雇佣的不仅仅是员工的一双手，而是整个人。但是，古典管理理论恰恰忽略了人的感情需求这一管理活动中最重要的因素。"监工"式的管理无法赢得员工的真心，他们为工作而工作。企业领导者如果不能赢得下属的心，他提倡的路线再英明也可能失败。

领导力要求领导者和被领导者之间建立起一种超越于事务之上的关系，简单地说，就是建立起心与心之间的关系。如果你不向下属表明你对他们的关注，以及你所关注的是什么，他们就不会关心你所说的或你

第三篇 激 励

所期望的。

情感关怀能够触动人的心灵,对员工产生潜移默化的影响。随着时间的推移,员工会加倍回报你。这种回报体现在信服你、敬重你、支持你,乐意听从你的安排,自觉遵守公司制度,努力工作,实现公司的远大目标。

有人情味的领导,更容易吸引众人跟随。有感情维系的团队,会更有活力。

有些人根据东方人重人情而西方人重理性的特点,认为西方的企业管理只重制度,不重人情,这其实是一种误解。如果说西方古典管理理论和科学管理理论有这方面欠缺的话,那么西方现代管理理论的一大特点就是对人的情感需求的重视。韦尔奇的无边界管理模式就是对人的热情关注。韦尔奇的便条,一种非正式的平等交流的方式,难道不会让人感到很亲切吗?在惠普公司,没有工会,很多次组织工会的尝试都失败了。原因何在?员工们发现根本就不需要工会,因为他们觉得自己和管理层密不可分。

很多人可能还不知道,日本企业曾经流行的终身雇佣制不是日本人发明的,其首创者是美国IBM的老沃森。老沃森说他讨厌解雇员工。老沃森告诉公司经理们,公司如果要解雇某人,一定要明确地指明原因,而且还要给出一点小建议,这样他才能在下一份工作中做得更好。尽管老沃森在工作上对待公司员工比较严厉,在生活上却像对待家人一样对待所有IBM员工。他说IBM一贯的宗旨是为员工免除照顾自己和家人的顾虑,因而很早就发布了IBM的养老金计划。虽然老沃森性格苛刻、脾气暴躁,但IBM公司却表现出一种和谐、振奋、热烈的氛围。

约翰·科特说:"作为一个领导者,许多时候并不一定要长篇大论,领导者只要注意一下感情上的细节，就会产生惊人的效果。"韩信灭掉齐国后，他的军队有30万人之多。当时，很多人劝韩信脱离刘邦自立为王。但是，韩信不为所动，坚定地拥护刘邦，原因是他认为刘邦对他太好了。好到什么程度呢？除了知遇之恩，韩信特地提到刘邦对他"以衣衣我，以食食我"。

藤田田在他的著作《我是最会赚钱的人》中表示，他研究了所有的投资分类后发现，感情投资是所有投资中花费最少、回报率最高的。企业家们，学会感情投资，你的管理成本就会减半。

重　视

　　某公司总经理曾给公司中一个普通的开票员写过一封信，其中有这样一段："有些话，你每天不知道要重复多少遍，也许你口干舌燥，但你觉得值得，因为从概率的角度来讲，成功的概率也是存在的。阖家团圆的节假日，对于你却是一种奢望，你可能要忙忙碌碌一整天，坚守在销售第一线。你的工作是平凡的，但是谁敢说平凡的工作不重要？谢谢你，辛勤的开票员，你为公司做出了重要的贡献，公司真心感谢你。"

　　很多人其实不怕干活，不怕累，就怕干了、累了没人知道、没人理解、没人重视。想象一下，如果你是上文故事中那位开票员，接到领导的这封信的时候，是不是也会深受感动、干劲倍增呢？

卓越领导力：优秀企业管理者的成功之道

人类本能地渴望自己具有价值，具有不可或缺的重要性。被他人重视，意味着自己的价值得到认可。当这种心理需要被满足时，将爆发强大的驱动力。松下幸之助曾总结了21条管理经验，第十二条就是"告诉员工他所担负职务的特殊重要性，使其有责任感"。

当韦尔奇还是一个分公司经理的时候，有一次为了解决公司采购成本高的问题，采取了一个独特的办法。他在自己的办公室安装了一部专用电话，供公司的采购人员向他汇报工作成果。只要他们使采购价格有所下降，就可以立即向韦尔奇汇报成绩。韦尔奇无论多忙，都会及时接听电话，表扬员工，并起草一份祝贺词送到立功的采购人员手里。员工们感到自己的经理如此重视他们的工作，非常努力，很快就将采购成本降下来了。

中国古语说"士为知己者死"，实际上说的就是受到重视的人愿意为重视他的人赴汤蹈火（此处的"知己"不能简单地理解为认同自己的想法、思想的人，而应理解为认同自己价值的人）。

春秋时期，晋国的豫让发誓为智伯报仇，不惜毁容伪装，行刺杀害智伯的赵襄子，直至最终失败被杀才罢休。豫让的无穷动力来自智伯的"以国士待之"。赵襄子杀豫让前问他：以前你也侍奉过中行氏、范氏，为何不为他们报仇？豫让回答说，他在中行氏、范氏那里只得到普通的对待。从此，"人以众人遇我，我以众人报之；人以国士遇我，我以国士报之"成为千古名言。

2006年，英国社会学家诺费·马克就工作价值感问题，对全英1700名雇员进行了访谈。结果显示：当员工受到重视，并且感受到了自身的价值时，他们就会更加认同自己的公司和董事长。

有一次，当林肯站在演讲台上时，有人问他有多少财产。人们以为他会回答有多少万美元，有多少亩土地。但林肯却这样回答："我有一位妻子和一个儿子,都是无价之宝。此外,租了3间办公室,室内有一张桌子、几把椅子,墙角还有一个大书架,架上的书值得一读。我本人又高又瘦,脸蛋很长,不会发福。我实在没有什么依靠的,唯一可依靠的财产就是——你们!"最后这句话,就是林肯赢得民心的法宝。选民因为受到如此重视而产生了神奇的向心力!

《西点军校领导魂》的作者认为:"有品格的领导人,重视他们所领导、所服务的人。相对的,没有品格的领导者,只把手下当成追求一己私利的工具和手段。"

从一些小事上,就能体现领导对员工的重视。

松下幸之助有一次在公司的餐厅里就餐,点了牛排。就餐完毕时,他让助理去请烹调牛排的主厨过来。主厨来了,感到很紧张,因为他看到牛排剩下了大半,以为是牛排没有做好,肯定要遭到批评。但是,出乎所有人的意料,松下幸之助说:"你做的牛排很好吃。我今天只吃了一点,是因为我今天的胃口不好。如果不找你来说清楚,我怕你会错以为自己做的牛排不好呢。"如此小事,松下幸之助并没有忽略下属的感受。

要体现对下属的重视,可能没有比倾听他们的意见、采纳他们的建议更好的办法了。人际关系学大师戴尔·卡耐基说:"世界上没有人喜欢被迫遵照命令行事。如果你想赢得他人的合作,就要征询他人的愿望、需要及想法,让他人觉得是出于自愿。"企业家鼓励员工提意见,员工感到自主性和独立性得到了尊重、能力得到了信任、价值得到了肯定,于是干劲就来了。研究表明,员工对企业发展的参与程度越深,其工作的积极性就越高。如果人人都能提出建议,就说明人人都在关心公司,公司才会有前途。企业家如果认真对待员工的发言权,即使他们的建议没有被采纳,也不失其巨大意义,也会得到下属的拥戴。此外,为员工建立自信心、提升他们的工作能力、向他们合理授权等,都能体现重视之意。

　　说到员工的重要性，很多企业家都能侃侃而谈，却没有几家公司真正把每个员工视为不可或缺的一员。对此，玫琳凯·艾施有刻骨铭心的感受。她年轻时在一家公司打工，有一次为了能和公司的副总裁握手，不惜排队等候了3个小时。当终于轮到她的时候，副总裁只是象征性地与她握了一下手，而且在握手时眼睛没有正视她，副总裁在看她后面还有多长的队伍。这一细节让玫琳凯伤心至极，终生难忘。所以，当创业成功后，她总是尽力使每一个员工感到自己很重要。于是，玫琳凯公司大厅的墙上挂满了优秀员工们的照片和事迹介绍。

　　沃顿商学院的管理学家格尔·巴萨德指出："员工最大的不满之一在于他们的工作没有获得组织给予的足够认同。当员工感到自己没有受到组织的重视和尊重时，他们往往会产生强烈的倦怠情绪。"托马斯·彼得斯曾大声疾呼："你怎么能一边歧视和贬低下属，一边又期待他们去创造业绩。"

　　当今时代，如何管理"90后"成为业界的新课题，他们的特点是：自我中心，个性张扬，自控能力弱，叛逆心比较重。这种情况下，管理层需要更多地去考虑他们的自尊心，在此基础上去引导他们准确地意识到企业的需要，意识到自己犯错误对企业的影响。管理"90后"，简单的命令、说教有些不合时宜。他们更容易接受分享式的管理方式。作为他们的领导，有时更接近于教练与朋友这种角色，给予建议，分享自己的经验。

信　任

　　柳传志将联想集团董事长之位交给杨元庆之后，不管联想出现什么暂时的挫折，也不管别人怎么质疑杨元庆，他都坚决不为所动，坚决不干预杨元庆的决策和公司的大小事务。在公开场合，柳传志总是力挺杨元庆，叫大家不要对杨元庆过于苛刻。这充分表现出柳传志对杨元庆毫不含糊的信任。

　　人们容易理解下级信任上级的问题，却常常忽略了上级信任下级的问题，简单地认为下级处于受支配、受约束的地位。马云告诫说："必须信赖并关心员工。你的员工，你的团队是唯一能够改变一切的力量。员工是帮助你实现梦想的基础……股东会给你很多意见，但在执行的过程中，他们会离你而去。股东随时都在改变主意，但你的员工却总是和你站在一起支持你。"马云认为，用人最大的突破在于信任人。很多人没有解决好这个问题，为此付出了巨大的代价却不自知。

一、信任激发干劲

1923年的东京大地震使松下公司的东京办事处被破坏了。松下幸之助重建东京办事处的时候，对新任负责人宫本源太郎说：你是我最信任的人，也是最适合这个岗位的人。宫本源太郎当场感动得热泪盈眶。到东京后，他为了节约成本，只租了一间房子当办公室兼家人的住处。晚上用凳子拼凑成床，白天撤掉当办公室。由此可见，松下幸之助的一句信任的话，就让下属自觉为公司节省了大笔开支。这不是一本万利，而是无本万利！

当企业家将"此事只有你才能办好"这顶高帽子戴在下属头上时，下属的自尊心会立即被激发：企业家只把光荣任务交给自己而不是别人，如此看得起自己，顿生责任感和使命感，一定会全力以赴地把事情做好，证明自己名副其实！

二、信任激发忠心

三国的曹操是激励专家。关羽奉刘备之命攻打曹操，曹操派庞德为先锋官迎战关羽。谋士提醒曹操：庞德旧主马超已归顺刘备，恐怕庞德会阵前反水。于是，曹操就想收回庞德的先锋印。庞德感到很委屈，就去找曹操申述。曹操听到庞德的表白后，马上安抚："我其实知道你素怀忠义之心，但别人这么说你，我不得不做个姿态，以安众心。你只管努力建功就是了，我相信你不会辜负我。"于是，庞德抬着棺材大战关羽，居然与关羽打成平手。后来，庞德的军队被水淹，被俘后也宁死不屈。庞德这样做，就是要证明给那些不相信他的人看看：我庞德是忠义之士，为此不惜牺牲生命。

企业家一句"我相信你不会辜负我"，就能让下属效死命。因为这句话让下属感到企业家将其当自己人了。下属心里会想：如果辜负了××的厚望，就显得自己太不是东西了！

三、信任开发潜能

戴尔·卡耐基被誉为美国现代成人教育之父。其实，卡耐基小时候是大家公认的坏男孩。他9岁时，父亲娶了继母，并向她介绍卡耐基："亲爱的，你要注意这个全郡最坏的男孩，他已经让我没有办法管教了。说不定明天他就会拿着石头扔你，或者做出什么让你出乎意料的事情，你要有一个心理准备。"可是，继母不但没有给小卡耐基一个下马威，反而友好地走到他面前，仔细地看了看他，微笑着对他父亲说："你错了，他不是最坏的男孩，而是全郡最聪明最有创造力的男孩；只不过他没有找到展现自己才能的地方，他的能力都发挥在玩上了。"继母的一番话改变了卡耐基，激发了他的上进心和创造力，使他成为20世纪全球最有影响力的人物之一。信任，激发出巨大的潜能。

信任是一个水杯，才华是一杯热水。有多大杯子就装多少水，有多少信任就施展多少才华。一个人本来只能做到8分成绩，被充分信任时，却做到了10分、12分。相反，一个总不被信任的人，可能破罐子破摔，本来可以做到8分成绩，只能做到5分，甚至一塌糊涂。

四、信任消除隔阂

高明的企业领导人都善于笼络人心，消除心理上的隔阂，拉近心理距离。打"信任"牌是其主要手段之一。

公元 24 年，河北最强大的铜马军投降刘秀之后，降将们心中惴惴不安。刘秀为了消除铜马军的顾虑，除了仍然让那些将领各自统领原来的军队，还使出了一个绝招——不带护卫只身前往铜马军营寨巡视。这一招让整个铜马军震撼了。刘秀靠自己的勇气给了他们一个强烈的信号——我信任你们，真心对待你们。从此，铜马军发自内心归顺了刘秀。

刘秀用信任赢取人心的另一杰作是收服甘肃军阀隗嚣。东汉的开国功臣马援原为隗嚣的属下，甚得隗嚣的信任。隗嚣派遣马援分别去拜见四川军阀公孙述和洛阳的刘秀，以便选择一个靠山。马援与公孙述本来是同乡，但公孙述在成都接见马援的时候，大殿戒备森严，如临大敌一般，让马援感到极不舒服。之后，马援到洛阳拜见刘秀，刘秀却着便装在偏殿亲切地接见他。马援回去后就向隗嚣汇报了情况，决定归顺东汉政权。后来，马援为东汉统一天下立下了赫赫战功。

民营企业中，经常听到员工抱怨总经理不相信自己，甚至谁都信不过。员工如果感到企业的一把手不信任自己，处处提防、监督自己，事情就会变得很糟糕。这种情况下，企业的一把手与大家貌合神离。员工甚至还会认为：自己反正已经被划入"坏人"的行列了，再做点坏事也不影响形象。

五、信任的"度"

曹操生性多疑，几乎不相信任何人。为了防范有人在深夜暗算他，他胡说自己梦里要杀人，叫大家在他睡觉时千万不要靠近他，以免被他误杀。为了证明他的谎言，他还真将一个忠心耿耿的贴身侍从给杀了，还假惺惺地哭了几声，并安排厚葬。但是，曹操凭着他杰出的才智，还是聚集了那么多人为他卖命，成就了霸业。前文谈到曹操以信任的姿态激发了庞德的忠心。其实，曹操内心里肯定不太相信庞德。但是，他的高明之处在于，轻松地把"不信任"之责推给了虚无的"大家"，自己却做出十分信任庞德的样子。这一出戏演完，庞德相信曹操是信任自己的，这就够了。内心虽有疑虑，但表现为信任，并让下属相信自己被信任。这就是曹操高明的领导艺术。

做企业的一把手，一定要懂得在适当的时候对员工说"我相信你"，不管你心里是怎么想的。例如，当企业的一把手听到其他人在背后议论某个员工的时候，不论他们说的是真是假，一定要当面驳斥和制止，让那个员工感到你的信任。如果议论的不是事实，那个员工就会感激你，更加努力地工作。如果议论的是事实，那个员工就会觉得辜负了你的信任，感到无地自容。然后，企业的一把手在了解事实真相的基础上，私下提醒这个员工。这个时候，这个员工就会对你心存感激，痛改前非了。

一些公司存在过度监督，让员工感到完全不被信任。这是做领导的悲哀。例如，为了防止员工在工作期间聊天，做自己的事情，强制员工使用被监控的手机，在员工使用的电脑上安装监控软件，等等。这种做法使公司与员工之间处于"侦察"和"反侦察"的关系，严重破坏了公司内部和谐。监督是必要的，但要把握分寸，主要针对员工的工作指标或流程，不能肆意扩大范围，以免引起员工的反感与抵触情绪。

六、信任风险

凡是有经验的人，都知道信任别人需要勇气，因为这是一件令人担忧的事情，是在冒险。但是，如果时时保持戒心，疑心重重，也会得不偿失。企业家对下属的信任问题，需要高超的领导艺术。

惠普公司向全体员工开放库房和储藏柜，员工们可以随便进出其中，随便拿走和使用设备、工具和零部件，甚至可以拿回家。这是帕卡德的独创。之所以这样做，除了方便员工、促进他们随时尝试新构想之外，主要目的是向全体员工传达一种强烈的信号——信赖。此外，惠普还实行弹性工作制，也是建立在信赖员工的基础上。帕卡德认为，信赖员工是惠普经营方略的核心。尽管开放库房意味着部分公司资产的遗失，弹性工作制会导致员工有时干点私活，但帕卡德显然认为传递信赖的意义更大。

对于信任风险问题，松下幸之助有深刻的体会和独到的见解。创办松下电器之初，生产电源插座要使用一个沥青、石棉、石粉等熬制原材料的秘方。按一般人的思维，这个秘方不能让外人知道，但松下幸之助还是基本向员工们公开了。结果，员工们并没有泄密。从此以后，松下幸之助平时都尽可能地相信员工，放心地将工作交给他们处理。比如让20岁出头的年轻职员到外地办事处去当负责人，让名不见经传的员工负责产品的开发……最终，他们都取得了超出松下幸之助预期的成绩。因此，松下幸之助深刻地认识到了信任的重要性。在他诸多的用人技巧中，大胆地委托工作占有重要地位，因为他认为"最成功的管理是让人乐于拼命而无怨无悔，实现这个靠的不是强制，而是信任"。他指出：不信任和自己一起共事的人，不仅自己痛苦，工作效率也很低。

信任别人时，如果反遭欺骗、出卖、利用，怎么办？对于这个问题，松下幸之助认为：从长远看，宁可有些轻信，也比疑虑别人的诚信要好，因为信任带来的回报是很大的。虽然有时也会上当，但即使这样，松下幸之助也认了。在他看来，这是必要代价。

关　爱

　　提起中国第一"狼性"公司华为，人们总与拼命加班、铁的纪律、艰苦奋斗联系在一起，认为任正非可能与人情味无缘。你能想到吗？在创业早期，任正非经常在晚上帮助加班的员工买夜宵，帮回家的员工叫出租车。他也曾装扮成食堂大师傅，为工作到深夜的新员工送餐，并与他们一道睡在车间。

　　有一次，一个回家的员工在机场碰上任正非，假装没看见，却没想到任正非主动与他打招呼，并用自己的专车将他送回家。著名的深圳华为"百草园"，就是一座充满关爱的温馨的"家园"。

　　在很多人的观念里，关心下属尤其是普通员工生活中的小事情，那些日理万机的大企业家一定不会亲自去做，最多让手下人办理一下。事实上，不是这样。

公司大了，企业家没有时间去关心每一个员工，尤其是基层员工。但是，以点带面，关心一个，鼓励一群；关心一群，鼓励全体，无论如何都是做得到的。所以，企业家能否在百忙中体现对员工的关心，不完全是时间问题，取决于员工们在企业家心中的分量。这是企业家的认识问题。

中国的企业家关心一下下属，似乎属于正常现象。那么，西方国家的大企业家们也会这样做吗？答案是肯定的。

摩托罗拉在1928年创立时，正值美国经济不景气。有一次，一个名叫比尔·阿诺斯的员工生病了，但他不敢说，因为害怕被解雇。创始人保罗·高尔文知道后，不仅没有开除他，还极力安慰他立刻去看病，等身体恢复了再来上班，而且还替他支付了手术费，后来也没要他还钱。

《华尔街日报》曾经报道了沃尔顿的一件小事：他连续几周失眠，于是起身去24小时营业的面包店买了4打多纳圈，此时已经是清晨两点半。他带着多纳圈去沃尔玛的批货中心，站在货运甲板上和工人聊天。这么一会工夫，他就发现这里还需要两个淋浴棚。事后，沃尔顿马上为员工解决了这个问题。当时，沃尔玛的年营业收入规模已经高达20亿美元。

日本企业盛行的"家庭文化"的核心就是对员工的关爱。盛田昭夫在《日本造》一书中说：所有成功的日本企业都有一个共同的法宝，既不是什么理论，也不是什么计划和政策，而是人，爱人，爱员工，与员工建立情感。稻盛和夫在中国出席"稻盛和夫经营哲学研讨会"时，给

第三篇 激 励

其中一位参会者的题词就是"敬天爱人"。他在公司新产品研制最艰苦的时期,每天深夜下班后都要请下属和助手到附近的小酒馆喝上一杯,再跟大家聊家常,与下属之间没有丝毫的隔阂。喝完酒之后,他还站在路口目送工人们回家。这些工人全部对他忠心耿耿,哪怕在最艰难的日子里也没有离去。工人们说稻盛和夫身上有一种激励人心的魅力。

有人认为,员工是来工作的;公司已经给他发了工资,给了报酬;公司没有义务关心他们的私事、小事,因为公司不是慈善机构。如果公事公办,公司完全可以不管员工的私事。话虽如此,却难以让人接受。员工不是机器,而是人,是有情感、有思想的人。如果企业缺少人情味,与下属将始终处于雇佣关系。员工哪来归属感?柳传志说:"经营企业,如果心肠冷漠,肯定做不长久,一定要以心换心、诚恳相待。""企业不是慈善机构"这样让人心冷的话,高明的企业家一定不会说。

企业家把员工的事当自己的事,员工就会把公司的事当自己的事。读历史书的人都能看到,那些豪侠勇士要去为主人卖命的时候,主人都会告诉他,如果有什么不测,一定为他照顾好家人,甚至提前安排妥当,为其解除后顾之忧,以便让勇士死心塌地做事。

经常有公司管理者这样对员工说:"个人的事再大,也是小事;集体的事再小,也是大事。"这个冠冕堂皇的说辞,似乎无可反驳,但仔细一想就发现有问题:因为在别人眼里的很多小事,在员工本人那里可能是大事,甚至是天大的事!

钢铁大王卡耐基在其回忆录中记载了这样一件事。在他23岁时,有一天,一个急得满嘴是泡的青年员工找到卡耐基说:妻子、女儿因家乡房屋拆迁而失去住所,想请假回家安排一下。当时因公司人手少,卡耐基不想马上准假,就以"个人的事再大,也是小事"这类大道理来开导这个员工。不想，这个员工一下子气哭了，并愤愤地顶撞他："这在你们眼里是小事，可在我眼里是天大的事。我老婆连个住处都没有，我能安心工作吗？"后来，卡耐基在日记中写上："一番大实话深深地震动了我"。他在回忆录中说："这是别人给我在通向领导的道路上上的第一课，也是刻骨铭心的一课。"

有的企业家担心亲民形象有损于领导者的威严，于是老"板"着脸。要知道，无情无义的威严可能是表面的，无法深入别人内心。刘永好的员工评价他——"虽然他是企业的一把手，但对我们工作上、生活上都特别关心"。阿里巴巴有员工这样评价马云："我感觉他本质非常好，非常善良，比较照顾周围的人。而且，不是应付，也不是应酬，而是发自内心的关心。他把我们当作真正的朋友，他付出从来不求回报。"看来，刘永好、马云并没有因关心下属失去威严，反而显得更加高大！

第五章
奖罚辩证法

　　赏罚分明是成功法宝。成功的企业领导者,都会坚守这个原则。韦尔奇说:"作为一名领导者,我所做的最重要的一件事情就是论功行赏,赏罚分明。"

导 读

因人而异

循序渐进 VS 一步到位

常奖慎罚

出人意料 VS 事先规定

奖罚要及时

请将不如激将

给现金不如造经历

物质奖励 VS 精神奖励

因人而异

  人们对价值的认识不是来源于对象本身,而是来源于自己的需求。人最迫切需要的东西,才是激励其行动的最大动力。经济困难的,加薪很刺激;年龄大的,工作稳定很重要;学历高的,在意尊严;能力强的,渴望舞台;职务高的,看重名望。

  要奖励某人,必须找准其最大的需求点,才能达到最好的效果。最好的激励是雪中送炭,而不是锦上添花。奖励给卖火柴的小女孩一枚闪闪发光的钻戒,显然不如给她一个香喷喷的白面馒头效果更好。但是,对于一个酒足饭饱之人,再给他一盘山珍海味,无异于在惩罚他。

  奖励意味着认可,而没有个性的、例行公事般的认可方式会让人感觉缺乏真诚，是敷衍。有的公司每个季度给员工工作卡上打季度奖，却没有人来告诉他（她）做出了什么贡献，也没有什么庆祝活动。这种奖励办法没有体现出对员工独特价值的认识和肯定，无法让他们激动，很快就会被遗忘。如果奖励的方式不适合那个员工，即使重奖也达不到激励的效果。

要重罚某人，就要看其最害怕失去什么。处罚在此处，他一定刻骨铭心，下不为例。

不同的人，或者同一个人在不同的时期，其迫切需求的东西都是不同的，甚至差别甚大。奖罚在最大需求点，才能发挥最大效力。

由控制论产生的权变理论认为，在一个系统中，当其他条件都相等时，能做出最多的适当反应的人，将控制住这一系统。根据这一原理，作为企业领导者，必须真正了解下属，才能做到有针对性地激励，而不是千篇一律。这种图省事的做法，起不到激励作用。

循序渐进 VS 一步到位

训练马戏团猴子的时候，工作人员往往会准备一些猴子爱吃的食物，每隔一会，喂它一点，调动猴子的积极性。但是，每一次只能给一点，绝不可喂得太饱。否则，猴子就懒得动了。做法不当，"诱饵"会失去作用。训练猴子的故事，说明了奖励的循序渐进原则。

人性中有贪婪的成分，人心是永不满足的。同样力度的奖励，其效力总会越来越小，犹如经济学中的边际效益递减规律。一次性就满足下属的愿望，就把人的胃口撑大了。此后，一般的奖励就失去了作用，而公司的资源总是有限的。所以，激励的力度只能是先弱后强。

根据这个道理，任何重奖都要十分慎重。除非在特殊情况下，一般不可轻易为之。

对于任何人，只有超出期望的收获才能让其兴奋。因此，奖励的效果不在于奖品的绝对价值，而是相对值，即与获奖者的期望值之差。如果他（她）的期望值是5万元，你奖励他（她）3万元，他（她）肯定不满意；但是，如果他（她）的期望值是1万元，你奖励他（她）2万元，他（她）会很高兴。此时，你还少花了1万元。因此，要想提高奖励的效果，企业领导就要学会降低员工的期望值。怎么降低？利用锚定原理，巧妙地设定一个参照"锚"，比如横向或纵向对比，将"锚"置于员工心中，在他（她）获奖时感到自己是"赚了"，而不是"赔了"。在实施奖励的开始阶段，企业领导千万不能将参照"锚"设高了，以便为以后的逐步提高留下较大的空间。

与奖励相反，处罚不能循序渐进，而要一步到位，这样才能起到震慑作用。想象一下，如果今天罚款100元，明天罚款110元，后天罚款120元，会是什么结果？人们会感到不痛不痒，"耐受性"越来越高，最后干脆变得无所谓了。对"首犯"一定要重罚，才能避免他（她）变成"惯犯"，也才能避免出现更多的"首犯"。

赏不避小，罚不避大。

常奖慎罚

　　一次得到1万元奖金，或者两次各得到5000元奖金，哪个带给你的快乐更多？绝大多数人的答案应该是后者。这里显然存在1+1＞2的效果。
　　每次奖励对人的情绪的刺激时间是有限的，这是人性，与坐豪车、住别墅也只能使人兴奋一阵子是一样的道理。面对这种情况，企业管理者应该怎么办？办法是使奖励常态化，细水长流。这叫动态激励，而不是一次性的静态激励。有的公司鼓励优秀员工不脱产学习，并报销每年的部分费用，拿到文凭报销全部费用，这种办法无疑将大大有助于留住人才。华为员工的股权不能转让或带走，但能年年分红，也是将奖励常态化的好办法。据说有人问任正非：华为为什么不上市？任正非回答：

如果上市了，员工一下子发了大财，就可能套现走人。原来，任正非是在担心上市会破坏激励效果。由此看来，一些公司到年终给骨干员工奖励奔驰、宝马轿车的做法，实在不是高明之举。与其这样，不如按季度奖励，最好是按月奖励。奖励总额不变，但总体激励效果一定会好得多。

在企业里，与奖励的常态化相反，处罚要慎重。小孩爱玩电子游戏，被父母打了屁股。以后，父母在的时候，他（她）不敢玩了。但是，父母一离开，他（她）又会偷偷地玩起来。所以，由处罚引起的行为改变常常只是为了避免处罚，而不是真正"改邪归正"。企业在实施处罚的时候，应该做必要的沟通、教育工作，以提高其认识。另外，处罚的频率不可过高。否则，大家提心吊胆，谨小慎微，甚至形成逆反心理。如此，既影响企业的团队士气，也束缚了大家的手脚。

出人意料 VS 事先规定

某公司为了调动员工积极性，总经理于2012年国庆长假期间带领员工们到旅游胜地游玩了几天，果然士气大涨。2013年，离国庆长假还早，大家就开始期待公司的旅游安排。到了2014年，他们不再兴奋了，因为已经习以为常，而且认为理所应当。2015年国庆，因为公司有特殊情况，总经理没有组织旅游。员工们认为总经理"爽约"，情绪大受打击。有的人甚至对公司很不满。

不难看到，上文故事中该总经理实施的这项激励政策是失败的，原因在于过于规律性，奖励变成理所应当的福利，失去了作用。

根据美国心理学家赫兹伯格1959年提出的激励—保健双因素理论，

基本工资、福利之类是"保健因素",而不是"激励因素"。没有它们,员工会产生不满;有了它们,员工不会产生满足感,也就是没有激励作用。因此,在实施激励措施时,一定要避免使其沦为福利。

根据激励—保健双因素原理,奖励一定要避免平均主义。平均主义是激励的大忌,因为它消除了稀缺性,降低了奖品的价值。只让超越平均水平之上的人有资格获得奖励,才能激发员工上进。有个公司每个季度末发 1000 元奖金,每年年底奖励一个月的工资。不难预见,这种办法只在开始一两次起作用,以后就不会再产生什么效果了。研究表明,实行平均主义时,奖金与工作态度的相关性只有 20%;实行差别奖励时,奖金与工作态度的相关性可达到 80%。

与奖励相反,处罚不能搞出人意料,而是要事先规定好。对于在什么情况下会有处罚,什么时候处罚,处罚到什么程度,所有这些事先都要以条文的形式明确下来,做到"有法可依"。并且,要事先告知全体员工。这样,到实施处罚时谁也不会有意见。

奖罚要及时

心理学研究表明，人在做出成绩的瞬间最渴望获得表扬、奖励。随着时间的推移，兴奋度越来越低，这种愿望就会逐渐消退，而表扬或奖励产生的效果也就变差了。拿破仑说："最有效的奖励是立即给予的奖励。"姗姗来迟的奖励，只能聊胜于无。

如果上司承诺过什么奖励，那么，下属从完成任务那一刻起就在盼望上司兑现承诺。没兑现之前，会心神不宁，影响工作积极性。这种对当事人工作状态的影响，局外人很难体会，但企业领导者不可不知。某公司在这方面做得很到位，他们将销售人员的提成不是放在月底或下月结算，而是在卖出产品的当天就结算并发放。结果，员工干活非常卖力。

　　对于及时奖励的"及时性",李·艾柯卡还有更深的认识,他认为:及时奖励不等于员工出成绩后再奖励,而是在员工最需要的时候就奖励他(她)。例如,成功就在眼前,但员工遇到了一点问题,这个时候奖励他(她),可以促使他(她)一鼓作气克服困难,完成任务。艾柯卡将奖励时机提前到完成任务的过程之中,使奖励更及时,发挥更大的作用,类似海豚表演的激励。海豚每次表演完一个动作,饲养员就会喂它一条小鱼,然后让它继续表演,而不是等到它完成所有表演才喂食。否则,海豚可能中途"罢工"的。

　　惩罚也有强时效性。对于事先规定的惩罚,对犯规者也要及时兑现,才能起到杀一儆百的威慑作用。现实中有不少企业管理者顾虑太多,没有及时兑现惩罚,尤其是严重惩罚。这样一来就使惩罚的效果大打折扣。员工3月份违规,到开年终大会时才宣布罚款,还有什么用呢?企业领导把人也"得罪"了,却没有使手段发挥应有的作用,达到应有的效果,实在不划算。

请将不如激将

　　读《三国演义》，会发现诸葛亮最擅长激将法，无论对内，还是对外，他都运用自如。长沙战黄忠、华容道擒曹操时激关羽，成都斗马超时激张飞，定军山斩夏侯渊时激黄忠，初出祁山时激赵云。诸葛亮最精彩之作是激孙权、周瑜。曹操百万大军压境，刘备大败于长坂坡，诸葛亮临危受命前往东吴游说，以达成孙刘联盟，共同抗曹。诸葛亮见到孙权和周瑜这两个关键决策人时，都没有采取"以理服人"的常规方式。因为他知道，对于这两个东吴最有权势的人，如果去给他们讲道理，一定没有震撼力。于是，诸葛亮采取了激将法。他对周瑜说曹操打东吴是冲着"二乔"来的，佯装不知小乔是周瑜之妻，劝周瑜将"二乔"献给曹操以退敌，引得周瑜怒不可遏。对孙权，诸葛亮说：我家主公刘玄德是大汉皇叔，要匡扶汉室，绝不可能投降曹操。言下之意是：你孙权可以投降。气得孙权拔剑砍下桌子一角，发誓与曹操势不两立。诸葛亮深知，周瑜和孙权这样的英雄人物怎么也不可能受此奇耻大辱。激将法成功地激出了他们的决心和斗志。

激将法的奥妙何在？你要对方去做某件事，如果"请将"，那么对方肯定要向你提条件、要奖励，最后还不一定"请"得出来。激将法的高明之处在于：把本应该给予对方的条件和达成目标后的奖励，转变成了完不成承诺时自取其辱的惩罚，这就大大增强了激励的力度。

激将法蕴含着如下深刻的道理。

其一，人人都有好胜心和荣誉感。激将法就是激起对方产生高度荣誉感和强烈好胜心的最好办法。

其二，激将法拿到了对方的坚定承诺。这样，对方就会对自己的所有行为负责，并达成目标。主动承诺的惩罚，当它真的来临时，当事人心服口服。马谡丢掉街亭被斩，他只能坦然接受，无法抱怨诸葛亮。奖由上司主动给予，罚由下属主动承诺，是管理企业的基本技巧。

其三，人类行为只有两种动机：追求快乐和逃避痛苦。逃避痛苦的动力强于追求快乐的动力。2002年度诺贝尔经济学奖获得者丹尼尔·卡尼曼通过心理学研究发现：在可以计算的大多数情况下，人们对所损失的东西的估值是得到相同东西的估值的两倍。因此，惩罚比奖励刺激大得多。激将法充分利用了人性中的畏惧感。

如果说对于上进的员工要多表扬，对于脸皮厚的员工要多教育、批评，那么，对于好面子、自尊心强的员工则要多用激将法。

运用激将法时，企业领导者要对执行者的能力有基本的估计。惯用激将法的诸葛亮，激马谡立下军令状去守街亭，本想栽培马谡，马谡却"栽"了。

给现金不如造经历

好的激励要产生持续满足感，而不是让人兴奋一时。要产生持续的效果，就必须让人产生深刻的记忆。从这个角度看，大众化的奖励注定是短效的，包括奖金。公司里那些例行公事般的低档次聚餐，不搞也罢。

独特的经历和体验最能让人长时间记住。因此，组织员工到没去过的地方旅游一趟，或者住两天七星级酒店，或者包两辆大房车搞一次野营，比奖励相应数量的现金效果要好得多。像这些事情，即使员工有钱，他（她）也不一定去做。

阿里巴巴将每年5月10日定为"阿里日"，就是很高明的做法。这一天，公司对所有员工的亲友开放，让他们成群结队地来参观他们的亲属所在的公司。这无疑大大增强了员工和亲友们的自豪感。更绝的是，公司在这天为员工举办集体婚礼，马云亲自证婚。在 2018 年 5 月 10 日的集体婚礼上，马云说经他证婚的人"要 80 年后才准离婚"，意思就是不准离婚。此话在网络上广为流传。阿里员工这样的经历，一生仅此一次，一定终生难忘，产生的凝聚力是花大把金钱都难以企及的。

造经历激励效果好的秘密在于：将物质激励与精神激励紧密结合起来了，产生了乘数效应。

物质奖励 VS 精神奖励

奖励金钱，毫无疑问是最普遍的激励手段，在大多数情境下也是比较有效的激励手段。但是，用好物质奖励并不容易，方法不当的话根本达不到预期的效果。

物质奖励遵循边际效率递减规律。年收入从 5 万元增加到 10 万元时，你会感到很兴奋。从 100 万元增加到 110 万元时，虽然增加的数量还多了 5 万元，但当事人可能没什么感觉。从 100 万元增加到 200 万元时，当事人的兴奋度也不如从 5 万元增加到 10 万元的时候，虽然两者同样是增加一倍，而且前者增加的绝对数量大得多。给员工 100 万元、1000 万元甚至 1 亿元的年薪，总有到顶的时候，不可能无限增长。最终，他（她）照样会在高薪面前失去最初的动力。

物质奖励有刚性，只能递增，不能减少。去年年终奖10万元，如果今年变成8万元，员工就会很失落，甚至发牢骚。此时的年终奖变成了负激励，变成了惩罚，走向了反面。

物质奖励还要受到经济条件的限制。在创业早期，或者公司遇到困难时，或者行业不景气时，或者遇到经济周期的波谷时，公司可能无法实施打动人心的物质激励计划。因此，物质奖励不可滥用。遗憾的是，它恰恰被滥用了。实际上，很多物质奖励被浪费了。这可能是很多企业家始料不及的。

一家大型工厂的门卫，经常要求加工资，而且还不断提出辞职。因此，这家工厂的门卫更换很频繁。后来，该厂的厂长终于想出了一个办法。他给了门卫一个响亮的头衔——防卫工程师。于是，门卫开始变得安心工作了。这就是精神奖励的作用。

最常见的精神奖励是授予称号、头衔、勋章，送给鲜花、掌声。拿破仑说："士兵不会为你卖命，却会为了一条彩带为你冲锋陷阵。"精神奖励的秘密在于：制造了神圣感，激发了追求梦想的动力。

赞扬、赏识是世界上性价比最高的激励手段。历史上的曹操不愧激励专家。他平时总是不失时机地赞扬下属。在与李傕交战中，许褚连斩两大将，曹操即手抚许褚之背，说："子其吾之樊哙也！"在与关羽交战中，徐晃孤军深入重围，大胜而归，曹操立即说："徐将军真有周亚夫之风矣！"荀彧弃袁投曹后，曹操见其才华出众，说："此吾之子房也！"曹操一分钱不花，只是耍耍嘴皮子，就达到了千金难买的激励效果。

心理学家威廉·詹姆斯说："人类性情中最强烈的渴望就是受到他人的认同。"给人戴高帽子，百试不爽。

高明的企业领导兼用物质奖励与精神奖励手段,而且更常用后者。

拿破仑帝国的建立与拿破仑创建荣誉军团制度密切相关。他分封了1000位男爵、400位伯爵、31位公爵、3位亲王。在拿破仑的军队里,每个士兵都有当元帅的雄心壮志。他们视死如归,将死亡当成是为国争光的壮举。

第 六 章

经营梦想

　　德国哲学家尼采说:"强烈的希望,比任何一种已实现的快乐,对人生具有更大的激励作用。"一个人最大的激情和热情,是在希望来临之前,而不是在希望到达之后。人生价值的70%属于未来。张瑞敏说:"一个人总要有梦想,一个企业、一个民族也是如此,有了梦想才会有目标,有了目标才会有压力,才会有追求,才会有向上的力量。"对未来的希望,永远是人生的精神支柱。杰出的企业领导者,就是不断为自己、为团队点燃希望之火的人。

导　读

造梦大师

梦之队

真假梦想

理想对接现实

造梦大师

曹操、刘备煮酒论英雄时，曹操说："夫英雄者，胸怀大志，腹有良谋，有包藏宇宙之机，吞吐天地之志也。"成大事者，常怀高远的理想，然后踏上事业的征程。

一百多年前，29岁的亨利·福特终于实现了"10年内设计一辆汽油做动力的车子"。在试车大会上，记者问亨利·福特成功的秘诀，他的回答是："我为自己设了很高的目标。"

要动员大家造一艘船，首先要做的，不是四处寻找材料，而是激发众人对大海的渴望。企业领导者必须将自己的梦想融入伟大的事业，肩负起为团队塑造未来的责任。

卓越领导力：优秀企业管理者的成功之道

成功的企业不是在成功以后才拥有崇高的理想，而是在它们还在艰难起步时就已把这种理想主义的情操写进创业文件里。

在用友软件成立20周年时，创始人王文京总结了他们成功的经验，其中最重要的一点就是用友一开始就是一家有梦想的企业，他说："企业其实是有生命的组织，它跟人一样，需要用梦想来驱动……用友创立之初，是一个只有几十个人的小公司，那时的使命是发展民族软件产业，推动中国管理现代化。我们的目标是成为国内最大的财务管理软件公司。那时，有的员工就质疑说，这么高的使命和目标，是不是太空了？回过头来看，这个梦想其实并不空，也恰恰是这个梦想指引了用友的发展。"

成功的企业常常在说不太清楚制造什么产品的时候，就描绘了宏伟的蓝图。1924年，地处美国纽约州下面一个小地方的计算制表记录公司，还只不过是当地一百多家中小企业中的一员，但掌门人老沃森却决定将公司名字改为响亮的"国际商业机器公司"，即后来大名鼎鼎的IBM。阿里巴巴诞生早期，马云就提出："第一是将来要做持续发展80年的公司（后来增加为102年）；第二是要成为全球十大网站之一；第三就是只要是商人，一定要用阿里巴巴。"正如马云后来指出的那样：阿里巴巴是一家愿景驱动的公司，只为未来做决策。

成功的企业常常在入不敷出、苦苦支撑的情况下，就树立了价值观和使命感。麦当劳立志要"成为世界上服务体验最好、最快捷的餐厅"。谷歌致力于"组织全球资讯并使之无处不可得、无处不可用"。1945年，索尼公司创始人井深大在写下被称为"索尼的先驱精神"的理想之后，几十年来一直是索尼的指导力量，即使在公司以惊人的速度成长时，也只有少许的修正。

成功的企业家，卓越的企业领导者，就是造梦大师！

如果一个企业所做的事情与其他企业完全一样，那么，这样的"事业"就没有优势，不能让人激动，更不可能使员工全身心投入进来并为之努力。企业家总不能说："欢迎来我们公司共同奋斗，打造百年老店，我们公司与其他公司一样。"只有独特性才能给人们带来自豪感，满足感。因此，企业家的梦想，企业的愿景必须与众不同，就像马云为阿里巴巴描绘的愿景那样，全世界仅此一家，别无分店！

要让愿景能够持续激励人心，必须让人对它印象深刻，难以忘怀。为了使梦想激动人心，企业家要使用比喻、象征、形象的语言描述，展示一幅有吸引力的美好画面，使愿景形象化，就像建筑师绘制建筑图纸一样。生动、鲜活的愿景能让团队想象出他们将要去的地方究竟是什么样。使愿景变得真实起来，才更具感召力。

1907年，亨利·福特宣布"为大众造车"。他这样生动描述了他的大众化目标："我要为大多数人制造汽车……这种汽车的价格很低，即使没有高工资的人也可以拥有它……当我们成功后，每个人都会有一辆。马车将会从公路上消失，汽车取而代之。"结果，福特汽车长时间占据美国汽车市场的半壁江山。

梦之队

　　企业家一个人做梦是远远不够的。面对种种不确定的未来，你要说服别人追随你，一定要让你的未来故事触动人的心灵。成功的企业领导者除了能看到还未实现的远景，更重要的是还要把你的梦想一一分享给他人，让大家拥有共同的梦想。企业经营者的重大责任之一，就是要让你的员工拥有梦想，并成为他们努力奋斗的目标。

　　当企业家描绘的愿景成为全体成员一种执着的追求时，它就成了企业凝聚力和创造力的源泉。盛田昭夫说："我们公司的历史是一群团结在井深大先生周围的人，努力工作，以使井深大先生的理想变成现实的历史。"李彦宏说："我从一开始就一直在强调，创业一点都不容易，必须要靠理想支撑。百度的发展过程就是一批有共同理想的同仁汇聚一起创业的过程。"心理学家马斯洛对杰出团队进行过精心研究,他发现:那些杰出团队有一个很显著的特征是拥有共同的愿景与目标;而且,个人的目标与团队的愿景已经无法分开了。

要吸引人才加盟,就一定要让其相信你是干大事的,尤其在你还没有做大的时候。要让他们确信,今天手中的小烧饼将来要变成最大的烧饼!你的梦想一定要大得足以容纳所有的追随者。

阿里巴巴集团的二号人物,马云的左膀右臂蔡崇信,当年与马云一席交谈之后,毅然决然抛弃几百万元的年薪,加入每月500元工资的阿里巴巴。关于其中的原因,蔡崇信自己回忆说:"我与马云见面的时候,我被他的人格魅力深深吸引了。他非常平易近人,还极有魅力,他一直都在谈论伟大的愿景。我们没有谈商业模式、盈利或者其他业务上的东西。"蔡崇信加入阿里巴巴,不只是加入一家公司而已,他是参与了对梦想的追求。

在乔布斯成功的背后,隐藏着一种让人自愿跟从和改变的影响力,而这股隐藏的力量就是乔布斯惊世骇俗的理想。20世纪70年代,20岁出头而默默无闻的乔布斯成立苹果公司时,他居然能说服当时大名鼎鼎的百事可乐的CEO约翰·史考利加盟,担任苹果公司的CEO。乔布斯凭的就是这句话:"你是想卖一辈子糖水,还是想跟我改变世界?"

韦尔奇说:"我一直相信,是否建立了一个高远的目标,让它成为团队的共同目标,并且让大家为了它而奋斗,是评判一个卓越领导者的最核心的标准,也是经常为我们许多人所忽略且找不到着力点的关键所在。"

作为企业的领导者,永远不要试图让别人为你干活,而是要让他们为一个共同的理想去干活。一条船上的人,任何一个人看到船漏水时都不会无动于衷,因为有共同的目标和利益。团结在一个共同的目标下面,要比团结在一个人身边容易得多。

有共同梦想的团队，拥有一种强大的核心竞争力，那就是"回报后置"，就像阿里巴巴创业的时候，团队中的每人每月只拿500元生活费一样。他们为了美好的未来甘愿忍受当下的清贫。当一个公司到处悬挂着"让我们一起创业吧"的条幅，员工们会是什么感受？恐怕很乐于接受"衣带渐宽终不悔，为伊消得人憔悴"吧！

缺乏理想与愿景指引的企业，无一例外会在风险和挑战面前畏缩不前；员工们对自己所从事的事业不可能拥有坚定、持久的恒心，也不可能在复杂的情况下，从大局、长远出发，果断决策、从容应对。彼得·圣吉说："一个缺少全体衷心共有的目标、价值观和使命的组织，必定难成大器。"

领导的本质，就是把"我"变成"我们"，把"我想"变成"我们想"，把"我的事"变成"我们的事"，把"我要奋斗"变成"我们要奋斗"。卓越的企业领导者，不仅是造梦大师，还是梦想销售大师！

有些企业家认为，创业早期是生存压倒一切，活下来成为最迫切的现实问题，这个时候没工夫去谈理想。很多企业家整天忙于打理生意、开拓业务、赚取利润，以为给了员工一定的收入就可以使他们尽心尽力，公司就可以做大做强。其实，这是有认识误区的。成就大业的企业家，常常并不是等企业发展起来了，赚到大钱了，才去招聘优秀人才，而是在创业前期就吸引来了优秀人才，使企业能够快速崛起。尤其在当今的互联网时代，你不做"快鱼"，就要被"快鱼"吃掉。创业之初，物质上最为贫穷，如果看不到美好的未来，谁都不会跟着你干。

那些走向卓越的企业，往往在诞生初期就具有成为大企业的基因。然后，像大企业那样要求自己。IBM老沃森有句名言："如果你想在未来建成一个大企业，你必须从现在开始就像一个大企业那样行事。"

真假梦想

企业家的梦想故事里面，一定要有价值的坚守。你要坚定地告诉别人：你会专注地去做某件有价值的事情，并且一直在分享这样一个有价值的故事和思想。追随你的人一定是认可了你的价值，并感受到了你的专注和坚持的人。

企业家要成功地销售梦想，需要一个前提——那就是让众人感到你是真诚的、虔诚的。

一、梦想不能虚假

企业家除了传播理想，更重要的是践行自己的理想，让理想体现在自己的所有行动上，让自己成为那个梦想的代名词。如果行动偏离了理想，愿景的作用就会被弱化。

东汉末年，十八路诸侯讨伐董卓时，势力最大的袁绍被推为盟主，其威望是很高的。在会盟仪式上，袁绍慷慨激昂地宣读了自己的"勤汉"主张，当时把大家感动得"涕泗横流"。但是，袁绍后来很快就失去了号召力。因为大家发现袁绍没有把"勤汉"落实在行动上，根本就没有将"勤汉"当回事。于是，大家纷纷离去，袁绍也因此威望扫地。

现实的企业中，"假革命"很多。一些企业家表面上向员工兜售"百年老店"梦想，行动上却只顾眼前利益、亏待员工、坑害客户、算计合作伙伴，完全是捞一把就走的架势。这样忽悠人的企业家，哪个员工还会相信他（她）的理想追求呢？

二、梦想不能被证伪

在一些企业里，企业家为了激励士气，提出一些明显不切实际的目标，动辄要做"行业第一""中国第一"；动辄要打败某某世界500强、某某跨国公司；动辄要颠覆传统，要改变世界……这不是卓越领导者的"胆大包天"，而是不过脑子的吹牛皮。毕竟不是每个人都能成为任正非，都能成为马云。这样的话，不但不能激励下属，反而让他们感到企业家极不靠谱，公司前途堪忧。

三、梦想可以不被证实

阿里巴巴一直宣称将来要做全球最大的电子商务公司，要活102年，尽管现在仍在路上，将来能不能达到还不知道，但这个梦想一直激励着全体员工努力奋斗了这么多年，直到现在仍然为之砥砺前行。

梦想着眼未来，完全可以不被当下证实，甚至长期不被证实。这不影响它的号召力，只要你能将其变为众人的信念。

理想对接现实

　　拿破仑在出征意大利时发表演说,他这样激励他的军队:"士兵们!我将带你们到美丽富饶的意大利去,那里有繁华的大街,有闪光的珠玉,有丰盛的晚宴,你们在那里将获得你们所需要的荣誉与财富。"在出征和战斗开始前,拿破仑总是用现实利益激励他的队伍。

　　试想一下,马上就要打仗了,生死之间,如果拿破仑这时还是继续给他的队伍讲建立法兰西帝国的荣耀,讲称霸世界的雄心,讲"不想当元帅的士兵不是好士兵",士兵们是不是会感到隔靴搔痒?他们心里会说:那是以后的事!

　　企业领导者具有崇高的理想,但不能做一个理想主义者,把众人的

卓越领导力：优秀企业管理者的成功之道

事业纯粹当作一展英雄抱负的冒险之旅。企业家要感召他人，就要将自己的雄心、公司的令人鼓舞的愿景与团队广大成员的个人愿望和切身利益紧密相连。企业家需要把愿景带到生活中来，要有明确的、具体的、现实的目标，明确地告诉大家达成愿景后能得到什么，让团队成员能看得见、感受得到实实在在的好处。如果公司愿景与个人利益两者关系不大，愿景将不具备凝聚力和推动力。

那些杰出的企业家，时刻不忘将理想与现实融为一体，既讲共同事业的伟大，又讲个人利益的丰厚。

在华为早期，任正非对员工们说："我们所从事的这个行业，发展的前景是不可限量的。你们将来买房子一定要买阳台大一点的。这样，钱发霉了的时候，你们就可以拿出来晒一晒。"

稻盛和夫用实际行动将现实回报体现在日常工作和生活中。他创立京都陶瓷时树立了做"世界第一"的崇高理想，但在创业初期没有多少钱给大家发高薪。于是，他对部下说："我们要努力创新，努力获奖。如果获奖，我们就把奖金拿来犒劳自己，吃光喝光。"后来，每次获奖后，稻盛和夫就把奖状给每个员工复印一份，然后举行聚会。他亲自到场祝贺，带领大家大吃大喝一顿。稻盛和夫用这种办法激励员工不断克服困难，取得了一个又一个辉煌的战绩。

第七章
道义制高点

在一个企业中，道义制高点体现在企业使命。如果说企业目标是回答将要成为什么，那么，企业使命就是要回答为什么要实现这个目标。使命表述的是公司在利益之外存在的深层原因，是一个公司超越金钱以外的目的存在的终极价值，是一个企业存在的最大理由。我们不难看到，优秀的企业都有他们明确的使命。

导　读

只为赚钱，难赚大钱

领导：创造意义

有高度的事业

企业使命

刘备的启示

得道多助

互联网巨头成功之谜

只为赚钱，难赚大钱

　　大多数人，从根本上说，都只不过是在两种动力的驱使下从事商业活动，那就是金钱和权力。这样的人一旦赚到钱而得到物欲的满足之后，就会失去动力。如果亏了钱，又会因为物欲需求的失衡，很容易选择放弃。因此，以赚钱为导向的企业，天生缺乏持续发展的动力基因。

　　经营企业自然要追求利润最大化，这无可厚非。但是，怎样才能实现这个目的？有的人违德，有的人违法，可能得逞一时，可我们见过世界上哪个著名企业是靠旁门左道成气候的？也有企业大肆挤压上下游合作伙伴的利润，或者让消费者多掏腰包，或者打价格战以图挤垮竞争者，这些看似合法合理的手段，也很难带来长久利益，因为根本不可能长久坚持下去。人类社会的事情，两点之间最短的距离，绝少是一条直线。这就是现实的辩证法。

亨利·福特曾说："一个只会赚钱的企业是一个贫穷的企业。"获利对企业的重要性，犹如呼吸之于生命，虽必不可少，但远远不够。卓越企业之所以卓越，是因为它不光会赚钱，还具有更大的价值追求。

IBM公司在"二战"期间全力投入制造军工产品，将员工的薪资保持在1939年战前的水平不提高，将产品利润率限制在1.5%的极低值，并且将所有的利润投资到一笔基金上，该基金是专门为战争中伤亡的IBM员工的遗孀和孤儿设立的。这样，IBM公司在军工生产中并未赚钱，与那些大发战争财的暴发户截然不同。老沃森还宣布，从IBM参战的4000名军人，在战后可以直接回到IBM继续工作。

吉姆·柯林斯花了6年时间对美国那些创立时间最久、最有建树的公司进行调查，发现这些公司不仅为了盈利，而且有着核心价值观和远大理想。在《基业长青》的18家标的公司中，有17家主要为理念所驱动，而不是纯粹为利润目标所驱动。柯林斯将这些公司称为"高瞻远瞩公司"。柯林斯发现："在70年的时段内，专注于最大化利润的公司以3∶1的比率战胜市场，而专注于目的的公司以15∶1的比率战胜市场。"两者相差5倍之多。由此看到，不以利润为目的的企业更能够创造利润。在他们那里，利润是创造有效顾客和追求超经济的价值观的产物，是站在一个给予社会、给予他人的利他行为的必然结果。被誉为"有史以来最伟大的十大CEO"之一的乔治·默克二世说："我们应当永远铭记，药物是为了人类而生产，不是为了追求利润而制造的。只要我们坚守这一信念，利润必将随之而来。"马云提倡"以公益的心态做商业"，并将"我们不是为了赚钱，赚钱是附带的事情"挂在嘴边。

领导：创造意义

　　德鲁克在其名著《管理的实践》中记载着这样一个故事：一个人路过一个建筑工地，看见3个石匠正在工地上干活。他就上去问他们在干什么。第一个石匠说："我在砌墙。"第二个石匠说："我在为成为一个出色的石匠而奋斗。"第三个石匠说："我正在建造一座最宏伟的教堂。"多年以后，这个人设法打听到那3个石匠的情况。结果是：第一个石匠因手艺毫无长进，被炒鱿鱼了；第二个石匠工作兢兢业业，手艺还可以；第三个石匠成了一名出色的设计师。这个故事里，第一个石匠最没出息，第三个石匠进步最大。为什么？第一个就事论事，认为工作很平凡，没干劲；第三个很不一样，认为他的工作很崇高，因而很用心，充满干劲。

德鲁克说：第三个石匠才是一个管理者，原因在于他在做石匠工作的时候，就看到了自己的工作与建设教堂的关系，为自己的工作找到了意义。一个出色的建筑师，在垒起眼前的每一块普普通通的砖头时，心里装的一定是一座巍峨宏伟的宫殿！

在一个企业中，员工渴望企业的领导者给出工作的意义。员工进入一家公司，除了追求一份薪水之外，其内心一定会问：这对自己的人生还有什么价值。德鲁克说："工作应当体现人的社会价值，而非仅仅有商业价值。"当人们感到为公司工作、为实现公司的目标很有意义时，他们就成了向外部世界传播企业信息的"热情大使"。

一个企业的行为及其付出的努力应当是以有价值的目的作为支撑的。企业领导者要干成大事业，就一定要善于为这个事业发掘出价值所在，让眼前的日常工作升华，使人感到高尚。

1914年，在IBM还默默无闻的时候，老沃森就说他的公司与众不同，他说："你要是不相信这家公司是实际上最伟大的公司，你在任何事业上都不会成功。"

乔布斯认为，唯一让人有工作满足感的方法就是从事自己认为伟大的工作。因此，他用自己的理想为苹果公司的产品赋予了一种精神。他说："我们大家走到一起来制作这个新产品，我觉得，可能是我们这一辈子所从事的最伟大的事业……我们的事业不仅是伟大而已，而是疯狂的伟大。"结果，乔布斯推动苹果公司员工一次次超越自己，创造出颠覆性的产品。

水泊梁山为何能在宋江手中兴旺发达？他赋予了梁山队伍和工作的神圣性，让队伍的动机得到升华，让事业显得伟大。正如中国古代管理思想研究专家赵玉平博士分析的那样，宋江打出了"替天行道"的大旗，让山寨所有人立即感觉有了出路，从烧杀抢掠的强盗变成了正义的守护者；让想来投奔的人，感觉选择有了理由，从上山当强盗变成了维护天道；让山前开黑店打家劫舍的人，感觉行动有了面子，从劫道变成了行道；连那些跑腿搞后勤的人，都感觉工作很有意义，从伺候别人打杂，变成了为高尚事业做贡献。

  稻盛和夫曾指出领导者有10项职责，其中第一项就是明确事业的目的和意义。创造意义，给团队的奋斗找到坚不可摧的支撑点，是区别平庸企业家和杰出企业家的决定因素。

有高度的事业

　　1984年联想诞生之时，正是全民"下海"的年代。当一些企业只顾追求金钱的时候，柳传志却更想做一家长远的公司。多年后，柳传志谈到联想成立之初的愿景时说："当年，我们正是因为怀着一颗要做出中国人自己的PC的梦想，要成为一家有品牌的国际公司的梦想，苦苦追求，心无旁骛，坚持了20年。"

　　柳传志总是把联想的未来与中国的信息产业、中国的高科技产业、中华民族的振兴联系在一起，以产业报国为己任。使得联想获得了社会的广泛支持。

　　风云变化、时过境迁。柳传志"下海"时已经在中关村声名鹊起的著名企业"两海两通"（科海、京海、四通、信通）已经消失或衰落，而当时鲜为人知的柳传志最后终成大器，联想也成为民族计算机产业的象征。

柳传志本人多次讲到做企业的"立意"，他说："立意高，才可能制订出战略，才可能一步步地按照你的立意去做。立意低……做到什么样子是什么样子，做公司等于撞大运。"柳传志之所以这么多年一直是联想的灵魂人物，第一要点就是立意高远，非其他人能及。

无独有偶，"做事业，做有高度的事业"是华为掌门人任正非挂在嘴边的一句话。他曾说："历史给了我们巨大的压力、危机，也给了我们难得的机遇。处在民族通信产业生死存亡的关头，我们要竭尽全力，在公平竞争中生存发展，绝不退步、低头。"

当代中国最受人尊敬的两位商界"教父级"人物，不约而同地追求着"有高度的事业"。

日本的稻盛和夫以做出两家世界500强公司而享誉全球。2009年，76岁高龄的稻盛和夫不要任何报酬，冒着晚节不保的风险，接受政府委托重整破产的日航。结果，日航第二年扭亏为盈，1年零7个月后在东京证券交易所再次上市。稻盛和夫上任伊始就提出了日航不能消亡的三大理由：一是日航破产将给日本经济造成重大损失，二是必须保护5万名日航员工的利益，三是必须避免全日空垄断，给消费者造成损失。由此看到，稻盛和夫是用国家利益、人民利益、日航利益三位一体的利益唤醒了全体日航员工的觉悟，这是他重整日航成功的诀窍。他曾这样说："大义名分使经营者具有足够底气，可以堂堂正正，不受任何牵制，全身心投入经营。"

企业使命

格力：让世界爱上中国造。

阿里巴巴：让天下没有难做的生意。

海尔：敬业报国，追求卓越。

惠普：为人类的幸福和发展做出技术贡献。

迪士尼：让天下人快乐。

松下：把大众需要的东西，变得像自来水一样便宜。

杜邦：为人们生活得更美好、更安全和更健康而创造性地提供解决方案。

玫琳凯：为女性提供无限机会。

沃尔玛：让普通人有机会买到富人才买得起的东西。

……………

正是神圣的使命感，催生了上面这些闪闪发光的明星企业。没有人可以否定两者的因果关系。领导力研究专家比尔·乔治说："在商业中被保守得最好的秘密是——为使命所驱动的公司创造的股东价值，比为财物所驱动的公司所创造的股东价值要大得多。"百度的李彦宏一直强调："使命驱动百度的成长！"

著名的企业和企业家普遍勇于承担社会责任，积极参与公益慈善事业，这是使命感的重要体现。帕卡德说："在比尔与我设立的惠普目标中，有一条便是认定公司应善尽企业公民之责。"近年来，"企业公民"常常成为各大网络论坛的热门话题。何谓"企业公民"？其核心意义就是为社会发展负责任。

那些没有社会责任描述的企业是不能够被大众所认同的。没有对社会的庄严承诺，企业开展经营活动也就失去了正确的依据，很容易滑向与社会环境格格不入的境地。

缺乏使命感的企业，终究走不长远。国内20世纪90年代以来遭遇大败局的部分民营企业，几乎都看不到有什么使命感，只有急功近利。

能否确立并坚定地践行企业的使命，是考验企业家领导力的关键点！

刘备的启示

三国时期，刘备起点最低。他出身草根，年轻时靠卖草席为生，白手起家。他不善于用兵，年近半百了还没有立足之地。为什么有那么多英雄好汉愿意投奔并终身追随他？糜竺是富商之后，将家财万贯全部捐献给了刘备，外搭自己的妹妹，真可谓是刘备的"铁粉"了。在刘备的"铁粉"中，还有3个特别的人，他们才冠当世，非梧桐树不栖，一辈子只认刘备，从不将其他英雄好汉放在眼里。这3个人就是关羽、赵云、诸葛亮。

关羽兵败下邳被迫暂时栖身曹操，事先声明是"降汉不降曹"，而且一旦得到刘备消息就要离开曹操。尽管曹操用尽了各种手段，包括物质的、精神的、感情的，统统无法打动关羽。不到半年时间，关羽就离开曹操千里寻兄去了。曹操屡试不爽的手段在关羽身上失灵了。后来关羽为何在华容道放走曹操？流行的说法是关羽讲义气。笔者却认为，更主要的原因是关羽根本没有将曹操放在眼里。关羽认为，今天放了你又何妨，下次还能灭了你！后来，关羽败走麦城被孙权捉住，他大骂孙权是"江东鼠辈"，居然如此蔑视孙权。难怪当初诸葛瑾到关羽家里为孙权的儿子提亲时，关羽说出"虎女安能配与犬子"这样的话了。

赵云一开始追随袁绍，觉得此人"无忠君救民之心"，于是转投公孙瓒，很快发现公孙瓒也难成大器。直到遇见刘备，赵云才觉得遇到了明主。要知道，当时袁绍是天下第一"大腕"，公孙瓒也是有人马有地盘的一方诸侯，而刘备还是穷光蛋一个。赵云跟随刘备南征北战，矢志不渝。即使在长坂坡几乎全军覆没的时候，刘备也坚信"子龙从我于患难，心如铁石，非富贵所能动摇也。"

至于诸葛亮，以他的能力和名气，到哪里都能出将入相。他也常常自比管仲、乐毅。但是，他没有选择实力最强的曹操，没有选择根基最稳的孙权，没有选择离得最近的刘表。实际上，他没看上这些人。诸葛亮隐居隆中多年，等待明主，最终选择了刘备，并从一而终。

刘备为何具有独一无二的魅力，能够感召盖世英雄？

流芳千古的"三顾茅庐"和"隆中对"，为我们揭示了这个奥秘。

刘备三顾茅庐，最终能见到诸葛亮，是因为他事先给诸葛亮留下了一封信。在信中，刘备非常诚恳地描述了自己的理想："……伏睹朝廷陵替，纲纪崩摧，群雄乱国，恶党欺君，备心胆俱裂。虽有匡济之诚，实乏经纶之策。仰望先生仁慈忠义，慨然展吕望之大才，施子房之鸿略……天下幸甚！社稷幸甚！"从信中可看到刘备忧国忧民之心和匡扶天下之志。

当他们见面时，诸葛亮首先问的问题就是"愿闻将军之志"。刘备说出了"欲伸大义于天下"的千古名言。隆中对结束时，诸葛亮推辞说自己不过一个耕田的人，才疏学浅，不敢担当匡扶社稷的大任。刘备对诸葛亮说："大丈夫抱经世奇才，岂可空老于林泉之下？愿先生以天下苍生为念……"

正是刘备心中的天下大义，才引发了诸葛亮的强烈共鸣，激发了他建功立业的理想。可以设想，如果刘备是个胸无大志之人，或者格局不够宏大，他是见不到诸葛亮的，即使见到了也请不出诸葛亮。假如曹操、孙权"三顾茅庐"，应该就是这个结局。

比较一下三国三雄，曹操虽有荡平四海之志，但挟天子以令诸侯，想要成就自己的王霸之业，却没有拯救万民之心。孙权是一个"富二代"，自保之心有余，进取之心不足，乐于做一方诸侯。曹操、孙权二人的理想高度是不够的。唯独刘备，以天下苍生为念，最会"贩卖"理想。他最终实现草根逆袭、三分天下，绝非偶然。德鲁克说："我发现，唯有身负使命感的狂热人物，才能顺利完成任务。"

刘备之所以有如此神奇的感召力，不仅因为胸怀"匡扶汉室"之志，更因为能够坚定不移地践行之。他即使在丢徐州、投曹操、投袁绍、投刘表、弃新野、败当阳……多少次无容身之地的时候，也没有放弃自己的志向。

在曹操数十万大军攻取了荆州时，刘备只好仓皇地放弃新野奔向夏口。此时，新野十万百姓紧紧跟随不愿离去。刘备不忍丢下百姓，导致日行不足十里。众将纷纷劝他丢下老百姓先跑。刘备哭着说："举大事者必以人为本。今人归我，奈何弃之？"结果，刘备被曹军追上杀得七零八落，死了甘夫人，儿子、赵云都差点丢命，辎重全部丢失。最后只有数十人逃了出来。经此一劫，刘备不主动放弃百姓，战场上大败，但道义上大胜。从此,天下人都知道刘皇叔爱民如子。这在三国时期独一无二。

英雄做事讲认同,体现价值,实现自我。这是他们最大的梦想。唯有高尚的使命感才能唤醒他们的这种价值追求心理。匡扶汉室,救民于水火,让人产生至高无上的自豪感,觉得自己是天下精英中的精英、英雄中的英雄。这就是关羽、赵云、诸葛亮等人誓死效命于刘备的社会心理学基础。

大义聚英雄!

我们发现,刘备麾下一帮以"匡扶汉室"为己任的英雄们都是舍生忘死的拼命三郎,真可谓生命不息、战斗不止。关羽敢单刀赴会,败走麦城后被捉,大骂孙权以求速死;赵云年届七十仍当北伐先锋,一直干到老死;诸葛亮更是鞠躬尽瘁,活活累死。

今天的企业,都在喊打造狼性团队,但很多企业家并不得要领,只知道在物质刺激方面下功夫。华为的狼性团队世所公认。任正非是如何打造的呢?在《华为的红旗还能打多久》中,他这样说:"以物质利益为基准,是建立不起强大的队伍的,也是不能长久的……所以,必须使员工的目标远大化,使员工感到团队奋斗与祖国的前途、民族的命运是连在一起的。"

得道多助

　　人的道德本能，只是言行要有益于我们最亲近的人，如家人、亲友、身边的同事。但是，这远远不够。《西点军校领导魂》一书的作者在书中指出："有品格的领导人，都以服务公众为取向，不仅超脱个人的考虑，更超脱身边同事的考虑，而着眼于可能受到影响的每一个人。"要成为伟大的企业家，就要扩大关怀的范围，将视野扩展至企业之外的社会。

　　什么是胸怀、格局？在很多人那里是个很模糊的概念。实际上，这就是指你愿意关注的范围有多大，你愿意付出的范围有多大。

　　对于企业家来说，你心中装了多少人，便有多少人支持你；你为多少人谋利，便有多少人来成就你。心中装自己一人，只能做个体户；心中装有员工,公司才能发展;心中装有社会,才能成企业家。

真正的事业,一定是惠及万民,推动整个社会进步的。在沃尔玛成立之初,沃尔顿就告诉他的员工们:我们要让中低收入人群都能够买到更多以前只有富人才买得起的商品。松下幸之助提出"自来水经营法则",目的就是要制造出价廉物美的产品,尽可能地惠及广大的民众。

使命感最大的力量是超越了小范围的需要,让企业领导者置身于更大的世界而拥有了超越个人和企业的力量。卓越企业领导者的感召力体现于:他不仅能够把自己的事变成大家的事,还能够把大家的事变成天下人的事。于是大家纷纷响应,鼎力相助。

只有具有使命感的企业,才能解决4个维度的问题:为客户提供最大的价值,为员工创造最大的空间,为股东带来最大的回报,为社会做出最大的贡献。这样的企业,还会为客户不忠诚、员工不努力、股东不信赖、社会不支持发愁吗?

互联网巨头成功之谜

最近五年,中国互联网江湖发生了翻天覆地的变化,阿里巴巴和腾讯市值遥遥领先,马云和马化腾争当中国首富。

中国互联网业风起云涌二十多年,无数企业出师未捷,折戟沉沙;或者苦苦支撑,止步不前;或者曾经辉煌一时,现已江河日下。阿里巴巴、腾讯为何能够笑傲江湖?很多人以为他们仅仅是运气好,赶上了"风口"。但别忘了,他们在他们所在的行业里不是第一家,也不是唯一一家。要详细分析互联网巨头成功的原因,可能要写出厚厚的一本书。但是,企业掌门人的领导力无疑是最重要的因素之一。企业所有的成功和失败,其实都是因为人。

我们发现，在最成功的企业中，将使命感提到了无以复加的高度。他们真正地践行着德鲁克的话——管理就是界定企业的使命，并立即组织人力资源去实现这个使命。

一、马云：只跟使命走

2001年，马云应邀到纽约参加世界经济论坛。在那里，他听到世界500强的CEO们谈得最多的就是企业的使命感和价值观。一天早上，马云参加了美国总统克林顿夫妇的早餐会。克林顿说，虽然美国在很多方面是领导者，但有时领导者不知道该往哪儿走，因为他们没有榜样可以效仿。马云就问克林顿是什么让他做出了决定。克林顿说："是使命感。"回国后，马云正式宣布："阿里巴巴只跟着使命走。"

马云说："我们犯过的一些刻骨铭心的错误，促使我们提出价值观、使命感和共同目标。"可见，阿里巴巴确立自己的使命，缘于自身的深刻教训，并受到先驱者的启发。马云认为他的团队能支撑着走到现在，靠的是价值观、使命感。

在马云各个时期的言论中，一直在反复强调阿里巴巴的社会责任，要帮助中小企业发展壮大，要创造更多的就业机会。马云说："我们要让中小企业真正赚钱，我们要让中小企业有更多的后继者。我们国家有十三四亿人口，20年后可能很多人因各种各样的原因失业，我希望电子商务帮助更多的人就业。有就业机会，社会就稳定，家庭就稳定，事业就发展。"

二、马化腾：成功应该以社会价值来衡量

在谈到创立腾讯的初衷时，马化腾说："我们要用QQ来改变国人的沟通方式，这是最初我做互联网的愿望。"基于这种愿望，马化腾说：

"仅仅谈业绩做了多少,规模做得多大,都不是我们最终的目标,我们的使命是要通过互联网来提高人们的生活品质。"

当腾讯跻身全球十大市值公司,马化腾问鼎亚洲首富时,他却在强调"义"。他说:"都说腾讯现在成了互联网行业最赚钱的企业,自然其'利'可观;而腾讯在很大程度上又改变了人们的沟通方式,也是一种'大义'。但是,不管怎样,做企业不能只以赚钱为目的,在'利'的基础上要更加注重企业的'义',这样才能成为一个受人尊敬的企业。"

总结腾讯的成功之道,马化腾声称,腾讯获得并奉行了一个非常宝贵的可持续发展秘诀——绝不追求单项经济效益最大化,而是以用户价值与社会价值最大化、协调统一发展为方向。在马化腾心中,一直奉行"成功应该是以给社会带来多大价值为标准"。

第四篇
领　路

企业领导者总是着眼未来，头脑中充满关于未来的愿景。但是，未来是不确定的，通向终点的道路坎坷崎岖，甚至无路可走。作为企业的"统帅"，企业家要看清现实，指引方向，成为开拓者和领路人；要带领员工们穿越层层迷雾，最终到达目的地。著名军事理论家克劳塞维茨在《战争论》中说："要在茫茫的黑暗中，发出生命的微光，带领着队伍走向胜利。"这是统帅的责任。对于一个企业而言，方向对不对、路径对不对，不是事半功倍还是事倍功半的问题，而是成功和失败的问题。企业家要时时反躬自问：我们的方向正确吗？我们要将团队带向何方？我们有办法战胜各种艰难险阻吗？我们能够到达目的地吗？

第一章
战略·目标

　　如果说团队成员必须保证正确地做事，那企业家必须保证做正确的事。如果做的事情是错误的，执行得越正确，死得越快。张瑞敏说："领导者需要完成的重要工作之一就是预测变化，规划未来。"杰出的企业领导者、一般的企业领导者、失败的企业领导者的区别在于：一个有预感未来的能力，一个有把握现实的能力，一个则是教条主义者。

导　读

为别人之不为

见别人之未见

战略：企业家造

战略是否可有可无

胆大包天 & 量力而行

清晰的目的地

目标与时俱进

目标的分解

为别人之不为

著名管理学家迈克尔·波特指出："世界上有3类企业——不知道发生了什么的企业，看着事情发生的企业，使事情发生的企业。"所有伟大的企业，都是使事情发生的企业。所有卓越的企业家，都是促使事情发生的人，他们因而能够引领潮流。

在全球互联网大潮时，马云决定做一个和世界上所有电子商务网站不同的B2B网站。他放弃了受到人们普遍青睐的15%的大企业的生意，决心做被人们忽略了的85%的中小企业的生意。于是，世上就有了不同于当时任何电子商务模式的、专为中小企业服务的阿里巴巴。他说："如果把企业也分成富人和穷人，那么互联网就是穷人的世界。"

阿里巴巴这个属于"穷人"的网站，在今天已成为全球十大市值公司之一。

万达以商业地产发迹。在万达之前，没有一家房地产企业去做城市综合体，去做"订单地产"。万达涉足的其他行业，在万达进入之前，也常常不被别人染指，拱手将机会送给了万达。王健林似乎总是做出让人不可思议的事情。2009年，受国际金融风暴的影响，大部分房地产公司都在收缩战线，但王健林却在逆势扩张。他说："万达发展到今天，就是敢想别人不敢想、敢做别人不敢做的事。"

领导者就是创新者。乔布斯说："领袖和跟风者的区别就在于创新。"

见别人之未见

敢于为别人之不为，但不是胡乱作为，是有前提的。这个前提就是——见别人之未见。具有独特的眼光，才能及时、准确地抓住机会，让自己走在别人前面。

作为企业的最高统帅，企业家必须具备良好的方向感，越过路标看见远处的风景；目光短浅者，只管低头看路，回避一下路上的坑坑洼洼和小石块而已。

沃伦·本尼斯曾研究了90位美国最成功的领导者，发现他们首要的共同能力是具有令人折服的远见和目标意识。北大国际MBA在2004年对三百多名中国企业高管做的一次调查表明，企业领导者最主

卓越领导力：优秀企业管理者的成功之道

要的素质是"高瞻远瞩的战略眼光"。大量管理学家进行了多次跨国研究后，总结出了卓越领导者最重要的几项品质。他们发现，无论对于东方的企业家来说，还是对于西方的企业家来说，"远见"都是位列前三名的品质。

当道格拉斯公司（即后来的麦道公司）在民用航空领域还固守螺旋桨飞机时，波音公司却以波音707宣告世界进入喷气式气机时代，为此不惜耗费整个公司1/4的财富。比尔·盖茨在大家都不看好的情况下毅然买下DOS系统，成为微软成功的开始。从事通信业务的DDI公司成立不久的1986年，稻盛和夫就意识到"全民人手一部手机的时代必定会到来"，于是率先进入移动通信行业。他们的成功，毫无疑问来自超常的洞察力。

预见力，是一个企业家最重要的能力之一。杰出的企业领导者由于多次准确地预见到未来，从而在下属心目中树立起不可动摇的威信。如果企业领导人为大家指引的道路总是走不通，总是碰壁、失败，那么，他可能在职位上是领导，但在大家的心目中已经不是领导了。前索尼公司掌门人出井伸之在2000年被《商业周刊》评为全球最成功的25位经理人之一，但他没有预见到未来的变化，导致了索尼的衰落，2005年离职时被评为全球最失败的25位经理人之一。出井伸之的失误在于没有看清纯粹硬件制造业黄金时代的结束，以及软硬结合的消费电子时代的兴起。后来，世界电子通讯巨头诺基亚、摩托罗拉等的衰落，也是这个道理。马云说："创业最怕看不见、看不懂、看不起、来不及。"

战略：企业家造

企业家对未来的洞见和方向感，体现为他的战略。"商场如战场"这一简单的比喻表明了经营企业与战略的关系。柳传志曾说："一个公司如何能够保持不败、永远青春下去？从某个角度讲，就是它永远能制订正确的战略。"

一个企业的成功，无非是在几个关键的节点做了正确的判断和选择，制订了正确的战略。

一、亲自制订战略

一个公司的战略，是企业家全部经验、洞见、学识的结晶，下属一般很难达到这个认识高度。制订战略是企业家的主要工作之一。马云宣称："我的强项是考虑公司的战略，怎么去和硅谷竞争，去和全球的同行竞争。"

王石对万科最大的贡献，不仅仅是创立了万科，而是将万科聚焦在住宅开发上。20世纪八九十年代，万科曾经做过很多业务，万科旗下出现了一大堆附属公司和联营公司。但是，在1992年，正当中国商界多元化热潮涌动的时候，王石第一个提出开始做减法。到2001年完成计划时，万科成为一家专注于住宅地产的公司，后来发展成为行业的领军者。如果没有当年的"做减法"战略，今天的万科就没有"第一住宅开发商"的行业地位，很可能已经消失或者湮没在千千万万平庸的企业之中。

二、及时调整战略

在一个企业里，除了核心理念不变，包括战略在内的东西都是可变的。制订战略不是一劳永逸的事情。即使做出了五年、十年战略和长远规划，也一定要针对市场环境的变化做出新的调整。否则，企业发展可能南辕北辙。柳传志曾说，除了制订正确的战略，还要"永远能够正确地执行，这个正确执行，包括能够顺着环境，根据情况不断调整战略。"也就是说，不能机械地执行战略，而要能动地去执行。

20世纪70年代，英特尔在存储器上的市场占有率达到90%。可是到了1985年，它的市场占有率下滑到了20%，而此时公司在存储器上的研发费用却占到公司总研发费用的80%。另一方面，公司40%的营业额和全部的利润都来自微处理器。这时，首席执行官格鲁夫力排众议，果断地停止了存储器的生产，将微处理器作为公司新的生产重点。到了1992年，英特尔取得了巨大的成功，成为世界上最大的半导体企业。

第四篇　领　路

1997年，格鲁夫看到当时计算机制造商和软件商（尤其是微软）开发的新功能和程序要求更加强大的计算机功能，马上制订了新的战略，要求英特尔生产新的芯片，再一次占领了新市场。由此看到，英特尔的持续成功来自格鲁夫及时调整战略，适应新的市场需要。

为便于调整，制订的战略没有必要过于详细。稻盛和夫说他不赞成中长期计划。在京都陶瓷，一般只做年度以内的计划。他的理由是计划赶不上变化，三五年以后的事情难以预料，辛辛苦苦做出的长远计划往往缺乏实用性。他说："以今天一天的勤奋，完成今天的任务，就能看清明天；以本月的勤奋，完成本月的任务，就能看清下月……日复一日，扎扎实实达成每一天的目标。"也是因为这个原因，韦尔奇主张"计划性机会主义"的管理理念，他不用详尽的战略性规划指导业务，相信只要制订少数明确、崇高的目标，员工们便可以随机应变，自由地抓住他们认为可以实现目标的任何机会。

战略是否可有可无

对于战略的重要性，很多企业经营者的认识其实比较模糊。有的甚至认为战略是华而不实的东西，可有可无。尽管企业里有负责战略规划的部门和专人，但是这些人通常把自己和一线隔绝开来，躲进小屋里去做所谓的"战略规划"。做出来后，董事长几乎不看一眼，签个名然后束之高阁，顶多给每个高管复印一本。经验告诉他们，企划部搞不出有用的战略来。所以，这个部门通常沦落成摆设。企业家只按照自己头脑里的想法经营企业。

美国花旗集团的缔造者桑迪·韦尔说："我从来不相信什么庞大的战略计划。我的非正式决策方式使我和我的同事能够在看到机遇时迅速

第四篇　领　路

行动，而我们的竞争者通常还在犹豫不决。"我国的企业家宗庆后也说他只关注当下的生存和发展，怎么能活到明天，从来不在意搞战略规划，成为中国企业家中"不搞战略"的代表。

不搞战略的企业也能成为世界500强，不搞战略的企业家也成了大企业家，这似乎有些匪夷所思。实际上，他们所谓的"不搞战略"，是指一种实用主义的做事风格。他们的公司一定做到了敏锐、准确把握当前的情况变化，"看到机遇时迅速行动"。桑迪·韦尔说："我的机会主义来自我在公司的行业中所处的高度和采取迅速行动的自如。"同时，他们总是致力于及时发现并解决当前最新的、最紧迫的问题。

娃哈哈最初是校办工厂，代工保健品。后来，宗庆后意识到搞代工没有前途，于是创立娃哈哈公司，开始自创品牌做保健品。不久之后，全国保健品市场一片混乱，宗庆后又敏锐地意识到这样下去仍然没有前途，于是转型做食品，终于成为行业老大。宗庆后这两次重大转型，难道不是战略吗？只不过他的战略不像有的公司那样经过详细的咨询、论证而来，没有去做一本厚厚的"战略报告"，而更多地靠他长期深入基层对市场情况的充分了解和分析。

宗庆后一直说他做事"靠的是感觉"。他的正确感觉怎么来的呢？原来，他每年有两百多天在市场一线奔走、考察，做到了对市场形势谙熟于心。他说："活力和洞察力，都是用脚板子跑出来的。"因为有这样的底气，凡是宗庆后认定的东西，不管有多少人反对，他都会坚持，都会顶住，他说："因为我已经预见了前面的风景……而这种预见，这种看透，并非偶然，它们建立在对市场的无数次缜密而细致的观察、调查的思考之上。"没有长年累月在市场"暴走"，宗庆后也不会知道该往哪个方向走，也不会知道该推出什么新产品以及哪些产品该主攻三四线城市。

实际上，成功的企业家头脑里一定是有战略的，只是有些人没有刻意为之并且系统化而已。战略是必要的，区别只在于你是通过什么途径、什么方法获得的，内容是复杂一点还是简单一点。如果纯粹"走一步看一步"，当市场环境出现骤变，或者商业模式被颠覆时，很可能被打个措手不及。企业规模越大，转向、调头越困难。在数码相机时代到来时，柯达、富士胶卷衰落了；在智能手机时代到来时，诺基亚、摩托罗拉衰落了。他们是大家耳熟能详的战略失败者。

胆大包天 & 量力而行

如果说战略规定了前进的方向和道路，那么，目标则代表前进的目的地。在一个企业中，一定要有统一的目标，这是企业能够存在的前提。迪士尼的创始人华特·迪士尼说："在我做过的所有事情中，最重要的就是协调那些为我们工作的人才，指引他们朝着一个特定的共同目标努力。"李开复指出领导力来源于九大因素，其中首要的就是明确愿景，制订工作目标。企业的愿景、使命必须转化为目标，才具有操作性。企业通过实现目标达成愿景，完成使命。

企业家要增强号召力，就必须制订有号召力的目标。柯林斯在《从优秀到卓越》中披露，他发现那些卓越的公司无一例外地设定了"胆大包天"的目标。这些目标，在很多人看来不可思议，也许只有企业家自己胸有成竹。稻盛和夫在创立京都陶瓷之初就设定了将来各个发展阶段的目标。他说："我们要成为西京原町第一的企业。达到西京原町第一之后，就要瞄准中京区第一。达到中京区第一以后，就要争取京都第一。达到京都第一以后，就要争取日本第一。再后，当然就是要达到世界第一。"就当时京都陶瓷的实力来说，设立这样的目标有些自不量力。不要说世界第一，即使达到街区第一也绝非易事。但后来的事实证明，京都陶瓷公司按照稻盛和夫的设想发展起来，成功跻身世界500强。

卓越企业的目标之所以被称为"胆大包天"，不仅因为其超乎想象的远大，还因为提出之时可能还不知道怎么去实现。其实，如果你知道怎么到达目标，那就不算远大目标。杰出的企业领导人先确定远大目标，然后再去寻找到达目标的路径。伟大的奇迹就是这样创造出来的！

目标越激动人心，越能激发斗志，企业取得的成绩就越大。许家印创立恒大不久，就立志做"全世界最大的房地产公司"。2010年，恒大的销售额就超越万科成为中国第一，此时离恒大诞生仅仅13年时间。如果当初许家印的目标只是赶超万科，那么，恒大现在会是房地产行业的第几？未可知也。

设立目标，是一件非常考验领导者功力的事情。柯林斯指出：高瞻远瞩公司不会追求任何随意得来的胆大包天的目标，只是追求既能加强本身核心理念，又能反映公司自我定位的远大目标。高明的企业领导者敢于设定高目标，因为他清楚团队的潜力所在。

目标具有挑战性，不能轻易实现，但仍有较大可能达到时，人们会积极努力地达成目标。这好比打篮球。如果把篮球架做成两层楼那么高，那么，进球就会非常难；如果把篮球架做的跟大部分人一样高，进球都很容易，可是大家也就不会去玩了。心理学研究表明，当成功概率达50%时，人们追求成功的动力最大。当觉得无论怎么努力也达不到目标时，就可能放弃努力。因此，企业领导者要准确评估团队的潜力，以便制订合适的目标。高估和低估都会给下属造成困惑。任正非形象地说："我们要跳起来摘桃子，而不是跳起来摘星星。"设定的具体目标要让70%以上的大多数人能够完成。否则，就会影响士气。要知道，只有成功最能促进成功。

很多企业家知道高远目标的激励作用，于是照猫画虎，常常为公司设立过于离谱、连他自己都不相信的目标，其本意是激励员工为之努力奋斗，取得像许家印那样"法乎其上得乎其中"的效果，但往往适得其反。有个企业家创立了一家新公司。本来开业3个月内做到100万元的销售额都有困难，他却给员工定下了一个亿的目标，自己心里认为能达到1000万元就好，结果把员工都吓跑了。

经历过巨人集团从波峰跌至波谷的史玉柱，重新崛起后说："10年前总提出很多口号，比如'我要做中国第一大'等。本来是想激励员工，事实上最后把自己骗了，自己都以为自己是'老大'了。我后来发现定很高的目标是很可怕的，必然会违背经济规律，会让自己浮躁……"

清晰的目的地

　　世界上第一个横渡英吉利海峡的女性——沸洛伦丝·查德威克，第一次冲击该海峡时以失败告终。什么原因呢？那天雾很大，她在海水中游了15个小时之后，筋疲力尽，于是叫人拉她上船。尽管她母亲和教练告诉她海岸很近了，叫她不要放弃。但是，她朝对岸望去，什么也看不见，终于还是在15小时55分钟的时候放弃了。最后，她遗憾地发现，她上船的地方离对岸只有区区的800米了。查德威克的遗憾启示我们：不清晰的目标难以激发人们奋勇向前和坚持不懈，因为它不能让人知道身处何处，不能给人明确的预期，包括努力的程度和实现目标的时间，让人心里没底。

对于企业领导者来说，仅仅向大家宣布攀登高峰的想法还不足以让员工们付出最大的努力。员工们需要一些明确的信息来证明，他们攀登的是正确的方向，并且正在一步一步地接近峰顶。

2010年，阿里巴巴11周年庆典前夕，马云提出："未来10年，我们要为1000万小企业解决生存、成长、发展的平台，要为全世界解决1亿就业机会，为10亿人打造网上消费平台。"这些具体的数字，使阿里巴巴的目标极具震撼力。

在一些企业里常见到"做行业一流""实现跨越式发展""实现业绩快速增长"之类的口号，这种模糊的目标起不到激励团队的作用，好比定下"学习要天天向上""要减肥""要挣很多钱"等目标不能激励自己一样。目标不能看起来很美却很含糊。不明确的目标，等于没有目标。

目标与时俱进

美国默克制药公司，在20世纪从一家小制药厂发展成为全球十大医药公司之一。在此过程中，创始人乔治·默克不断抛出一个又一个目标：20世纪30年代初期，决定要建立一个极为杰出"足以和大学及科研机构平起平坐的研究机构"；20世纪50年代初期，决定要把公司转型成完全整合的制药公司，以便全面应对药界的激烈变化；20世纪70年代，决定要把公司建成20世纪80年代都堪称一流的世界性制药厂商；20世纪80年代末期，决定要成为第一家在每一种疾病上都有先进研究的制药厂商；20世纪90年代初期，决定要"重新界定制药业的典范"，进入医疗保健领域……在不同时期，根据市场的变化及要求，及时提出新的发展目标，是默克制药长期立于不败之地的秘密。

我国大型民营企业复星集团，很多员工对郭广昌的"野心"都感到不能理解。每当公司实现了突破，到达了一个新的阶段，大家觉得可以松一口气的时候，郭广昌都会立即提出重新创业，追逐新的机会，实现更高的目标。不过，复星的员工心里十分清楚，如果他们没有对于新目标近乎狂热的追求，就不会有今天的复星。

目标，只有在达成之前能够激励组织，一旦接近或达成目标，激励作用就会立即失效。日本三井高科株式会社创始人三井孝昭说："在经营上，重要的是不能满足现状，要一个接着一个地提出新的目标。"企业家一旦确定能够实现既定目标的时候，往往就是制订另一个远大目标的时候了。否则，就是"无所作为"。早年，福特汽车实现了"让普通人都买得起"的目标，由于没有及时制订新的目标，很快就落后了，让通用汽车、克莱斯勒等后来居上，从此再也没能恢复往日的风采。这是亨利·福特的重大失误，教训极为深刻。

目标的分解

在北京举行的一次马拉松比赛中，一个日本选手获得了第一名。他后来透露了获胜的小窍门。他在比赛前一天开着车把整个跑道跑了一圈，并在每一个10公里处都做了标记。第二天比赛时，每当跑到每一个10公里处时，他都知道自己处于什么位置，知道已经跑完了多少公里，还剩下多少公里，于是就清楚地知道自己该怎么做，以便顺利完成剩下的任务。在此过程中，他不会感到目标遥遥无期，而是始终充满希望。

上面的例子表明：将总目标分解成一个一个的阶段目标，有利于目标的尽快实现。

企业管理者从一开始就有必要在取得一些小小的成功时就鼓舞士气。企业家可将长期目标分解成中短期目标，将总任务分解成一个个的小任务，使员工们每次都脚踏实地地从短期目标着手。对于取得的短期成果，大家都能看见，确定无疑，使人心里感到踏实。在实现短期目标的同时，放眼中长期目标，形象地说就是"吃着碗里的，看着锅里的，想着田里的"，就能感觉轻松很多。

实现短期目标也是对中长期目标是否正确的一种检验。这对于赢得那些尚且心存疑虑的追随者的支持来说至关重要。中期目标的实现则能更加坚定大家对远期目标的信心，可以击溃反对的声音，争取到更多人更大的支持。当所有的短期、中期目标都实现了，也就达成了最终的愿景。这就是库泽斯和波斯纳说的"小胜可以累积成大胜"。因此，企业领导者不仅要告诉你的团队10年后是什么样子，还一定要告诉他们半年后、1年后、3年后、5年后是什么样子。

分解目标的另一条路径是将公司总目标分解到各分公司、各部门，最后到每个人。公司为员工制订职业发展规划时，就要与团队目标相结合。德鲁克说："一旦组织的最高层管理者确定了组织目标，就要对其进行有效的分解，并转变成每个部门以及每个人的分目标。"当员工的个人目标实现了，部门目标和公司的目标自然也实现了。

高明的企业管理者，努力帮助员工取得阶段性成果，并总是及时庆祝，以改善他们在工作中的心理状态，为其达成更大的目标创造条件。韦尔奇在描述早期的经历时说："每当我们接到一份超过500美元的订单，我们就买啤酒到家里庆祝。我们把订单超过500美元的客户名字写到墙上，称之为'500俱乐部'。为了什么时候，我们每增加10名新客户到俱乐部——我们就有理由庆祝一番。"

第二章
决策

哈佛商学院一项研究表明，在决定企业成败的两大因素中，领导者的决策占80%，管理因素占20%。1978年诺贝尔经济学奖获得者赫伯特·西蒙认为，决策是管理的心脏，管理是由一系列决策组成的，管理就是决策。实际上，团队成员所有的工作，都是在执行决策。

导　读

强势 VS 独裁

老经验 VS 新情况

领导：集智者

决策层

独断

免费大脑

无反对不决策

危机意识

对机会说"NO"

现场·基层

决策的执行

强势 VS 独裁

　　成功的企业几乎都有一个强势的一把手，他们常常表现为固执地坚持己见。他们深信自己最适合做这项工作。既然是最适合，就不必过多听从他人的意见，而是倾听本人的心声。处于创业期高速发展阶段的公司，尤其需要有一个具备绝对权威性、可以驾驭公司的人，才能保证这家公司快速成长。否则，企业很可能出现混乱局面。2001 年，百度转型独立做中文搜索引擎，是在李彦宏对持反对意见的董事会发火的情况下才得以通过的。1999 年，马云开始做阿里巴巴也基本上是他一个人的决定。

　　高度集中的决策，在企业掌门人能力超群、具有远见卓识的情况下，

卓越领导力：优秀企业管理者的成功之道

优点是显而易见的——效率高。但是，随着时间的推移，负面效果逐渐显现出来。成功者往往存在着两种偏见，一是先入为主，二是过度自信。格鲁夫将此种现象称之为"成功带来的惰性"。

当企业取得了不凡的业绩时，企业家容易将成功的原因归于自己的悟性、能力、经验等主观因素，忽略了团队、时势等因素。于是自以为是，神化自己，忘记了自己也会出现错误。此时，企业家的领导力就停止不前了。柯林斯在《再造卓越》中指出过衰落公司的5个阶段，其中的第一阶段就是狂妄自大，表现为因傲慢导致决策失误，"自我夸耀"代替了"自我反思"。

在中国，把决策失败视为企业家头号失败原因应该是可以成立的。诞生于20世纪80年代和90年代初期的中国第一代民营企业和第二代民营企业，大部分已经销声匿迹了。这之中有不少企业曾经成为天空中耀眼的明星，而独裁式的掌门人常常是使明星变流星的主要推手。

比较一下中国和西方国家的失败企业家，会发现结局是不同的。西方国家的失败者，如曾经领导过通用汽车、IBM、AT&T、康柏、柯达等公司的CEO，大都是因为企业出现亏损或盈利减少，甚至只是没能达到股东们期望的增长率而下台。在一个能干的继任者手里，这些企业往往又能恢复元气、长盛不衰。但是，中国企业家一旦失败，常常就是重大灾难，直接导致企业倒闭。这说明中国企业家决策失误程度严重，犯大错误的概率过大。其中的主要原因就是他们受到制度的约束太小，决策权太大。史玉柱在谈到巨人集团决策失败的原因时说："现在想起来，制约我决策的机制是不存在的。"中国民营企业家常常集创业者、所有者、决策者、执行者于一身。这些条件与权力的结合，很难做到让他人约束企业家，即使有约束，也往往流于形式。

关于强势领导作风，宗庆后说："说我在娃哈哈大权独揽，我承认。

而且，我认为这个做得对。你去看看中国现在能成功的大企业，我觉得都有一个强势的领导者，都是大权独揽且专制的。我认为中国现阶段要搞好企业，必须专制而且开明。"开明的专制！这的确是高明的决策机制。但是，在"专制"的同时如何能做到"开明"呢？这是一个考验领导智慧的大问题。

　　柳传志曾公开过他做决策时坚持的原则，可谓"开明"。他分了3种情况。第一种情况：当柳传志把事想清楚了，就坚决地要求同事按照自己想的做。第二种情况：同事提出了想法，柳传志自己没想清楚，他就按照同事的想法做。第三种情况：当柳传志和同事都有想法，分不清谁对谁错，发生争执的时候，他采取的办法是——按同事说的做，但柳传志要忠告对方，最后要算账，成与否要有个总结。同事做对了，柳传志予以承认并表扬他，同时反思自己当初为什么没想到那么做。如果同事做错了，柳传志就要求他说明白，当初为什么不认真考虑柳传志的话，不按柳传志说的去做。我们看到，柳传志在强势的同时，不忘记给下属建言和表现的机会。

老经验 VS 新情况

能否做出正确的决策，关键在于做决策的依据是什么。

强势的企业领导者，习惯于依靠自己的经验、直觉做决策。这是有原因的。一是创业早期，很多时候都需要在信息未明的情况下做决定，不得已而为之。二是这种信息处理和决策风格确实可以带来高效率，很容易受到强势企业家偏爱。三是事实也证明曾经的一些决策是对的，甚至取得了不错的成就。于是，他们就逐渐形成了依赖直觉进行决策的习惯。例如，某个企业家正在考虑在某个城市投资一幢新的写字楼的建设，但参观那个城市的时候，他看见四处吊车林立。下属告诉他，这个项目的各种投资测算结果都是绝对完美的，但他经历过类似的事情，知道很

第四篇　领　路

快就会出现写字楼过剩的情况。这个貌似完美的投资至少要打6折。尽管他并没有真实而详细的证据，但他的本能告诉自己：取消这项投资。

中国传统文化富于"审美"而弱于理性，人们往往偏爱自己的"第六感"，而不是严密的逻辑思考。2005年的一篇大肆赞扬直觉决策的文章——《格兰仕：决策就是直觉》，至今仍在网上广为流传，就很能说明中国企业家的决策习惯。这一文化传统与早期创业经历的结合，中国企业家的决策模式就诞生了。可是，经验决策模式面临各种挑战，很容易导致决策错误。

经验决策俗称"拍脑袋"。这种决策没有任何制约和保障，随意性很大，一个突出的特点就是"多变"，很容易沦为随意决策。有时候，企业家一高兴、一生气，瞬间就能做出一个决定。如此仓促、轻率的决定，有多大成功把握呢？有的企业家草率决定后下达命令，很快又发现考虑不周，马上改变主意。如此反反复复，搞得员工们无所适从。企业家还批评员工跟不上趟。马云说："最容易做的决策一定是个臭决策。"企业家随意决策，实际上是拿自己的企业当试验田，任何一次试错都要付出代价。这种决策习惯使企业存在很大隐患，无异于埋下了一颗定时炸弹。

经验总是"过去时"，反映的是过去的思维习惯，适用的是过去的环境和市场模式。在这些重要变量没有产生突变的情况下，丰富的经验是管用的。但是，当外部环境已经发生变化，过去的技术、优势等不再重要的时候，决策者可能没有觉察，几乎本能地坚持走老路。此时，经验就成为桎梏。经验是把双刃剑，常常出现"成也萧何、败也萧何"的情况。

管理学上有一个"总裁寿命周期"假说，认为总裁成功的经验和做法在环境变化后可能成为企业致命的杀手。面对新问题，需要建立新的认知模式。这就好比登上宇宙飞船到了太空，要面对四维空间问题，必须转换到爱因斯坦的相对论；如果仍然停留在牛顿力学的认知范式中，

卓越领导力：优秀企业管理者的成功之道

根本无法理解"时钟变慢""空间弯曲"这些概念，因而无法求解宇宙难题。阿尔费雷德·斯隆说："商业判断的最后一步当然是直觉，但商业判断背后的主要工作是寻找并了解技术、市场等环境因素，并且持续地掌握它们变化的形式。"斯隆的意思是：掌握变化了的环境，才能获得准确的直觉。

信息论认为，准确、全面掌握信息，才能消除不确定性。无论采取什么决策方式，都必须保证信息的完整度和准确度。决策是将所有的信息综合起来进行分析、思考，从而做出选择的过程。格鲁夫说他每天工作的大部分时间都花在收集信息上，而且是用各种不同的方法收集。洛克菲勒说："我们的政策一直都是用心地倾听和开诚布公地讨论，直到最后一点证据都摊在桌上，才尝试得出结论。"也就是说，洛克菲勒在最大程度地掌握信息的基础上才做决定。

优秀的企业领导者具有一项重要的管理技能，就是能够从浩繁的信息中一下子抓住问题的核心。桑迪·韦尔说："能够大量掌握数据、高效处理信息并有胆识采取果断行动的领导者拥有竞争优势。"即使聪明人，在信息不足或失真时，也会成为决策上的傻瓜。

环境随时在变，市场随时在变，纵使经验丰富者，也难免被这个信息爆炸时代的冲击波打晕。正如一首歌中所唱的那样——不是我不明白，而是这世界变化快。如果只搜集到50%的信息就做决定，你的经验还可靠吗？直觉还准确吗？这只能靠运气了。

一方面，决策者要对自己已有的知识和经验保持信心，这很重要。否则，就难以做出选择。另一方面，决策者对自己知识和经验的局限性也要有清醒的认识。否则，自信就变成了自负。在商业领域，有些人讲求事实与数据，有些人信奉判断与直觉。只有两者的完美结合，才是科学的决策机制。

领导：集智者

　　一把手的才智就是一个企业发展的天花板，其高度毕竟有限，如何才能突破？这要求企业领导者能够择善而从。正确的决策来自众人的智慧，事业的成功归功于集思广益。

　　历史上的布衣天子刘邦，没有多少文化。对于领兵打仗、治国安邦，他自己的主意并不多。他的高明之处在于，乐于倾听别人意见；并且善于辨别，总能从各种不同意见中挑出最合理的建议，予以采纳。

　　在荥阳大战期间，郦食其给刘邦献计，大封六国后人为王，建立同盟军。刘邦采纳了郦食其的建议，下令铸造封印。但是，后来张良说这样做会泯灭各路将士的希望。刘邦恍然大悟，立即下令毁掉封印。

卓越领导力：优秀企业管理者的成功之道

汉朝开国第二年，当朝廷听到传言说楚王韩信谋反时，大多数人尤其是那些嫉妒韩信的高级将领立即建议发兵剿灭。但是，刘邦并未行动，而是采纳了陈平的计策，以一次假巡游不费一兵一卒地诱捕了韩信。

与刘邦形成鲜明对照的项羽，刚愎自用，听不进也不想听别人意见，即使身边有高人也无用武之地。从这个角度看楚汉之争，虽然刘邦以弱敌强，实际上一开始就注定了项羽必败的结局，只是时间早晚而已。楚汉战争仅仅持续3年便尘埃落定。这个时间之短，当时一定出乎双方统帅的预料。

优秀的企业领导者往往能力排众议，显示出比其他人高出一筹的判断力。于是，很多人误以为最好的主意一定出自企业一把手的头脑，这实在是一个天大的误会。最高明的企业领导者不一定是最会出主意的人，而是最会拿主意的人。

韦尔奇说："把每个人最好的想法拿来，放在其他人中间交流，这就是秘诀。我把自己比作海绵，吸收并改进每一个好点子。"

李彦宏说："作为 CEO 最主要的工作是 Kill Ideas，你们可能提 10 个想法，9 个我都会说'No'。"

郭广昌在每次决策会议上总是先让其他人发言，然后再安排两个专业人士发言，听了两拨人的意见后，他再做出决定。

韩非子说："下君尽己之能，中君尽人之力，上君尽人之智。"能用他人的智慧去完成自己工作的人是伟大的。集众人之智使自己的智慧无限放大，这就是企业领袖的智慧。

决策层

管理学认为，一个人直接管理的人数如果超过7人，将力不从心。当公司做大以后，企业家就再也不能像创业之初那样管理每一个人了。柳传志说："如果没有一个班子，只靠一个人领导肯定是不行的。只有一个人领导的话，领导一出差，原来制订的东西马上就会走样。好一点的结果是阳奉阴违，坏的结果就是完全不照着做。"所以，柳传志说他的工作就是建班子、定战略、带队伍。建班子被放在了首位。

柳传志说的班子，就是公司的核心领导层。企业家只需要亲自管理核心团队，让核心团队去管理其他中高层，再传递到基层。通过这种方法，企业家让自己有限的能力实现"核裂变"，使自己变成"巨人"。用

卓越领导力：优秀企业管理者的成功之道

关键的少数带动整个团队，用精英去带动一般的员工，是企业家成功的法宝。马云说："每个成功人的背后都有一群很棒的人。"这群人就是核心层，是企业家的左膀右臂，如阿里巴巴早期的"十八罗汉"。本尼斯说："每一个成功的组织都有一个由共同领导者构成的核心，这些共同领导者都是组织的关键成员。""共同领导者"就是企业家的核心层。企业家不要指望公司所有人都与你同心同德，但核心团队一定要与你同心同德。如果说一般员工对工作有限负责，那么，核心团队成员必须对公司无限担当。

核心团队是企业家决策的执行者，同时，也是公司的决策层（除非企业家很独裁）。开明的企业家，会建立健全董事会，实行集体决策，而不仅仅让核心团队成员成为单纯的执行者。

2004年，联想并购IBM电脑业务之后，新任CEO阿梅里奥做决策时只与CFO一级的很少人讨论。讨论完之后，再知会其他管理人员，团队基本上没有什么发言机会。不久，公司出现巨额亏损。柳传志重新出山担任董事长后，为新任CEO杨元庆搭起了一套决策班子：以CEO为核心，成立了包括4位国际人士、4位中国人的8人核心班子。在每一次涉及公司战略与重大问题的会议上，8人团队作为讨论决策的主体，从各自分管的具体业务问题提意见，共同决策。同样，当年神州数码分拆之时，柳传志给郭为也配备了一群得力的副手。柳传志总结联想的经验时说："预先要把事情想清楚，把战略目的、步骤，尤其是出了问题如何应对，一步步、一层层都想清楚，要系统地想，这不是一个人或者董事长来想，而是由一个组织来考虑。"他一贯坚持高层集体决策。

在董事会之外，企业家还会建立自己的智囊团，为自己出谋划策。智囊团成员可以是公司之外的相关专家，也可以是松散型的咨询人员。

在中国古代，"谋士"是一种职业。广揽高明的谋士，往往成为有

第四篇　领　路

王霸之志者的渴求。历史上出现过姜子牙、张良、陈平、诸葛亮、刘伯温等名垂千古的大谋士。他们的奇思妙计让人拍案叫绝。凡是善用谋士的领导者，一般都有不俗的表现。

李自成曾被明朝军队打得东躲西蹿，在潼关南原大战中大败，差点被彻底消灭。一年后李自成复出河南，幸运地搜罗了李岩、牛金星、宋献策、顾君恩等智囊人士。从此，李自成的队伍迅速壮大起来，势如破竹拿下洛阳、开封，最终颠覆明朝。

企业家必须结合具有"知识力"及"权力"的人一起做决策，而不是只有后者。一项统计分析显示：企业增加一个劳动力，可取得 1∶1.5 的经济效益，增加一个技术人员可获得 1∶2.5 的经济效益，增加一个高层决策者，可获得 1∶6 的经济效益。这说明了建立智囊团的重要性。

企业领导者仅仅懂得民主决策的道理，或者曾经实行过集体决策形式，还是不够的，并不能保证以后不违背决策原则。在很多企业里，董事会都是摆设。他们在做决策时，虽然也采用民主讨论的形式，但这只不过是走过场，实际上还是由企业的一把手一人说了算。因为在召开会议之前，企业的一把手的脑子里已经有了决定，找大家商量实际上是把自己的决定通知大家，让大家服从自己的决定。

要从根本上杜绝一言堂，只能由企业家自己建立一种自我约束机制，将决策程序加以制度化。

独　断

　　集体决策有助于消除企业领导者的"盲点"。但是，集体决策也有一个明显的弊端，那就是容易出现"议而不决"，各执一词，根本达不成一致。但是，我们又必须选择一个方案。怎么办？首先要搞清楚两个问题。第一，"民主"是为了集思广益，是为了更好地"集中"。如果要求全体一致，几乎可以让大多数决策胎死腹中。第二，民主决策不是指形式上的举手表决，少数服从多数。在成功的企业领导者那里几乎没有这样决策的。真理与人数没有必然的对应关系，而且真理往往掌握在少数人手里。

　　在集体犹豫不决的时候，企业一把手就必须果断、坚决地发挥主导作用，拍板。马化腾说："关键时候还是要强一点。比如说实在讲不通，该动手得动手。"有决断力的企业领导人知道什么时候应该停止讨论和评论。

在马云创办企业的过程中，有两次重大决策都属"独断"，但事后证明都是对的。

1995年，马云从美国回来，召集自己的学生、亲戚、朋友一共24人开会，说准备做互联网，让大家给点意见。结果有23人表示反对，因为他们对"互联网到底是什么东西"还不太清楚。只有1个人说："你要是想做就试试吧，不行再回来。"在23人反对的情况下，马云力排众议、砸锅卖铁办起了中国黄页网站，开启了互联网之旅。

1999年，马云参加了新加坡的亚洲电子商务会议，回到公司后对高层们说："我认为阿里巴巴应该上线了，而且，我打算采用集贸市场的方案让阿里巴巴上线。"但是，马云的提议遭到了高层们的一致反对。他们说："希望你允许我们在此基础上做些调整，再考虑上线的问题。"但马云决心已定，大声说："等你们调整好了，机会就走了，现在、立刻、马上按照我说的去办。至于其他事情，以后再说。"阿里巴巴如期上线，结果我们早已看到了。

马云从国外所见所闻中受到启发，发现了机会，产生了做互联网、做电子商务的迫切感。当他与决策团队商量时，由于信息不对称和见识的差异，得不到其他人的支持甚至遭到强烈反对都是很自然的。但是，马云并没有动摇，仍然毅然决然地拍板。由此看到，"独断"式决策可以成功，只要你在见识、信息和经验方面具有绝对优势。实际上，成功企业里大多数重要的决策都是由企业家个人做出的，而不是由"委员会"决定的。当"委员会"取代企业家个人的时候，不仅会引发决策效率下降，而且可能使公司前进方向发生偏离，甚至关乎公司生死。这是成功的企业家绝对不能含糊的。

总裁不能独裁，但不能没有独断。

免费大脑

1980年，福特汽车在日本汽车的冲击下，出现了34年来第一次亏损。到1982年时，福特亏损数额已达33亿美元。福特公司内部员工的不满情绪与日俱增，多次进行罢工活动，致使福特公司陷入了严重危机。此时，福特二世在公司实行了一项新的制度——全员参与决策，鼓励员工积极参与公司事务的管理。这个制度包括：将所有能够下放到基层管理的权限全部下放，且领导者对员工抱有信任的态度并不断征求他们的意见；公司向员工公开账目，且每位员工都可以针对账目问题向领导者提出质疑，并有权要求领导者做出合理的解释。

在开发与生产兰吉尔载重车和布朗Ⅱ型轿车时，福特公司便靠"雇员参与计划"取得了成功。在此过程中，打破了以前那种"个人只能按图施工"的常规，将设计方案摆出来，请工人们"评头品足"。结果，工人们提出合理化建议749项，经研究采纳了542项。实施这项制度后，改变了公司领导者与员工的对立关系，激发了员工积极参与的意识，工作热情随之高涨，福特公司的经营情况由此出现了转机。由此看到，福特公司通过参与式决策摆脱了危机。

早在1945年，松下幸之助就提出了"全民经营"和"群智经营"的管理理念，强调公司的发展要依靠全体员工，只有集全体员工的智慧、体力以及公司的资本才能共同提升企业的综合力量。德鲁克十分推崇"强化全员参与"的管理理念，要"让人人都成为管理者"。柳传志指出：随着企业的发展壮大，企业的管理方式也在发生变化，这个过程是从指令式管理到指导式管理，再到参与式管理。

韦尔奇说："如果通用电气的一切决策都依赖于一个杰克·韦尔奇的话，通用电气这艘航空母舰将在一个小时内沉没。"1981年，韦尔奇一上任就宣布通用电气公司是一家"无边界"的公司，员工都可以毫无保留地发表意见，献计献策。一位参加过"群策群力"的员工曾这样说："你们为我的双手支付工资，而实际上，你们本来还可以拥有我的大脑——且不用支付任何工钱！"也就是说，全体员工都是企业家可以利用的"免费大脑"。这是巨大的资源库，不用就是极大的浪费。

对于参与式决策方式的意义，很多企业家也知道，但为何不愿这样做呢？因为心存两大狭隘观念。

观念一：公司是自己的。一些企业家认为员工只是为公司打工的人，只有自己才是公司的主人，甚至将其他小股东都不放在眼里。于是，企业家潜意识里自然是"我的地盘我做主"，不愿听取"广大人民群众"的意见。但是，现在职场主力军中，"90后"参与感强，思维活跃，他们发现了问题，希望推动改变，得到结果。这需要给他们平台，让他们提建议。所以，现代企业崇尚分享理念，更乐于将公司看作大家的。在这方面，百度公司做得很突出。李彦宏在百度推崇"百度不仅是李彦宏的，而是每一名百度员工的"理念，创造了全民参与的管理氛围，鼓励员工通过网络形式积极发言，从而使得公司能够不断根据客户需求和市场动态进行调整。

观念二：员工水平不行。很多企业家在潜意识里看不起自己的员工，认为员工水平高的话就不会跑到自己手下打工来了。"凡来给我打工的，都是不如我的"，似乎是不证自明的公理。企业家召开公司会议时，一个人滔滔不绝，其他人连个插话的机会都没有，就体现了这种意识。在2006年《赢在中国》赛场，马云曾这样点评："永远记住——千万别把自己当聪明人，最聪明的人永远相信别人比自己聪明，把你的股东、你的团队想得比自己聪明。这样，你才会走得更远。"实际上，群众的智慧是无穷的。

由美国BBDO广告公司亚历克斯·奥斯本首创的"头脑风暴法"，就是一种参与式决策的好办法，因而逐渐在企业流行开来。通过这种办法，常常能够发现管理者意想不到的高招。

在美国北方，每年冬天都会大雪纷飞。大跨度的通信电线常常被积雪压断，严重影响通讯。怎么办呢，电信公司高管们一时找不到解决问题的好办法。于是，他们想到了"头脑风暴法"。他们把公司几乎所有的人都召集在一起，鼓励大家畅所欲言，毫无顾忌地说出自己的建议。于是，有人建议设计一种专用的电线清雪机器，有人建议用电热融化冰雪，还有人说用震荡技术清除积雪。突然，有一个员工提出：可以开一架直升机在电线上面飞，螺旋桨巨大的风力会将电线上的积雪吹落。这个想法当时引起了哄堂大笑，大家都认为比较荒唐。但是，当管理者将

第四篇　领　路

搜集到的五十多种方法进行整理后发现：这个大家认为荒唐的方法，居然是最省钱省力且可行的，于是采纳了这个建议。

至此，我们可以用一句话来概括企业家的科学决策过程——听取多数人意见，与少数人商量，最后自己拍板。

无反对不决策

斯隆被誉为通用汽车历史上最伟大的领袖。

斯隆有一个著名的习惯：在召开决策会议时，如果下属一致支持某项提案，他都不会立即做决定。他的理由是：如果除了现有的分析之外，我们找不出其他不可行的理由，那我们知道的可能还不够多。于是宣布："此问题延期到下一次会议时再进行讨论。我希望下一次能听到反对的声音，我们也许才能真正了解这项决策。"一个月后，这项决策被否定掉了，他却非常高兴。斯隆用这种方式不断地去改进自己的决策，使得通用汽车打败了福特汽车，成为美国汽车行业的领导者。

斯隆在通用汽车公司内部大力鼓励大家讨论问题，提出自己的意

第四篇 领　路

见，尤其是反对意见。

斯隆还提出了一条重要的原则——永远不要处罚那些因为提出异议而表现过激的员工。有一次，斯隆与一个表达异议的员工争论了起来，该员工一点也不给斯隆留面子，一番争论下来，谁也没有说服谁。会后，斯隆的秘书就说："这个员工这么烦人，为什么不解雇他？"斯隆说："解雇他？太荒谬了，他只是在完成他的任务。"

德鲁克说："没有反对意见就不要做决策。"斯隆是这个原则的发明者，更是坚定的践行者。

"无反对不决策"的办法看起来似乎并不难，但对企业家却是一个很大的考验。由于人性使然，人都喜欢听顺耳的声音。有些企业领导者在做决策时，虽然也向众人征求意见了，但他们只愿意听赞同的意见，而不愿意听反对意见。也就是说，他表面上在征求别人的意见，实际上是寻求认同者和支持者，而不是着眼于全面地掌握信息以做出更合理的决策。在这种情况下，当其他人提出不同的意见时，企业家就会极力说服他们，而不是冷静地思考反对意见是否具有合理性，自己的决策是否明智。这样一来，征求意见只不过是做做样子而已。

很多企业强调团队协作，似乎意味着同时要消除个性，这是个误解。公司应该鼓励人们拿出自己的见解。如果不同的观点发生了冲突，这是好事，因为通过争论能使认识提高一步。如果一个企业领导者只强调协作，就等于说他没有能力发挥那些出色的个人的作用，没有能力把他们的不同主张协调起来。

伟大团队也应是一个鼓励发表异议的场所。马云说："一个八成以上员工都说好的决策一定会被我废掉，因为这样的决策轮不到我们执行，我要的是不同的声音。"

联想集团的研究院有3条议事规则：缺乏反对意见的重大决策须慎

卓越领导力：优秀企业管理者的成功之道

重决定；提倡建设性冲突；只有专家，没有权威。

索尼公司前总裁大贺典雄在任期间很器重出井伸之。

虽然出井伸之当时的职位并不高，但大贺典雄每次开会都会叫上他，原因就是他是一个勇于提出不同意见的人。如果哪次会议上没有听到出井伸之与众不同的见解，大贺典雄反而不高兴。

后来，大贺典雄退休的时候，出人意料地将CEO之职传给了出井伸之，在业界传为佳话。

企业领导者应该拒绝的是沉默，而不是反对意见，因为没有任何反对意见其实是个危险的信号。

巴顿将军说："如果每个人想法都一样，那就根本没有人在思考。"企业家要警惕只听到一种声音，警惕言路被过滤、再过滤、重新合成，警惕下属一味溜须拍马。因此，企业家在建立核心团队时要慎重选择成员，避免清一色的一类人。

芝加哥公牛队经纪人杰里·克劳斯有一句名言："如果你有两个思想一致的人，就解雇一个。你要一个副本做什么？"

在反对声中做决策，对企业家的真正考验在于：有时要自我否定，放弃自己的意见，"损害"自己的权威。

有气度的企业家并不在乎自己的意见有时被否定。王石坦承自己的意见被否定过。他说："我想让万科内部形成的气氛是，允许下级去否定上级。比如，万科在制订第三个十年计划的时候，我是被牵着鼻子走的，当然是有意见的，但被否定了。"史玉柱更是"起码有三分之二的计划，都被团队毫不留情地扼杀在萌芽状态中了"。

1995年，比尔·盖茨宣布不涉足互联网领域产品，很多员工提出了反对意见。其中，有几位员工直接写信给他说这是一个错误的决定。

第四篇 领 路

比尔·盖茨知道后,花了很多时间与这些员工见面沟通,最后写出了《互联网浪潮》这篇文章,承认了自己的错误,扭转了公司的发展方向。

王石、史玉柱、比尔·盖茨等并没有因意见被否定而损害自己的权威;相反,他们激发了下属的参与感,更加赢得了下属的尊敬。

危机意识

　　日本曾经有个导演拍摄了一部名为《日本沉没》的大片。影片大胆地设想：由于太平洋大陆板块的移动，日本大陆将会被拖入太平洋，并且会在一年之内沉没。绝望的日本人想尽了各种办法，终于保住了日本岛屿。日本人生活在一个地震多发的岛屿上，陆地面积很有限，资源极其贫乏，人口众多，这些现实因素不得不促使他们一直保持着强烈的危机意识。相比之下，我们国家可能没有哪个导演敢于拍摄这类题材的影片。我们的愿望是一直平安吉祥，万事如意，如果有人提到风险、危机，会被斥为"乌鸦嘴"。人的本性期望好的结果，倾向于高估有利因素而低估不利因素，常常对后者视而不见，甚至将不利当成有利。"想好事"

的心理，人人有之。因此，保持忧患意识并不是容易的事情。

根据清华大学公共管理学院等单位的调查显示：我国45.2%的企业处于一般危机状态，40.4%的企业处于中度危机状态，14.4%的企业处于高度危机状态。企业经常面临的三大危机分别是人事危机、行业危机、产品和服务危机，分别占比为53.8%、50.0%、38.7%。数据说明：我国企业的经营管理状况不太乐观，并非高枕无忧。

一、先想失败，后见成功

美国空军工程师爱德华·墨菲曾提出一个著名的"墨菲定律"——任何事情只要有向坏的方向发展的可能，就一定会向那个方向发展。这告诉我们凡事未雨绸缪的必要性。德国奔驰公司前总裁埃沙德·路透的办公室里挂着一幅巨大的恐龙照片，照片下面写着这样一句警语："在地球上消失了的，不会适应变化的庞然大物比比皆是。"以此警示全体员工。前IBM总裁郭士纳曾说："长期的成功只是在我们时时心怀恐惧时才可能。不要骄傲地回首让我们取得以往成功的战略，而是要明察什么将导致我们未来的没落。"

在中国，有一家企业很特别，曾经天天喊"狼来了"。这家企业就是华为。《华为基本法》中说："成功并不总是引导我们走向未来的可靠向导。"

2000年，成立13年的华为到达巅峰时刻，当年销售额达220亿元，利润达29亿元，居全国电子百强之首。但是，谁也没有想到，任正非却石破天惊地发表了《华为的冬天》。

2001年，任正非在赴日本考察回国后又发表了《北国之春》一文，继续传播他的危机意识。

任正非曾坦言："10年来，我天天思考的都是失败，对成功视而不见，也没有什么荣誉感、自豪感，而是危机感，也许这样才存活了10年。"

任正非指出，企业没有经历大磨难、大挫折是一个大弱点，存在巨大的隐患；只有强烈的危机感才能防止悲剧的真实上演。他认为，只有经历九死一生还能做得很好的企业，才能叫成功。所以，任正非一直说华为没有成功，只有成长。天天喊"狼来了"的华为，自己却变成了世界上最凶猛的"狼"之一。这就是现实的逻辑。

心理学研究表明，倾向负面信息行为偏好的人比倾向积极信息行为偏好的人更容易求得生存。要想取得成功需要很多种能力，其中防范风险的能力所占的比重可能比我们想象的大得多。

老子说："慎终如始，则无败事。"格鲁夫说："惧者生存。"反过来说，做不到"慎终"，成不了"惧者"，就是失败、灭亡。企业家没有危机感，就是企业最大的危机。科特指出："没有危机意识和忧患意识的领导者，不是一个卓越的领导者。"这大概是很多企业家不太愿意接受的事实。

二、大胆设想，小心计划

稻盛和夫指出，作决策要乐观构思、悲观计划。也就是战略上要藐视敌人，战术上要重视敌人。任何创新的事业，没有先例，一定会遭到很多人的反对。这时，企业家一定要敢想敢为，有强烈的成功欲望，让想象的翅膀自由飞翔，描绘出未来的蓝图。但是，将构思落实到具体计划时，就应该慎重、细致、周密，需要设想各种可能出现的困难和风险，并制订出相应的对策。

不相信目标的人活不下来，相信很快能实现目标的人也活不下来。真正能活下来的人，是坚信未来但又对眼前的困境有充分准备的人。这就是现实主义的乐观,而不是理想主义的乐观。

《左传》中说:"居安思危,思则有备,有备无患。"如何做到"有备"?决策时一定要尽可能考虑到各种不利因素,以及不可预见的风险,即使是小概率事件,也不能轻易放过。针对这些不利因素制订出相应的预案。预案不一定采用,但一定要有。这就像汽车的备胎,飞机的备用电源,一旦需要,立即启用。举世闻名的美国阿波罗登月飞行计划,就有13次校正的机会,一旦出现故障就立即采取应对方案。马云说他每天都在想:明天一定会比今天更倒霉。因此,他总在寻找应对各种不利情况的办法。在马云心中,一定存有多个预案。因此,阿里巴巴才能战胜各种挫折甚至危机,走到今天。

三、预见并消除危机

史玉柱曾透露,他在决策任何一个项目时,都会做最坏的打算,都会先估算一下,如果发生亏损,损失超过他的净资产的三分之一,那么,再大的诱惑他也会放弃。因此,他保证了珠海巨人的悲剧不再重演。马云说:"CEO不仅仅是给大家指明灿烂的前景,你要看清楚在灿烂的前进旅程中有很多灾难,你必须把这些灾难消灭……作为企业家,在内部不断关注癌症的癌变,这很痛苦。你如果能够真的找到癌细胞了,那你也是顶尖人物。"杰出的企业领导者正因为凡事从最坏处打算,时刻提防可能发生的危险,因而总能在几乎不可能的情况下取得胜利。这一点是他们成功的基本要素。

德鲁克说:"管理做得好的企业,总是让人感到单调乏味,缺乏激动人心的事情发生。这是因为,凡是可能引发危机的事情都早已被预见,并被转化成了例行工作。"真正的企业领导者会创造虚拟的危机并使其消于无形,而不是坐等真正危机的到来。

不能预见、防范和化解危险，就没有资格当企业的一把手。

有人可能会说，危机意识与必胜的信念相矛盾，会打击人们的自信心。实际上，企业领导者能够客观地看问题，减少幻想。他们不做鸵鸟，深知自欺欺人只能毁掉前程。优秀的企业领导者懂得在信念与事实之间达到平衡的重要性。一方面必须坚信自己能够获得最后的胜利，另一方面又必须面对现实中最严酷的事实。他们在乐观主义与现实主义之间找到平衡。要成为优秀的企业领导者，就必须做到这一点。

对机会说"NO"

在中国民营企业的失败案例中，大部分都存在过度多元化扩张行为。即使那些走到现在并且已经很成功的民营企业，很多都走过失败的多元化之路，只不过很快"改邪归正"了。海尔集团从1995年开始，先后进入医药、保健品、餐饮、电视、电脑、手机、软件、物流、金融等数十个领域，几乎无一成功。其中一笔投资是2002年初以1.3亿元收购鞍山信托公司20%的股份，但不到一年就撤资了。国外的企业也有类似情况。施乐公司曾进入金融服务，可口可乐曾涉及电影，柯达公司曾跨入医药，做信用卡和旅游的美国运通公司试图进入有线电视、娱乐以及图书出版……所有这些，似乎都没有取得好的结果。

卓越领导力：优秀企业管理者的成功之道

当IBM于20世纪80年代陷入困局时，也曾将关注点移向电话转换器。郭士纳接手后，重新将IBM的主业再次发扬光大。他说："太多的高级经理都患有'购并传染病'，当有机会在'努力恢复一个基础业务'和'进行一场大规模的购并'之间进行选择时，大多数的高级经理都会选择后者。"

郭士纳认为对于一个正在进行核心业务建构的公司来说，其能力的高低在很大程度上就看是否敢对购并潮说"不"。郭士纳宣称在IBM期间成功的主要原因就是没有去做不应该做的事情。

曾经破产的史玉柱能够东山再起，与他的聚焦战略密切相关。在珠海巨人集团倒闭之后，他开始接受经验教训，宁可错过100次机会，也不乱投一个项目。他说："在业务的选择上，巨人（投资集团）主营业务始终只选一个……用我们自己的话叫聚焦，聚焦，再聚焦。就是你这时候只能做一个项目，而且，这一个项目从它的可研开发、销售、生产各个领域你还不能平均用力。在这里面，你还要重点去攻某一点，然后把你的人力、财力、物力都往你真正最有竞争力的哪一点去聚焦。"一个企业最终陷入困境，很少是操作层面的原因。对企业损害最大的，是做错了事情，做了不该做的事情。

很多企业热衷于新项目，搞多元化，无非是觉得机会难得。其实这是误区。现在与20年前相比，环境不一样了，很多人还没有反应过来，还认为发现机会、把握机会是最大的本事。中国现在的机会太多了，你不用去找机会，机会都会找上门来。对于太多的机会，按马云的形象比喻，就好比看见10只兔子，到底抓哪一只？有些人一会儿抓这只兔子，一会儿抓那只兔子，最后可能一只也抓不住。因此，马云说："CEO的主要任务不是寻找机会，而是对机会说'NO'。"对于今天的企业家来说，最大的挑战可能不在于他能不能发现机遇和把握机遇，而在于他能不能学会放弃。

步步高集团董事长段永平说:"做企业就如高台跳水,动作越少越安全。"战略的重心是"略",战略首先就是确定不做什么,其次才是决定做什么。对待难得的机会要敢于说"不",即便它是"一生中唯一的机会",也在所不惜。只有坚决地放弃,才能专心致志、心无旁骛地做好重要的事情,凸显出自己的特色和风格。

随着事业的发展,企业家每天进行的否定性决策会越来越多。在追求诱惑的过程中抵御诱惑,这个充满矛盾的主题贯穿于企业家的一生。成功者,选择的很少,做一件正确的事情就足以名扬天下,但放弃的却很多。所有的成功都是抵御大量诱惑后的结果。成功者,与其说善于选择,不如说善于放弃。

不少人认为韦尔奇在通用电气CEO任期内最大的成就是收购了上百家有价值的企业。韦尔奇却说:"不,我对公司最大的贡献是拒绝了至少1000个看上去很值得投资的机会。"投资大师沃伦·巴菲特这样评价比尔·盖茨:"他的成功之处,不在于他做了什么,而在于他没有做什么。"巴菲特对盖茨的评价显得与众不同,他没有说盖茨如何创新,如何勤奋,如何有才,而是特别提到他懂得放弃的本领。

诱惑是前进的动力,更多的却是前进的陷阱。很多机会不能去抓,还不仅仅是因为"兔子"多了抓不过来,而是因为那根本就不是真"兔子",而是"白骨精"变的。眼光敏锐的人,在大多数时候看到的不应该是"兔子",而是"白骨精"。前提是,你必须具有孙悟空的火眼金睛。

2002年前后的短信业务拯救了中国很多互联网公司。马云也曾有意一试。他去一些门户网站调查时发现,这些网站可以注册一个免费邮箱,但一份很长的合同之间很细的一条写着:如果3个月后你还使用这个邮箱,那么,将从你的手机话费中扣除5元~8元。马云认为这是一种欺诈行为。于是放弃了介入短信的业务。同样,在房地产热火朝天的时期,阿里巴巴的管理层也曾鼓动马云涉入其中,但经开会研究后决定放弃。

在阿里巴巴迅速发展之时,很多投资者想与马云合作打造全新的业务模式。然而,马云都婉拒了。对此,他解释:"这是因为阿里巴巴始终坚持以服务中小企业为主,没有改变市场定位的计划。"

马云的"放弃"理念,已经成为他的思维习惯,不仅体现在公司的战略上,也体现在他自己的事情上。在阿里巴巴创业初期,一家大公司的董事长因为赏识马云的才华,准备雇佣他,并且开出了150万美元的高薪。当时,很多朋友都鼓动马云接受邀请。可是,马云认为:虽然机会很好,但如果选择了这个机会,就等于让自己放弃想要建立一个伟大网站的梦想。这是他最不愿意做的。因此,马云放弃了高薪,自己单干。于是,中国多了一个首富,世界多了一家一流的互联网公司。

现场·基层

著名情商大师丹尼尔·戈尔曼发现了"CEO病"。其症状是：在患者周围，形成了巨大的信息真空。患者不知道组织内和组织所在的环境的真实情况。层级越高，越容易得病。原因在于，一个企业领导者一旦获得权力、职位，人们就会倾向于对他说顺耳的话。公司正式会议上的那些发言，一般都是经过事先准备过的、被过滤的或修饰过了的。企业最高领导者周围很容易聚集一帮报喜不报忧的人，造成企业最高领导者往往是最后一个知道坏消息的人。

麦肯锡咨询公司创始人马文·鲍尔原来是个律师，曾处理过1929年美国经济危机期间破产的11家公司的善后事宜。在此过程中，他发现了一个惊人的事实，那 11 家公司破产的真实原因并不是因为经济大萧条，而是因为公司的董事长没有得到真实而全面的信息，因而未能采取正确的应对措施！

有一次，万豪国际酒店的董事长小马里奥特巡视旗下一家酒店，注意到顾客对餐厅女服务员的评分不高。他问经理问题出在哪里，经理居然说不知道。但是，小马里奥特注意到了经理不安的身体语言，他问女服务员的待遇是多少，结果发现比市场标准低。那个经理说，加薪要由总公司决定，他怕麻烦就没有上报。从这个简短的对话中，小马里奥特发现了3个问题：第一，总公司管的太多；第二，高层重视利润胜过顾客满意度；第三，经理的上级有官僚主义。于是，小马里奥特立即解决了这3个问题。

研究发现，很多时候来自企业领导层的信息只有20%~25%被下级知道并正确理解，而从下到上反馈的信息不超过10%，而平行交流的效率可达90%。也就是说，无论是上传还是下达，在经过多个层次的传递之后，信息都会严重失真，曲解原意。因此，德鲁克说："不管信息发达到何种程度，也代替不了管理者'御驾亲征'。"任何想象和推理都无法代替亲身直观的感受。决策过程中，即使有严密的论证，但如果缺乏实际感受和了解，那么，这样的论证多半是纸上谈兵。很多企业花钱请人搞的咨询方案，看似头头是道，实则一堆废纸。

麦当劳创始人雷·克洛克上班时很少在办公室坐着，而是不断地去各分店巡视。他要求各分公司经理"锯掉椅子背"，经常走出办公室到员工中去，而不是成天坐在办公室瞎指挥、乱汇报。之后，销售业绩大幅增长，麦当劳声威大震。"锯掉椅子背"从此成为麦当劳管理方式的标签。

第四篇　领　路

郭士纳能够快速扭转 IBM 的颓势，重要原因在于他在接手 IBM 时坚决贯彻一种信念：走到工作现场去。他说："我总以为，你不可能仅仅坐在办公室里就可以成功地管理好自己的企业。这就是我在 IBM 公司担任 CEO 的 9 年间四处走访的原因所在。"

郭士纳正式在 IBM 上班之前几天，就安排手下人为他确定一个走访时间表，以便让他能够与客户和员工尽早实现沟通和交流。

郭士纳一上任，就马上全面实施走访计划。他在 IBM 期间，飞行里程达到了 100 万英里，并会见了无数 IBM 的客户、商业伙伴以及员工。

克洛克、郭士纳实行的管理方法被称为"走动管理"。这一概念的提出者是彼得斯。彼得斯在《追求卓越》中提到，在所有表现卓越的知名企业中，高层主管都不是成天待在豪华的办公室中等候下属的报告，而是经常到各个部门走动，主动融入员工之中，了解工作情况，听取他们的建议。张瑞敏说："到了现场，就会有一个鲜活的感觉。会发现问题，有些是意想不到的问题。有点像中医，望闻问切，难以准确量化，就是感觉。与我而言，我更愿意称自己为中医。"只有发现问题在现场，解决问题在现场，才能提前将企业中隐藏的危机消除掉。对此，德鲁克形象地说："决策家要在复杂多变的信息中做出权衡，就像一只在捕捉兔子的鹰，它必须在一定的高度才有更多的机会发现猎物；同时，它又必须飞得够低才能看清细节，瞄准时机进行捕捉。这种权衡正是决策家的任务。"

走动管理提倡到现场，这个"现场"不仅仅是指公司总部、分部的办公大楼，更包括前线、基层、市场，那里有一线工作人员和顾客。只有基层，才能最真实最准确地反映实际情况。

韦尔奇说："我时常提醒自己，总部大楼内不可能制造或出售任何产品。扎根基层才是了解事情的最有效途径。"为此，韦尔奇实行了著名的"深潜"管理法。他在自传中披露说,他经常到企业的最基层,通过"深潜"保持敏感、获得灵感。他担任 CEO 之后就一直坚持这样做,直到退休。

沃尔顿更是堪称"深潜"狂人。他曾对公司的管理者说:"管理的关键在于深入商店,听一听各个合伙人要讲的是什么。那些最妙的主意都是店员和伙计们想出来的。"他甚至认为访问商店和倾听员工意见是他作为总裁对时间的最有价值的利用。沃尔顿从 1962 年起,每年都亲自视察每一家分店,即使分店数量达到数百家也照样坚持。有一次,美国著名的《财富》杂志记者约好了在沃尔顿的办公室采访他。记者去他办公室等了很久,不见沃尔顿出现,感到很生气。这时,沃尔顿的秘书看见了这个正在等候的记者,便帮他去找沃尔顿。他们最终在零售店门外发现了沃尔顿,他正在为顾客装货物。那位记者很惊奇,这个世界上最有钱的人居然做这种工作。记者问沃尔顿:"你不是答应在办公室等我吗?"沃尔顿答:"当然,我是在等你来啊。"记者又问:"那你为什么在这里呢?"沃尔顿回答:"我的办公室就在街上,这是客人最需要我的地方。"在沃尔顿的带领下,沃尔玛公司里主管的办公室经常空荡荡。那些主管们大多数时间都外出了,在遍布于美国 11 个州的营业点视察。

大家都知道史玉柱是营销天才。天才是如何炼成的? 史玉柱曾说:"这些年我一直是没日没夜地干,跑市场,跑终端,找消费者聊天,了解市场情况。3 年里,我跑过的商店有一千多家,深度接触、交流的消费者有两百多个。"据他说,脑白金"送礼"这个概念就是和老太太们聊天聊出来的。他认为,要做好广告,一定得是本公司最了解产品、最了解消费者的人来创意。这成为史玉柱长期深入基层的动因之一。巨人网络总裁刘伟说史玉柱："确实是一个很有销售才华的人，但这是建立在他非常了解市场的基础上的，所谓的营销奇才不是那么容易的事情……其实，光靠点子是没有用的。"

决策的执行

企业家发出的指令最终没有让员工采取相应的行动，进度总比预计的慢，目标总是打折扣。这是无数企业家天天面临的头痛问题——团队执行力低下。

公司要确保高效的执行力，每一环节的工作都要全部落实到位，不能打折扣。假如每个环节打折90%，经历6个环节后就只剩一半了：$90\% \times 90\% \times 90\% \times 90\% \times 90\% \times 90\% \approx 53\%$。这是很可怕的事情！所以，公司规模越大，环节越多，执行力问题越突出。

如果决策得不到有效的执行，企业还有什么希望呢？企业领导者不仅要善于决策，还要善于落实。如果说企业领导者决策时要三思而行，

第四篇　领　路

那么，一旦做出决定，在执行决策时则要斩钉截铁，丝毫没有讨价还价的余地。

在阿里巴巴创立之初，一位技术人员在对BBS上的帖子进行检测分类的时候，这样跟马云说："我觉得分类检测工作是无用功，根本没有意义。而且，我一个高级的技术人员做这么低级的工作，未免有些大材小用了。"可是，马云觉得这个工作意义重大。于是，马云对这位技术人员说："只有把这些不起眼的细节工作做好了，未来的用户才能更方便地从阿里巴巴网站上找到他们所需要的信息内容，继而公司才会实现盈利。"听完马云的话，这位技术人员仍然不愿意做分类的工作。他希望马云找其他人分担这项工作。但是，马云说："我不会找别人做，就让你做，你现在、立刻、马上去做，别的什么都不要想。"于是，这位技术人员只好认真地干起了分类工作。半年之后，阿里巴巴开始正式运营，没过多久，阿里巴巴网站就得到广大用户的好评。此时，那位技术人员才认识到当初信息分类工作的重要性。马云说："阿里巴巴不是计划出来的，而是'现在、立刻、马上'干出来的。""现在、立刻、马上"已经成为马云的一个标签，阿里巴巴员工无人不知。

业内广为流传，说马云曾经与孙正义一起探讨："一流的点子加上三流的执行水平，与三流的点子加上一流的执行水平，哪一个更重要？"结果，他们两人得出一致的答案，后者更重要。

玫琳凯说："一位有效率的经理人会在决策的构思阶段就让员工参与……所以，我总是甘愿冒着时间损失的风险，如果希望员工全然支持你，你就必须让他们参与，越早越好。"通过参与式决策，就会大大提高员工的执行力。员工们在参与过程中了解到决策的背景情况、形成过程，因此充分地理解了领导的意图。接下来，他们将表现出对决策的大力支持，因为这是在执行自己的决策。人们不会认真地去做不理解的事情，也很难认真地去贯彻别人的决定。

在执行过程中，即使有人对决策提出疑问或异议，即使决策真的存在问题，甚至是错误的，在没有修改决策之前，企业家仍然应该要求下属继续执行，而不是停下来坐而论道。很多时候，拖延比做错更糟糕。做错了至少能发现此路不通，为找到正确的道路创造条件。而拖延不行动永远也不知道此路不通，不但会降低效率，甚至错失良机。让下属坚定地执行有问题的决策，可视为培养执行力的代价。通过此过程，可以养成下属无条件执行的意识和习惯。

没有哪一个有建树的企业领导者，在做出决定后还会花很多时间为考虑此决定是否正确而忐忑不安。比尔·盖茨说："一旦我做出来决定，我绝不会回头再去想第二遍。"对于明天要做的决定，唯一能够给予足够重视的办法，就是坚决把昨天的决定抛在脑后。

领导，就是要员工去执行。保罗·赫塞说："成功企业的经验和探究表明，'执行力'问题就是'领导力'问题。"领导力体现在执行之中。

第三章
干着指挥

　　光说不练会被认为是纸上谈兵，时间长了就会让下属失望。当企业的一把手不但要能说、会说，展现眼光和魄力；更要能做、会做，展现出超强的实干精神。雅达利电脑公司的创始人诺兰恩·布希奈尔在总结自己成功的经验时说："我是行动主义者，相信跟我有同样构想的人必定为数不少，只是我能付诸行动，而他们什么也没做。"领导力最终要落实到行动上，让结果来奠定领导权威。即使是企业家，也要"干着指挥"，而不是"站着吆喝"。

导　读

以身作则
有效沟通
解决难题
提供方法
转危为机
带领团队打胜仗

以身作则

有段时间，英特尔公司的员工经常迟到。公司管理者对迟到者进行了批评、罚款等处罚，但问题依然没有解决。最后，总裁想了一个办法，他每天第一个到公司，并站在门口迎接员工。那些没有迟到的员工见总裁来得比自己早，便提醒自己：明天我要来得更早一点。迟到的员工见总裁在门口迎接自己，感到很不好意思，再也不迟到了。从此，员工迟到的现象得到了根本的改变。总裁不用发火，不用处罚人，就把问题解决了。身先足以率人。总裁带头，其他人还敢胡作非为吗？

与领导看下属一样，下属看领导时也不是听其言，而是观其行。在公司里，基层看中层如何做，中层看高管如何做，高管看董事长如何做，上行下效。

玫琳凯说："人们往往模仿经理的工作习惯和修养，而不管是好是坏。"有什么样的企业领导者，就有什么样的下属。如果领导者雷厉风行，员工也是快捷高效的；如果领导者好高骛远，员工也会眼高手低。企业领导者的身教重于言教，喊破嗓子不如做出样子。

以身作则，就是把"照我说的做"升级为"照我做的做"，于是，企业领导者陡增感召力。

在遵守制度方面，企业家要以身作则。

万达集团的执行力为什么那么强？王健林曾说："我是万达的创始人，但我依然坚持，我要求员工做到的，自己首先做到。"王健林在公司时，也与员工一样穿工服、戴胸牌，这种小事他都很在意，带头执行。

在公司价值观方面，企业家尤其要树立榜样，通过日复一日的行动来体现忠于自己的信仰。

沃尔玛提倡为顾客节约每一分钱，提供性价比最高的商品，大力打造节俭文化。为此，沃尔顿每次乘飞机都坐经济舱。这在世界首富中可能绝无仅有。在他的示范下，节俭文化在沃尔玛深入人心。

一个民营企业的总经理在公司会议上这样说："等会有个客户要来公司谈生意，我们一定要争取签下合同。为了促使客户早下决心，我们要有点商人的狡诈，大家口径一致，就说大部分产品都已经被别人预定了，只剩下这么点了。他今天不签合同，以后就没有了。"总经理带头骗人，还教员工骗人，显然是不明智的做法。不久后，公司员工都按总经理的思维做事，甚至"以其人之道还治其人之身"，搞得他非常狼狈。这样的总经理，带头破坏价值观，问题非常严重。这样的公司，根本不可能走得长远。

有效沟通

1993年，临危受命担任IBM首席执行官的郭士纳，上任后加强了与全体员工的沟通。为了全面了解公司情况，他不仅与员工通过电子邮件、电话及时交流，还不断外出巡视各地的分公司。每到一个地方，他都安排1个小时与当地所有的员工见面，给他们仔细解释公司的目标、方向。接下来，郭士纳再留出45分钟时间，让员工提问题并耐心解答。在大家的共同努力下，IBM很快冲出了困境，再现辉煌。

马尔科姆·格拉德威尔在其著名的《引爆点》一书中指出，一个组织的人员一旦超过150人，沟通交流就会出现问题。沟通不畅，矛盾和懈怠就产生了。随着人数的增多，公司就会患上大公司病：对变化不敏感，决策效率低下，行动迟缓，等等。因此，企业家们对沟通的作用给予了高度评价。沃尔顿说："沟通是管理的浓缩……如果你把沃尔玛体制浓缩成一个思想，那可能就是沟通。"松下幸之助说："企业管理，过去是沟通，现在是沟通，未来还是沟通。"在他们看来，沟通已渗透于企业管理的各个方面。正如人体内的血液循环一样，如果没有沟通的话，企业就会趋于死亡。著名未来学家约翰·奈斯比特认为，未来竞争将是管理的竞争，竞争的焦点在于每个社会组织内部成员之间及其与外部组织的有效沟通。

一些企业家指出，与下属沟通是他们走向成功的关键因素。盛田昭夫说："我深信，我们能够发展如此迅速，原因之一就是我们在公司里有效地建立了一种自由探讨问题的气氛，我们从未试图窒息这种气氛。"格鲁夫认为，20世纪日本企业崛起的主要原因之一是他们的经理和部属经常围着一张大大的方桌交流，信息传递速度很快。因而，在英特尔的管理哲学中，主管和部属间例行一对一会议是基本功课之一。

沟通能力是管理者不可缺少的能力之一。英国管理学家L·威尔德说："管理者最基本的能力是有效沟通。"如果你想成为一名高效的企业领导者，如果你希望提高自己的思想和话语的分量，就必须学会和下属进行有效的沟通，能够让他们对你深信不疑，即便是在误导他们。

人际关系学大师戴尔·卡耐基说："一个人的成就85%取决于与人的沟通能力，而专业知识只占15%。"卓越的企业领导者，可以不善于演讲，但一定要善于沟通。

在人际关系中，80%的误会和矛盾源于沟通不畅。因此，立即沟通及立即解决问题是绝对必要的。在企业管理中，张瑞敏认为"无障碍沟通和快速执行是企业迅速地发现问题，并能够及时改正的最佳方法"，可谓一语中的。领导者要经常主动、大声地对下属说：有话你就说！有什么事情不理解，说！有什么不同的意见，说！这样，才能了解他们在想什么、关心什么、希望什么、害怕什么，对什么问题有保留。作为团队领导，即使在百忙中也要抽出时间经常与下属谈心，做思想工作，并将此作为重要的管理方法。

企业领导者做出决策后，如果不与下属沟通就直接下达指令，导致下属不理解，不能与领导者达成一致认识，无疑会弱化员工的向心力。在重大问题上，为了说服持不同意见的员工，稻盛和夫常常苦口婆心，不惜连续几小时做解释疏导工作，将自己的思想讲透，直到员工理解、接受自己的意见为止。有人认为花几小时做思想工作，还不如用这些时间让员工干活，创造经济效益。但是，稻盛和夫不这么看，他认为花时间解决认识问题、理念问题完全值得。在稻盛和夫的倡导下，京都陶瓷公司里的各个部门常常举行情感"酒话会"，只要有时间，他都亲自参与。让大家在轻松、平等的气氛里畅所欲言，彼此充分了解和理解，加强感情联络，建立信赖感。

很多企业管理者习惯发号施令，希望下级也像军人那样"以服从命令为天职"。但是，自己吹起了冲锋号之后，却发现没有人呐喊着往前冲。当下属没有充分认识到任务的意义，甚至有抵触情绪时，必然导致执行不力。如果你希望员工高质量地完成工作，下达指令时，要让下属不仅知其然，还要知其所以然。要给他们解释这项工作的重要意义，让他们知道必须这样做而不是那样做的理由，并且要说服他们高度认同，争取他们的大力支持。这绝不是多此一举、可有可无。这比简单的命令式管理有效得多。沟通是提高执行力的有效手段。

解决难题

  领导下达任务后，是应该帮助下属解决难题呢，还是让他们自己去想办法？当事情运转不灵的时候，下属也能发现问题，但他们认识高度不够，可能无法找到问题的根源，也就找不到最有效的解决办法。即使他们找到了问题的根源，由于权力范围有限，无法调动和支配其他资源，也可能解决不了问题。作为企业的领军者，企业家一方面要鼓励员工充分发挥聪明才智，克服困难，独立完成任务；另一方面，企业家要能够及时发现下属难以解决的问题，调动资源、协调关系，帮助他们渡过难关。企业家这样做，下属就会感到企业家总是站在他们的背后支持他们，没有克服不了的困难，从而建立起集体自信，并对企业家产生由衷的敬

第四篇 领 路

佩之情。

在某些情况下，团队碰到困难时，企业的一把手只在幕后指挥还不行，还要往前冲，亲自解决问题，或者亲自到现场解决问题。企业的一把手要让所有人都知道，碰到任何难事你都不会躲，要让事实证明，什么问题到了你这里都不是问题。

比尔·盖茨说："真正的企业家能够解决一切可能面临的问题。"员工认为无法做到的事情，比尔·盖茨会自己拿回家去做，并能迅速准确地做到几乎完美的地步，让大家佩服得五体投地。

1994年，华为营销团队来到江苏邳州，目的是达成与邳州电信局的合作，但遇到意外问题。于是，任正非亲临前线帮助他们，终于取得"邳州鏖战"的胜利，顺利战胜上海贝尔。返回深圳后，任正非乘胜追击，不失时机地为华为确立了新的目标。他向员工宣称："10年后，华为要和AT&T、阿尔卡特三足鼎立，华为要占1/3天下。"这种情况下，新目标一定会受到大家的拥护并为之努力拼搏。

美国行政管理学家切克·威尔逊说："如果员工知道一位领导在场解决困难，他们就会信心倍增。"企业最高领导者身体力行，能够极大地鼓舞士气，使问题得到快速解决。

提供方法

从领导力的角度讲，权力不仅是要别人服从你，而且是要你告诉他们如何干。柳传志曾说："管理者要部下信你，要有具体办法，并通过实践证明你的办法是对的。"企业家应该通过对下属实施有效的指导，给员工树立这样的信念：无论遇到什么问题，都能找到解决的办法，办法总比问题多。

中国文化中历来有"高人""世外高人"的传说。所谓"高人"，就是有智慧的人，而其智慧很多时候就体现为高明的方法。别人解决不了的难题，高人能够轻松化解。

企业家不可能为下属解决每个难题，但下属遇到难题时又不能置之事外。业务场景是复杂多变的。因此，企业家为下属解决现实问题的关键，是把具体、多变的业务场景装入恰当的套路中，有套路的行为才可复制。如此，企业家就为下属找到了方法。

韦尔奇曾说，成功的CEO也是成功的教练。他不一定教你怎么做，而是让你学会怎么做。这就是"授人以鱼不如授人以渔"。通用电气之所以能够批量生产企业领导者，与他们重视方法技能的培养关系甚大。近年来国外流行的教练式管理，主张角色转换，从为员工"提供方案"到帮助员工"自己主动找方案"，帮助员工自己寻找解决问题的方法。

企业家要教给下属做事的思路、途径和方法，快速提升他们，使他们成为自己的左膀右臂。企业家要敢于授权，但这是有条件的，只有让下属成为掌握了方法的人，充分授权才有保障。

转危为机

挫折、失败，几乎是每个成功者的必然经历。当企业身陷逆境时，诸如灰心丧气、身心疲惫、漫无目的等负面情绪就会弥散开来，甚至像病毒一样快速传播，引发大家对事业前途的疑虑。遭遇失败的时候，尤其是遭遇大失败的时候，几乎所有的人都会将目光投向企业领军者，想看他（她）怎么说，怎么做。此时，他（她）的表现对团队的士气很可能起决定作用。

心理学家指出，一个人的成功，除了与智商、情商有关，还与逆商有关。危急存亡之机，正是检验企业家的领导力的时刻。逆境、危机中的领导力才是真正的领导力，顺境中的领导力常常是表象和错觉。

第四篇 领　路

伟大的企业领导者，面临不利局面时，总能化弊为利，转危为机；伟大的企业领导者，把放弃变成坚持，把局限变成无限，把绝望变成希望。

拿破仑在日记中说："成功并不是偶然，能者转弊为利，无视一切艰难险阻……"

拿破仑远征埃及期间，法国的海上舰队被英国消灭了，致使他的东方军与法国的联系被完全切断，独自被抛在了埃及。在这种重大打击下，拿破仑这样鼓舞部下："我们被幸运地隔绝在埃及的土地上了，这很好。我们必须在惊涛骇浪的大海上活下来，大海会平静下来的。或许命运注定我们要改变古老东方的面貌。上帝要我们留在这里，像古代人那样在这里完成伟大的功业。"拿破仑将陷入绝境的遭遇转变为即将建立盖世功勋的幸运，将当前的失望、恐惧化作了对未来的热切憧憬。后来，拿破仑占领了埃及，并且统治了一年多时间才离开。

领导力就是要研究如何激发团队战胜不确定性，跨越艰难险阻，恢复生机。当团队陷入困境、绝境时，如果企业家不能发出振奋人心的声音，拿不出出人意料的奇谋妙计，团队就会人心惶惶，甚至分崩离析。

带领团队打胜仗

在干事业初期，所有人都对未来持不确定看法，有些怀疑前途，甚至包括企业家本人有时都会冒出这种念头。这时候，很多人处于观望状态，不会一心一意地干事，还可能不时传播一些负能量。更有甚者，为了给自己寻找退路，主动向竞争对手联络、示好。东汉开国皇帝刘秀称帝前，在河北的招抚岁月九死一生，他的队伍里不少人通敌；官渡之战期间，由于双方兵力悬殊，曹操阵营中同样有不少人向袁绍暗送秋波。当刘秀、曹操最终取得战争的胜利时，他们都当众烧毁了那些通敌信件，显示了过人的气度，因为他们理解那些人。在胜负未分之际，有些人不会看好你，不会死心塌地地跟着你，因为他们对你信心不足。人们都喜欢为成功者工作，并成为成功的一部分。

　　作为企业家，你不能对下属说我们的新战略在实现之前将一直失败，10年后我们将成为天下第一。这样的话没人相信。只有通过不断地取得胜利才能鼓舞士气。

　　在创业前期，让团队毫不动摇地跟着企业家干的唯一办法，就是亲自带领他们打胜仗。胜仗可大可小，但要不断。卓越企业的成长，就是通过若干胜仗把一个个不可能变成现实。

　　以前面的胜利来指明未来，这是人世间最好的证明方式。伟大的企业领导者，就是在一次比一次更大的胜利中造就的，是打出来的，而不是喊出来的。

附　录

导　读

修身
自我管理
信守承诺
自信、乐观
勇于纠错
激情满怀
钢铁意志

修 身

  善于作曲的贝多芬成了名垂千古的音乐大师，擅长打篮球的乔丹几乎让全世界家喻户晓。作家、发明家、数学家可以独自发挥他们的天才，可以不与别人发生太多关系。但是，企业领导者必须带领团队，鼓舞拥护者。与众人一起干事与自己一个人干事有天壤之别。

  要做个成功的企业领导者，光靠声望不行，单凭某项才能出众也远远不够，而是需要多种素质的有效组合。很多企业习惯于将业务骨干（如技术精英、销售精英、学术精英）提拔为领导，这种做法很成问题。很多时候是赶鸭子上架，结果是他们既没干好领导工作，又不再是业务精英。

对于领导力包含的诸多能力，在前面四篇中已经做了详细论述。除此之外，领导力还与人的品格、作风等有关。美国著名成功学专家拿破仑·希尔有句名言："真正的领导能力来自让人钦佩的人格。"人格修炼到位了，身上就会散发出强大的气场，这就是人格魅力。

有本事的人大都具有某种偏执的性格。企业家不要指望所有员工都喜欢你，但是，你一定要想法让全体员工都尊敬你。有人格魅力的人，可以让对手或敌人都不得不肃然起敬。

企业家的形象体现于日常的言行中。人格修炼的过程如同练武功，今天练了，明天仍需继续，永无止境。要修炼到受人尊敬的人格需要日积月累，而做错一件事情就足以导致人格破产。犹如堆好一百万张多米诺骨牌需要好几天，而推倒它只需要一伸手的工夫。

自我管理

　　局外人常常认为企业家大权在握，谁也管不着，最自由，最潇洒。其实这是误会！大德始于自制，律己方能服人。如果企业家不懂得约束自己，就会给其他人树立错误的榜样。从这个角度说，职务越高，自由越少！

　　作为企业领导者，约束下属不难，难的是在具有优势地位和优势资源的情况下，还能约束自己，获得下属的认同。建立认同性忠诚度，是领导艺术的高级境界。

　　德鲁克在《21世纪的管理挑战》中反复强调，经理人要学会管理自己。美国管理咨询家拉姆·查兰将领导力的发展总结为6个阶段，其中首要的阶段就是自我管理，也就是说，自我管理是领导力发展的基础。他甚至认为一切领导力都源于优秀的自我管理能力。

很多资深企业家感叹：我都被磨得没有性格了。为什么这么说？假如你是总经理，员工犯了低级错误，把你气得半死，你能随意发火吗？你不大喜欢的下属有了思想问题，情绪低落，难道你不去找他谈谈心？当你的队伍变得越来越庞大，什么样性格的员工都有，如果你始终"保持自我本色"，又如何能将众人长期聚在一起？

如果要问"什么样的性格最适合做企业的一把手"，答案就是"没有性格"。为了达成想要的结果，需要怎么做，就将自己调整到相应的状态。当下事显当下性格，让自己的性格"入乡随俗"，也属于"情景领导"之法吧。

信守承诺

　　信用既是无形的力量，也是无形的财富。有多少人信任你，就表示你有多少身价。

　　信任是将企业领导者和追随者凝结在一起的胶合剂。稻盛和夫的"心灵经营"是围绕着"怎样在企业内去建立一种牢固的、相互信任的人与人之间的关系"这样一个中心点进行的。管理学家库泽斯和波斯纳指出，如果人们不信任提供信息的人，也就不会相信他提供的信息。"尊敬的领导者必须拥有信誉"具有普遍性和一致性，这被称为"库泽斯－波斯纳领导力第一法则"。有数据显示，当人们信任上司时，业绩会提升50%左右。具体原因，库泽斯和波斯纳告诉了我们答案，在二

卓越领导力：优秀企业管理者的成功之道

人合著的《激励人心》中，他们通过研究发现，当人们感到他们的领导具有较高的可信度时，更可能有以下表现：自豪地告诉别人他们是这个组织的一部分，感受到强烈的团队精神，认为他们自己的个人价值观和组织的价值观是一致的，感到隶属并且忠诚于该组织，有一种是该组织的主人的感觉。

信任是求不得的，只能去赢得，最关键的就是信守承诺。李白有诗曰："三杯吐然诺，五岳倒为轻。"马云非常注意向团队说什么，不说什么，因为他知道说了就不能做不到，哪怕只有一次。史玉柱和柳传志在他们的公司推行"说到做到"的承诺文化。

爱尔兰有一家著名的威士忌生产公司。总经理莱昂纳德宣布，如果2009年公司销量和利润翻倍，圣诞节将会给每一位员工发一个大红包。公司后来出现了意外情况。由于制造环节的失误，一批销往挪威的威士忌被检验出苯含量超标，不但价值不菲的货物被挪威海关收缴销毁，而且，公司还必须缴纳挪威食品安全部门开出的巨额罚单。这种情况下，员工们都以为圣诞节奖金恐怕是泡汤了。公司会议上有人的确提出了这种主张，但莱昂纳德却说：公司出现失误并不是员工的错，而且，员工们对于圣诞的奖金期待已久，如果公司不予兑现，那么，领导层一定会在员工中丧失威信，这与公司的资金损失比较起来，要严重得多。于是，圣诞节奖金按时兑现了。2010年，在公司全体员工的努力下，该公司很快打了一个翻身仗。

建立信任很不容易，失去信任却轻而易举。有的企业家随意承诺奖励，之后却不愿意兑现；有的企业家承诺奖励奔驰、宝马轿车，结果只兑现桑塔纳轿车。这是很糟糕的事情，因为员工不会忘记企业领导者的承诺。有的公司为了尽快招到满意的员工，在面试或刚入职时做出各种吸引人的许诺，工资多少、福利如何、职务多高等，但后来却无法兑现。

于是，员工感到被欺骗了，产生怨恨情绪，不能融入公司，最终还是公司受损失。

任正非说："如果我们的企业内部不能依靠诚信制度建立起互相信任的关系，企业就不可能有好的发展。"怀疑和不信任是真正的成本之源。从这个角度说，失信是最大的破产。

自信、乐观

　　自信是成功者开拓进取的武器，韦尔奇甚至称之为"战胜困难的唯一武器"。那些成功地用自己的意志推动历史进程的领袖人物，尽管也有出错的时候。但是，他们很少有信心不足的时候，始终相信能够改变世界。马云说："我跟巴菲特、比尔·盖茨、索罗斯等交流，发现他们的第一品质就是乐观，很少听到他们抱怨……他们积极看世界，有担当的勇气，敢于行动。"

　　在企业家那里，不应该有"大概""还可以吧""应该不错""试一试"之类软绵绵的、模棱两可的词汇。拿破仑说："我的字典里没有'不可能'三个字！"

罗曼·罗兰说："先相信自己，然后别人才会相信你。"人们只相信自信者。杰出企业家正是通过自身的乐观，神奇地感染周围的员工，把他们吸引到自己的愿景中来，带出一个散发着强大进取精神的团队。在阿里巴巴早期，正是马云对电子商务的信心和执着，激励了对电子商务并不太了解的团队在没有工资的情况下坚持走下去。宗庆后的部下丁培玲说："对任何事情，只要宗总认定可以做的，他就认为这个肯定走得下去的。他就不断地给你鼓气，而且让你有种感觉，就是那种永远信心满满的感觉，哪怕是你心里已经直打鼓。"这就是大企业家的魅力。

压力是自己的，即使天要塌下来，也要自己去顶着，用左手温暖右手的心态去化解压力。马云曾透露，即使在阿里巴巴几次陷入危机时，他也是努力向员工们传达积极、乐观的正面情绪。马云说："当老师的经验告诉我，我走近教室，我今天开心，所有同学都开心；我今天不开心，所有同学都不开心。在公司也是一样，走近办公室我不是马云了，我是公司的CEO。"因此，马云把倒霉的事情都当成快乐去体会，在公司始终面带微笑，谈笑风生。阿里巴巴倡导"微笑文化"，使得员工们都成了"快乐青年"。

同消极的力量做斗争，是领导者的工作。但这并不意味着去粉饰大家面对的挑战，而是要呈现出一种克服困难的、积极的、无所不能的态度。每个人内心都有一个沉睡的巨人，要用信心去唤醒他。一个人胜任一件事，85%取决于态度，15%取决于智力。强者不一定是胜利者，但胜利迟早都属于有信心的人。这被称为"杜根定律"。

勇于纠错

　　企业家犯了错误，要不要立即纠正？要不要承认错误，尤其是公开承认错误？这是一个非常纠结的问题。

　　企业家不承认错误能不能保住面子和威信？很难。

　　如果是偶尔出现的小错误，也许别人没有察觉到，只有企业家自己心里明白，这的确没有必要到处高喊"我错了"。如果企业家频繁犯错误，甚至出现大错误，那就很难掩人耳目了。企业家的错误迟早会在下属中传开，他们还会在背后议论。这时候，企业家如果想方设法掩盖错误，或者寻找借口进行狡辩，或者将责任推卸给下属，后果就比较糟糕——不但会失去面子、威信，还会失去人心。如果企业家为了满足自尊心，明知错了还要坚持错误，继续往前冲，而不予以纠正，这比不承认错误更糟糕，将面临更大的失败。

历史上的刘邦、李世民等人，都敢于承认自己判断有误，甚至向臣下认错。美国历史上的总统林肯和罗斯福都有公开认错的佳话。任正非曾模仿"罪己诏"，在公司内部刊物《管理优化报》上发表文章，检讨自己以前过分偏执于狼性文化的过失，表示华为将用人性化管理取代狼性文化。任正非说："我唯一的优点是自己有错能改，没有面子观。"我们发现，那些杰出的企业领导者常常敢于承认并纠正自己的错误。

历史上的戴尔公司曾经业绩很好，公司CEO迈克尔·戴尔和总裁凯文·罗林斯都非常乐观地认为公司前景一片大好。某次公司内部的民意调查发现，超过半数的员工对公司领导抱有怨气。他们认为戴尔为人过于冷漠，令人无法产生亲近感；而总裁罗林斯又过于独断专横，且喜欢吹毛求疵。进一步调查还发现，很多员工的这种怨气已经令他们产生了离开公司的想法。戴尔意识到了问题的严重性。他没有迁怒下属，而是立即召开了员工大会。在会上，戴尔放下面子，勇敢地进行了一番自我批评。戴尔承认以前的态度造成了与员工的沟通障碍，自己承担全部责任，并表态说一定改掉缺点，希望众人予以监督。所有员工都被戴尔的诚意打动了。此后，戴尔经常去基层与员工们聊天，沟通交流，他也变得随和了。

杰出人物为什么敢于认错、纠错？因为他们有过巨大的成功，建立了高度的自信。他们的重大决策和行动是正确的，犯小错误属于瑕不掩瑜。这种情况下，他们勇于承认错误，不但不会影响自己的光辉形象，反而会增加人格魅力，倍加赢得下属的尊重和信赖。刘邦从白登山逃回后向娄敬赔礼道歉并给予重奖，有人会因此小看刘邦吗？

实际上，你成为企业的一把手，是因为阅历丰富，做对事情的时候比较多。但是，没有人要求你必须每次都做对。你有时出现错误，人们是能够理解的。所以，企业的一把手想在下属面前保持100%正确的纪录，无异于将自己架在火上烤。越是掩饰自己的错误，越遭到下属的蔑视。不敢承认错误的企业一把手，本质上是内心深处的不自信。死要面子常常是心虚和无能的表现。一个没有自信心的人，也不适合当企业的一把手。

企业的一把手不要回避失败，而要善于总结经验、教训。一个能够发现自己错误的企业一把手是明智的，能够承认自己错误的企业一把手是坦诚的、有担当的，能够主动改正自己错误的企业一把手是有未来的。

激情满怀

  企业家们因为有坚定的信念，因而产生了永不泯灭的激情之火，一路坚持下来并取得非凡的成功。比尔·盖茨说："每天早晨醒来，一想到所从事的工作和所开发的技术将会给人类生活带来巨大的影响和变化，我就会无比兴奋和激动。"比尔·盖茨是个业内外公认的工作狂，每周经常工作72小时，有时甚至达到90小时。雅虎创始人杨致远曾说："我认为我性格中最大的特点是热情和负责任。我认为一个领导不仅要有目标去建立一个大企业，而且要永远有一颗热忱的心将这个目标变成现实。"

  激情是扬起船帆的风，没有风，船就不能行驶。德国大哲学家黑格

卓越领导力：优秀企业管理者的成功之道

尔说："我们可以断言，没有激情，一切伟大的事情都难以成功。"

企业领导者必须让团队为未来激动不已。理性思考难以以让人激动，必须用热烈的情感改变现状。怎么让你的团队跟你一样充满激情面对挑战，是很关键的事情。

耶鲁大学哈马斯·爱尔教授在接受美国的《商业周刊》采访时说："领导者要学会用语言来塑造组织成员的思想，用故事来改造组织成员的思维……但前提是，领导者本人必须是个富有激情的人。"企业领导者要想打动别人，首先得打动自己。企业领导者的模范作用，首先是从工作热情中产生的。优秀的企业领导者需要"两把火"，一把火燃烧自己，让自己在任何情况下，都能保持激情；一把火燃烧团队，使整个团队都能保持活力。

比尔·盖茨经久不衰的工作热情带动了微软员工的工作热情，并在微软培养出一种工作狂的气氛，"工作即是快乐"的观念已经被所有微软员工接受和认同。

沃尔顿是一位调动员工激情的能手。在沃尔玛每周的例会上，沃尔顿都会充满激情地站在桌子上，带领员工大声喊："一个沃，一个尔，一个玛，是什么——沃尔玛！"热情是可以传染的。沃尔顿的激情激发了员工以饱满的热情开始新一周的工作。

2008年，马云在一次演讲中说："创业者的激情很重要，但短暂的激情是没有用的，长久的激情才是有用的。"在马云的鼓动下，整个阿里巴巴一直充满朝气。他们的价值观经历了从"独孤九剑"到"六脉神剑"的演变，其中只有"激情"是唯一保留的内容。这一点可能出乎很多人的意料。阿里巴巴对激情的界定是："乐观向上，永不言弃；对公司、工作和同事充满了热爱；以积极的心态面对困难和挫折，不轻易放弃；

不断自我激励，自我完善，寻求突破；不计得失，全身心投入；始终以乐观主义的精神影响同事和团队。"

展示追求成功的激情，是每个企业领导者管理方式的一部分。如果企业领导者自己对事业都没有无与伦比的激情，又怎么会让人信任和追随？谁会愿意为一个悲观主义者工作？谁愿意为一个总是喜欢批评和挑剔而很少给人以鼓励和希望的人工作？

郭士纳将"追求事业的激情"作为判断领导力的主要标准之一。他选择的接班人彭明盛就是一个对IBM的事业和工作充满激情的人。在微软公司，他们招聘一般员工的条件之一就是激情。有人问比尔·盖茨："你们这里的每一个员工都这样快乐、勤奋，这样的企业文化是如何创造的？"他回答："我们雇佣员工的前提之一，就是他必须对软件开发具有百分之百的激情。"

对于企业家，保持理性与展示激情矛盾吗？郭广昌说："商业中的理性就是要看清自己的目标，清楚自己的资源，并具备激情，只有这样，才能拥有为宏大目标而奋斗的耐心。"可见郭广昌是要融合理性与激情，而不是偏废一方。对于二者的关系，原CCTV《赢在中国》栏目的制片人对马云的评价也许能给我们一些启示。她说："马云身为企业家……却充满着激情，但这个激情极少跑出他理智的框架。他所携带的激情让他有着持续的创业原动力，让他的理性显得有情有义，让他的表述入情入理。"

钢铁意志

1948年，丘吉尔应邀在英国牛津大学演讲，与人们分享他的"成功秘诀"。但是，丘吉尔的整个演讲只有这样3句话："我的成功秘诀有3个。第一，决不放弃；第二，决不，决不放弃；第三，决不，决不，决不放弃！我的演讲结束了！"说完，他就走下了讲台。这大概是历史上最简短的演讲，不过赢得了经久不息的掌声。一个人往往要取得成功之后才能被人们关注到，于是大家误以为成功来得很容易。但凡大成者，都经历过无数磨难和考验，铸就了不达目的誓不休的钢铁意志。丘吉尔的演讲内容，一定是有感而发。非亲身经历者也许难以理解他的感受。

马云在创立阿里巴巴之前，于1994年成立翻译社，于1995年创办中国黄页，于1997年带领"十八罗汉"到外经贸部经营中国国际电子商务中心。但是，这3次创业都不成功。1999年，马云创立阿里巴巴之后不久，全球网络科技行业出现了行业危机。几年后，阿里巴巴才走出低谷。阿里巴巴顺利吗？据马云自己透露：阿里巴巴犯错的次数绝不比其他公司少，其中很多次面临出局的危险。他们与众不同之处是坚持下来了。无数类似的互联网公司却没有坚持住，于是就消失了。

王健林说："凡是成功的企业家，特别是卓越的企业家……自己相信自己的故事，相信我能做成，失败5次10次甚至更多次也不怕。如果没有真正的坚持精神，没有这种执着是不可能成功的。"很多企业家之所以成为企业家，往往是因为他们是能够坚持到最后的那个人。在一家公司中，所有人都可以放弃，中途退场，只有企业家不能。你若没有耐心等待成功的到来，只好用一生的耐心面对失败。

《老人与海》中的不朽硬汉有一句经典名言："人不是为失败而生。一个人可以被毁灭，但不能被打败。"所有成功的人根本就没有将失败当成失败，而当成是犯了一个错误，是成功路上的一次经验教训；他们不会去想一旦失败了如何善后，因为他们根本就没想过回头。

成功的企业领导者一定是能够战胜巨大困难的人，能够激发他人勇气奋力拼搏的人。孟子说："天将降大任于斯人也，必先苦其心志，劳其筋骨，饿其体肤，空乏其身，行拂乱其所为，所以动心忍性，曾益其所不能。"

参考文献

[1] 吴晗. 朱元璋 [M]. 北京: 新世界出版社, 2016.

[2] 朱东安. 曾国藩传 [M]. 沈阳: 辽宁人民出版社, 2014.

[3] 唐浩明. 曾国藩 [M]. 北京: 中国华侨出版社, 2009.

[4] 刘澜. 领导力沉思录 [M]. 北京: 中信出版社, 2009.

[5] 刘澜. 领导力沉思录2 [M]. 北京: 中信出版社, 2011.

[6] 王石. 大道当然 [M]. 北京: 中信出版社, 2014.

[7] 王石, 缪传. 道路与梦想 [M]. 北京: 中信出版社, 2010.

[8] 王健林. 万达哲学 [M]. 北京: 中信出版社, 2015.

[9] 江华. 恒大恒强 [M]. 北京: 新世界出版社, 2016.

[10] 李志刚. 创京东 [M]. 北京: 中信出版社, 2015.

[11] 孙力科. 任正非传 [M]. 杭州: 浙江人民出版社, 2017.

[12] 司马光. 资治通鉴 [M]. 长沙: 岳麓书社, 2009.

[13] 马博. 冰鉴 [M]. 北京: 线装书局, 2012.

[14] 张涛. 柳问 [M]. 杭州: 浙江人民出版社, 2015.

[15] 孙德良. 张瑞敏海尔管理日记 [M]. 北京: 中国铁道出版社, 2011.

[16] 王继伟. 马化腾腾讯管理日记 [M]. 北京: 中国铁道出版社, 2010.

[17] 王立群. 大风歌（上下册）[M]. 西安: 陕西师范大学出版社, 2011.

[18] 樊树志. 崇祯皇帝传 [M]. 西安: 陕西师范大学出版社, 2009.

[19] 林语堂. 武则天传 [M]. 宋碧云, 译. 武汉: 武汉出版社, 2013.

［20］陈伟.这就是马云［M］.杭州：浙江人民出版社，2015.

［21］阿里巴巴集团.马云内部讲话：相信明天［M］.北京：红旗出版社，2015.

［22］司马迁.史记［M］.李翰文，译.北京：北京联合出版公司，2015.

［23］詹姆斯·麦格雷戈·伯恩斯.领袖论［M］.刘李胜，等译.北京：中国社会科学出版社，1996.

［24］保罗·赫塞.情景领导者［M］.麦肯特企业顾问有限公司译.北京：中国财政经济出版社，2002.

［25］吉姆·柯林斯.从优秀到卓越［M］.俞利军，译.北京：中信出版社，2009.

［26］吉姆·柯林斯，杰里·波勒斯.基业长青［M］.真如，译.北京：中信出版社，2009.

［27］理查德·尼克松.领袖们［M］.施燕华，等译.海口：海南出版社，2008.

［28］马基雅维利.君主论［M］.李静，译.北京：煤炭工业出版社，2016.

［29］杰克·韦尔奇.杰克·韦尔奇自传［M］.曹彦博，等译.北京：中信出版社，2017.

［30］杰克·尔奇.赢［M］.余江，等译.北京：中信出版社，2017.

［31］弗雷德里克·泰勒.科学管理原理［M］.马风才，译.北京：机械工业出版社，2013.

［32］彼得·德鲁克.卓有成效的管理者［M］.许是祥，译.北京：机械工业出版社，2009.

［33］彼得·德鲁克.管理的实践［M］.齐若兰，译.北京：机械工业出版社，2009.

［34］彼得·德鲁克.21世纪的管理挑战［M］.朱雁斌，译.北京：机械工业出版社，2009.

［35］郭士纳.谁说大象不能跳舞［M］.张秀琴，等译.北京：中信出版社，2010.

［36］安迪·格鲁夫.游向彼岸［M］.张春雨，译.北京：中信出版社，2012.

［37］沃尔特·艾萨克森.史蒂夫·乔布斯传［M］.张谷若，译.北京：中信出版社，2011.

［38］沃伦·本尼斯，伯特·纳努斯.领导者［M］.赵岑，等译.杭州：浙江人民出版社，2016.

［39］沃伦·本尼斯.成为领导者［M］.徐中，等译.杭州：浙江人民出版社，2016.

［40］詹姆斯·M 库泽斯，巴里·Z 波斯纳.领导力［M］.徐中，等译.北京：电子工业出版社，2013.

［41］詹姆斯·M 库泽斯，巴里·Z 波斯纳.激励人心［M］.王莉，译.北京：电子工业出版社，2010.

［42］汤姆·彼得斯，罗伯特·沃特曼.追求卓越［M］.胡玮珊，译.北京：中信出版社，2012.

［43］沃伦·本尼斯.经营梦想［M］.姜文波，译.杭州：浙江人民出版社，2017.

［44］大卫·帕克.惠普方略［M］.蒋印南，译.北京：华夏出版社，2001.

［45］安迪·格鲁夫.只有偏执狂才能生存［M］.安然，译.北京：中信出版社，2014.

后 记

领导力的核心还是"人"

领导力专家詹姆斯·马奇说:"领导力的基本难题跟人生的基本难题没有什么不同。"随着阅历的增长,我对此的体会也越来越深,人生所有的经历都是财富。多年职场生涯见闻颇广,感悟至深,切实体会到学院派、教科书的局限,不禁产生了强烈的冲动,想要将这些年积累的经验总结提炼出来,分享给正在苦苦探求领导之道的广大企业管理者和创业者。于是,我伏案挥汗,历时三年,终成此书。于我个人而言,于本书而言,20年学海求索,30年实战经验,50年人生感悟,奠定了本书的基础。

每个企业的管理者一定都很忙,不管是中基层管理者,还是高级管理者。关键在于,你必须忙得有成效,忙得值得。作为企业管理者,我们究竟应该将自己的精力集中在哪些事情上?很多人其实是模糊的,甚至困惑不已。我经过长时间的体会、观察和思考,坚定地认为:企业管理者的主要工作应当是建团、控制、激励和领路。前三项其实都在谋人,最后一项才是谋事。领导力的核心是洞悉人心、把握人性,然后"搞定"人。所以,领导力的核心还是"人"。

在此,感谢所有为本书提供了素材的人。本书写作过程中,参考了国内外一些专家学者和杰出企业领导者的观点,在此要特别感谢他们。此外，还要向企业管理出版社表达诚挚的谢意，尤其是特别感谢编辑部主任赵琳老师及编辑宋可力老师，感谢他们的慧眼识珠和辛勤劳动！

智 荣

2018 年 12 月